中等职业教育国家规划教材
全国中等职业教育教材审定委员会审定

统计基础知识

（第5版）

主　编　钟新联　师应来

中国财经出版传媒集团
中国财政经济出版社

图书在版编目（CIP）数据

统计基础知识/钟新联，师应来主编．—5 版．—北京：中国财政经济出版社，2019.6

中等职业教育国家规划教材

ISBN 978－7－5095－8988－5

Ⅰ．①统…　Ⅱ．①钟…　②师…　Ⅲ．①统计学－中等专业学校－教材　Ⅳ．①C8

中国版本图书馆 CIP 数据核字（2019）第 084104 号

责任编辑：田明晖　　　　　　　　　　　　责任校对：黄亚青

封面设计：华乐功

中国财政经济出版社出版

URL：http：//www. cfeph. cn

E－mail：cfeph @ cfeph. cn

社址：北京市海淀区阜成路甲 28 号　邮政编码：100142

营销中心电话：010－88191537

三河市宏图印务有限公司印刷　各地新华书店经销

787×1092 毫米　16 开　14 印张　340 000 字

2019 年 7 月第 5 版　2020 年 7 月河北第 2 次印刷

定价：28.00 元

ISBN 978－7－5095－8988－5

（图书出现印装问题，本社负责调换）

本社质量投诉电话：010－88190744

第5版前言

为全面贯彻落实《国务院关于印发国家职业教育改革实施方案的通知》（国发［2019］4号）和《国家中长期教育改革和发展规划纲要（2010—2020年）》，我们参考《中等职业学校会计专业教学标准（试行）》对中等职业教育国家规划教材进行了修订，以满足中等职业学校财经类专业教学的新需要。

《统计基础知识》系根据教育部审定通过的中等职业学校《统计基础知识教学大纲》的要求编写。从内容上看，我们紧密联系统计实践，突出重点，着重阐明统计的基本理论、基本方法、基本技能以及这些基本知识的运用。从编写顺序上看，本书首先介绍了统计的基本概念，然后以统计工作过程为轴线分别加以阐述。本书以培养学生敏锐的定量思维能力、分析能力和实际应用能力为编写原则，以简单的定量分析方法体系为基本框架，用通俗易懂的语言、直观明了的统计图表和最新的统计资料为实例来讲述统计的基本理论和方法，以增强本书的实用性和时效性。但考虑到目前大多数中等职业学校的实际情况，我们尽量避虚就实，摒弃了学究式的理论阐述，强调可操作性。因此，本书既便于老师组织教学，又便于学生进行自学。本书目录中用“*”号表示的内容为选学内容，各学校可根据教学工作的实际需要来灵活安排。

本次对《统计基础知识》（第4版）进行了适度的修改和补充。在遵循教育部审定通过的《统计基础知识教学大纲》要求的基础上，部分章节的内容进行了一定幅度的调整和补充，更新了相关的统计数据。

本书由（咸宁职业技术学院）钟新联、（中南财经政法大学）师应来主编。参加本书编写和修改的作者有（按章节顺序）：钟新联（第一章、第二章第一节、第四章第一节、第七章第一、二节）、（湖南工业大学）颜咏红（第二章第二节、第三章和第六章）、（咸宁职业技术学院）卢珊（第二章第三节、第四章第二节、第七章第三、四节）、师应来（第四章第三、四节和第八章）、

（东北财经大学）杨桦（第五章）。最后由钟新联、师应来负责全书的总纂和定稿工作。

我们希望本书的再版能得到社会各界更多的关心和支持，对书中的不足之处，衷心希望广大专家学者和学员的不吝赐教，以期本书更加完善。

编者

2019年5月

目 录

第一章 概 述

学习目标

通过本章的学习，要求了解统计的产生和发展，统计的含义，统计工作过程和基本研究方法，了解统计的组织与管理；理解统计的职能；掌握统计学的研究对象及其特点，掌握统计中常用的基本概念，以对本书有个整体的认识。

本章重点：统计学的研究对象及其特点、总体与总体单位、标志与标志表现、变量与变量值、指标及其特点等。

第一节 统计的含义与特点

一、统计的含义

（一）统计的产生和发展

统计学是一门古老的科学，其历史包括两个方面：统计实践活动发展的历史和统计理论发展的历史。我国统计实践活动起源于何时，没有明确的文字记载。《周易正义》有“事大，大结其绳；事小，小结其绳；结之多少，随物众寡”之说，这可以说是我国统计的萌芽。夏禹时代，分中国为九州，人口达1355万人，土地面积为24308024顷；秦始皇统一中国后，分中国为36郡，人口达2000万之多；西汉末年，人口有5900多万。以后，唐朝有“计口授田”的统计计算；明初有“黄册”和“鱼鳞籍”的调查制度。可见，当时已有了人口、土地等方面的统计数字。在国外，公元前3050年，埃及建造金字塔，为了征集人力、物力、财力，曾进行过人口、土地、财产等方面的调查；公元前600年，古希腊开展过人口普查；公元前400年，古罗马就建立了生、死登记制度等等。过去不同时期的统治者开展各种统计活动、搜集各方面统计资料的目的，主要是为了满足奴隶主和封建王朝课税、兵役、徭役等统治的需要。由于社会、经济和文化的发展进程不一样，各国统计实践活动发展的历史存在着较大的差别。我国历代的统治者虽然很重视统计数据的搜集，但一直没有专门从事统计工作的人员，因而，统计工作一直停留在原有基础上，当然这并不是说我国一点统计思想也没有。随着统计实践活动的不断发展和统计实践经验的日益丰富，统计学便应运而生。它源于研究经济问题，至今仍然是我们研究经济问题的基本方法，但其发展曾经历了几个不同的阶段。

1．“城邦政情”至“国势学派”阶段

“城邦政情”阶段始于古希腊的亚里士多德撰写的《城邦政情》，其内容包括各邦的历史、行政、人口、资源等情况的比较和分析，具有社会科学的特征，并延续了一两千年。直到17世纪，德国的海尔曼·康令（H. Corning，1606—1681年）曾以“国势学”为题，记述和比较了国家的土地、人口、财产、军事、政治、法律等方面的内容，从研究目的、研究对象和研究方法上初步形成了统计学的体系。他的继承者阿亨华尔（C. Achenwall，1719—1772年）于1749年出版了《欧洲各国国势学纲要》一书，在该书的序言中他首先使用了“统计学”一词，而且他搜集了大量的实际资料，分门别类地记述了有关国情、国力的系统知识，进一步发展了国势学的知识体系，并逐渐形成了“国势学派”。国势学派的特点是“用文字的方法来记述”和“用哲学的观点来论证”社会经济现象的特征，故又称“记述学派”。后来，继承该学派衣钵的人逐渐分化，出现了主张用文字记述的文字记述学派和主张用统计表、图形记述的图表学派。而真正以总体数量特征比较的方法来研究分析社会经济问题的却是英国人。

2．政治算术学派阶段

“政治算术学派”与“国势学派”并没有明显的分界线，其代表人物是英国的威廉·配第（W. Petty，1623—1687年）。他著有《政治算术》一书，该书成为“政治算术学派”的代表名称。《政治算术》原本是为了让英国人了解国情，树立信心而撰写的。因为在当时英国、法国、荷兰等国家的争霸过程中，面对强大的法国和荷兰，英国人感到非常的悲观失望。为此，配第在他的《政治算术》中，以数字资料为基础，用计算和对比的方法，分析了英、法、荷三国的政治、经济、军事等方面的实力，得出了英国用不着害怕法国和荷兰，并可超过他们而称雄世界的乐观结论。他主张用数字、重量、尺度来表达客观事实，而且还开始利用朴素的图表形式来概括和显示数字资料。他所创造的统计方法如分组法、比较法、推算法、图表法等都成为统计学的基础知识。配第为统计学的发展做出了重要的贡献，马克思称誉他为“政治经济学之父，在某种程度上也可以说是统计学的创始人”①。

政治算术学派与记述学派同时并存、相互争论了很长时间。直到19世纪中叶，统计具有数量特征的论点才被确立下来。

3．数理统计学阶段

19世纪下半叶以后，欧洲的经济得到了迅速的发展，统计学也相应地得到了迅速的发展。以比利时的数学家、统计学家阿道夫·凯特勒（A. Quetelet，1796—1874年）为代表的学者，把古典概率引入统计学研究领域，初步完成了统计学与概率论的结合，使统计方法发生了重大飞跃，研究范围大大拓宽。他认为正态分布适用于各类学科，而正态分布规律只有借助概率论才能得到确切的解释。其有关统计学的定义、统计学的理论基础、

---

① 《资本论》第一卷，第302页。

“平均人”的概念及犯罪理论等，为后人留下了宝贵的财富。

数理统计对于统计方法的研究，早期着重于现象总体特征的描述和比较，称为描述统计学；进入20世纪20年代后，统计方法又发展到以随机抽样为基础推论有关总体数量特征的方法，称为推断统计学。可见，数理统计学派对统计学的发展做出了较大的贡献，为统计学作为一门方法论科学奠定了基础。从目前统计学与其他学科的关系来看，统计受信息论、控制论和系统论的影响，使统计认识方法朝着系统描述、系统推断和系统分析的方向发展；社会经济统计学也受经济学等学科的影响，使统计描述和抽象方面不仅分门别类，而且描述和抽象的层次及数量特征更加细致、搜集的统计资料越来越完善、越来越全面；尤其是计算机技术在统计中的广泛使用和快速发展，更进一步加速了统计学发展的进程。

（二）统计的含义

在美国百科全书里，认为统计学是“一门在不确定性方面为了做出正确的推断而进行搜集、分析定量数据的科学和艺术”；大英百科全书则认为“统计学是一门搜集数据，分析数据，并根据数据进行推断的艺术和科学，最初与政府搜集数据有关，现在包括了范围广泛的方法和理论”；中国百科全书将统计学定义为“一门研究怎样有效地搜集、整理和分析带有随机性的数据，以对所考察的问题做出推断或预测，直至为采取一定的决策和行动提供依据和建议的学科”。《中华人民共和国统计法》第二条规定：“统计的基本任务是对国民经济和社会发展情况进行统计调查、统计分析，提供统计资料和统计咨询意见，实行统计监督”。这是我国法律对统计基本任务的规定，也是统计法律对我国统计职能的规定。实践中，统计一词一般包括三个方面的涵义：即统计实践活动、统计数据和统计学。

1. 统计实践活动。它是指利用各种科学方法，对社会、经济及自然现象的数量特征进行采集、整理和分析等工作过程的总称。例如，国家统计部门进行的国情国力与社会发展情况的调查（如人口普查、经济普查等）；各级地方统计部门对其所属区域的经贸活动等方面的数据资料进行采集、整理、分析；市场主体对其商品的供求数据进行调查、分析与预测，等等，这些方面的工作都属于统计实践活动。

需要指出的是，统计实践活动作为一项具体的经济工作，是与现代管理密切联系在一起的。只要从事现代化的经济活动，并强化科学、高效的管理，就必然存在统计实践活动，而且管理越规范、越科学，对统计工作的要求也就越高。管理者只有掌握准确、及时、全面的统计信息，才能做出可行的计划、科学的决策，从而实施有效的管理。如果没有准确、及时、全面的信息做支撑，实施科学管理、提高经济效益将无从谈起。

2. 统计数据，即统计信息。是统计工作者通过统计调查所采集的各项原始数据及其派生数据，是统计工作的成果。真实可靠的数据是真正有价值的资产。

知识拓展

市场主体的营运信息、互联网时代的商品物流信息、人与人的交互信息、位置信息等，其数量已远远超越一般人的想象，实时性要求也将大大超越现有的计算能力。盘活数据资产，使其为国家治理、企业营运乃至个人生活服务，是大数据时代的核心课题，也是云计算内在的灵魂和必然的升级方向。

3. 统计学，即统计科学。它是一门认识社会和自然的方法论科学，是关于如何采集、整理和分析统计数据的理论、原则、方式方法的科学，包括社会经济统计学和数量统计学等。

显而易见，统计实践活动、统计数据和统计学之间既有区别，又有联系。它们的联系主要表现为：

第一，过程和结果的关系。统计实践活动的目的是为了获取统计数据；统计数据的取得必须依靠统计实践活动，而且，统计实践活动的效果直接影响统计数据的数量和质量。

第二，实践与理论的关系。一方面，统计学是统计实践活动的经验总结和理论概括；另一方面，统计学又指导统计实践活动如何有效进行。统计学与统计实践活动存在一种理论与实践的双向作用关系。

第三，统计实践活动先于统计学发展起来。自从有了国家以来，统计实践活动就伴随着社会、政治、经济的发展和国家的管理需要而发展起来了；而统计学的出现却只有近四百年的历史。

二、统计的职能

（一）统计的信息职能

统计的信息职能是政府统计的基本职能。政府及时提供统计信息是市场经济条件下政府为社会提供公共产品的一项服务内容，也是政府引导市场主体朝向绩效和贡献的一种有效手段。伴随着信息时代的到来，各种统计数据源源不断地涌现出来，统计信息是市场信息的主体，在市场信息中占有十分重要的地位，其他信息也将压缩成统计信息，以简明、快捷的方式出现，以满足市场主体的需要。随着经济和科技的进一步发展以及世界经济一体化步伐的加快，市场主体将面向国内和国际市场，统计信息越来越被重视。在这种情况下，统计部门更要根据科学的统计指标体系和统计调查方法，灵敏、系统地采集、处理、传输、存贮和提供大量的以数据描述为基础的统计信息，并据以对现象未来的数量特征进行科学的预测，为统计咨询服务，为国家制定政策、计划、决策提供信息支撑。

知识拓展

在大数据时代，对调控主体和规制主体而言，决策将日益基于数据和分析而做出，而并非基于经验和直觉。哈佛大学教授加里·金说："这是一场革命，庞大的数据资源使得各个领域开始了量化进程，无论学术界、商界还是政府，所有领域都将开始这种进程。"当今社会，大数据的应用越来越彰显其优势，电子商务、O2O、物流配送等，各种利用大数据进行发展的领域正在引领企业不断地拓展新业务，创新运营模式。所以说，有了大数据，对于政府部门的科学决策、消费者行为的判断，商品销售预测，存货的补给等就有了重要的依据。

（二）统计的咨询职能

统计的咨询职能是指利用已掌握的丰富的统计信息资源，运用科学的统计分析方法和先进的技术手段，深入开展综合分析和专题研究，为管理和科学决策提供各种可供选择的咨询建议与对策方案。

（三）统计的监督职能

统计的监督职能是指为了满足统计调查和统计分析的需要，及时、准确地从总体上反映经济、社会和科技的运行状态，并对其实行全面的检查、监督和预警，以促使经济、科技和社会按照客观规律的要求持续、稳定、健康、协调地发展。

统计数据的真实性决定着统计工作的质量，也直接影响着国家政策制定和实施的效果。统计部门作为国家的重要监督部门之一，要想真正有效地发挥统计监督作用，一定要加强法制观念，维护统计资料的权威性，自觉增强统计监督意识；统计人员和各级党政干部要提高对统计监督作用的认识，本着对国家和人民高度负责的精神，切实有效地对经济和社会运行情况实施监督，自觉与多报、少报、瞒报、漏报或捏造统计数据的非法行为做斗争。

三、统计的特点

统计学的研究对象是指统计研究所认识的客体，是现象总体的综合数量特征和数量关系，通过对现象数量方面的研究，来反映其发展变化的过程和规律性。明确其研究对象，对掌握其研究方向，推进统计学的发展具有重要意义。

统计学研究对象的特征可以概括为：数量性、总体性和具体性等。

1. 数量性

数量性是统计学研究对象的基本特征。所谓数量性就是用数据表述客观事实和依据客观事实的逻辑归纳做出定量推断和分析。对不能量化的现象进行的研究不是统计研究。但统计的定量认识是建立在定性认识的基础上的，是在质与量的辩证统一中来研究现象的数量关系，这与数学研究抽象的纯数量关系是迥然不同的。

2. 总体性

统计是从整体上研究现象的数量表现，把握现象的发展规律的。但总体各单位的具体表现存在着差异，而且这种差异是诸多影响因素共同作用的结果。如果总体各单位间不存在差异，就无须进行统计研究了；如果总体各单位之间的差异是按事先已知的条件确定了的，也就用不着研究统计方法了。正因为现象存在着差异性，且又具有不确定性，才有必要进行统计研究。因此，在进行统计研究时，如果只研究其中几个或少数，其结论必然具有偶然性或特殊性，就难以说明总体的基本特征。只有对现象足够多的单位进行综合调查与研究，才能消除个体单位的偶然因素或特殊因素的影响，寻求现象发生、发展变化的规律性，从而得出正确的认识结论。

知识拓展

在大数据背景下，研究的数据之多，以至于我们不再热衷于追求精确度，是因为之前我们获取的分析数据很少（即依赖样本数据），所以我们必须尽可能精确地量化我们的记录，随着规模的扩大，对精确度的痴迷有减弱的趋势；从统计角度讲，拥有了大数据，我们就能掌握现象的发展方向，适当忽略微观层面上的精确度，我们在宏观层面就会拥有更好的洞察力。

3. 具体性

统计所要研究的是现象总体具体的数量方面，而不是抽象的数量性，这是社会经济统计学与数学的一个重要的区别。数学可以撇开现象的具体内容而进行纯数字研究，统计研究则必须与现象的质紧密结合在一起，研究具体事物在一定时间、地点条件下的数量表现。统计研究需借助数学方法并遵循数学规则，这一点与纯数学研究无异。

课堂讨论：如何理解统计学的研究对象是现象的综合数量特征和数量关系？

第二节　统计工作过程与基本研究方法

一、统计工作过程

（一）统计设计

所谓统计设计，就是根据统计研究对象的性质和研究目的，对统计工作的各个方面和各个环节进行的通盘考虑和全面安排（具体内容将在第二章讲述）。

（二）统计调查

统计调查又称数据采集，是指根据统计研究目的和任务，运用科学的调查方法，有计划、有组织地搜集统计资料的工作过程。该环节既是认识事物的起点，又是统计整理和统计分析的前提，其工作成果的好坏直接影响并决定着后续几个环节工作成果的好坏（具体内容将在第二章讲述）。

（三）统计整理

统计整理又称数据整理，是指根据统计研究的目的，将统计调查所得到的大量的数据资料，采用科学的方法进行加工整理、综合汇总，使其条理化、系统化，从而得出能够反映现象总体特征的综合数字资料的工作过程。统计整理是认识事物由个体到总体、由感性上升到理性的过渡阶段（具体内容将在第三章讲述）。

（四）统计分析

统计分析又称数据分析，是指在统计整理的基础上进行的分析研究。这一阶段是理性认识阶段，是统计工作的决定性环节。它的任务是运用一定的方法对整理过的统计资料进行计算和深入分析，从而得出反映现象本质特征的结论。值得一提的是，统计分析不再仅限于对过去的资料进行分析和评价，还应善于运用统计资料对现象的未来情况进行有效的分析和预测。这既是统计自身发展的需要，又是市场经济的迅速发展对统计工作的迫切要求。

（五）统计服务

统计服务主要是指统计信息的提供、管理与开发。及时提供统计信息是市场经济条件下政府为社会提供公共产品的一项重要服务内容。国家统计部门在全面而系统地搜集和整理准确、及时的统计信息的基础上，通过建立国家统计自动化系统为各类用户提供信息资料，实行现代化的统计服务，是实现信息共享的具体举措。统计信息的开发，是指充分利用公共信息资源并根据需要对其进行深层次加工，达到信息资源共享和多层次利用的目的。

知识拓展

在大数据技术流的导向下，泄露的信息会被精准地推荐到感兴趣人群经常阅读的平台上，产生的负面影响将会随事件的好坏继续深化，若是信息影响到市场主体运营、个人生活，消除影响的代价会特别大，因为网络传播使得区域影响范围非常大。其实对这种现象，我们不是去助推，而是要保持对隐私的尊重，不过份地曝光他人的隐私，这也是对大数据安全建设贡献自己一份力量。

统计工作各环节虽然有先后之分，但彼此之间是紧密联系在一起的不可分割的整体。在实践中，统计各环节的工作也常常是交叉进行的。

二、统计研究的基本方法

统计学研究对象的性质和特点，决定着统计学的研究方法。在统计工作的各环节上又有着不同的工作内容和要求，这就需要运用与之相适应的各种不同的专门研究方法。现简单介绍几种基本的研究方法。

（一）试验观察法

试验观察法是指通过设计统计试验的合理程序，使通过统计试验得到的数据能符合统计分析方法的要求，以便揭示事物相互之间的依存关系。统计研究所需的数量资料，有相当部分源于试验。实践中并不是所有的试验数据都符合统计分析的目的和要求。由于计划不周密、安排不科学、试验条件受到限制等因素的影响，有可能使试验数据不能真实地反映现象的总体数量特征，导致与之相联系的后续工作徒劳无益。例如，某地引进甲、乙两种水稻新品种在不同田块上进行试种，得到了乙品种的单产水平高于甲品种的数据资料，能否因此得出乙产品一定优于甲产品而应大面积推广的结论呢？不一定。因为单产水平的高低，除了受品种优劣的影响外，还受地力、施肥量、管理、天气等可控因素与不可控因素的共同影响。

为了使试验数据准确、有效，统计试验一般应遵循如下原则：

第一，重复性原则。即在相同条件下进行多次重复试验，观察并研究试验误差，计算试验数据的平均数等指标，将该平均数作为其代表性数值。

第二，随机性原则。即在试验设计中，对试验对象的分配和试验次序的安排等方面都是随机进行的。这样有利于可控因素影响作用的均匀化，突出不可控因素影响的作用。

（二）大量观察法

要研究那些已经发生的、并且无法重复试验的事件，就不能采用试验的方法或推理的方法，而必须到社会中去做调查研究。大量观察法就是对现象总体的全部或足够多的个体单位进行观察、综合与研究，以消除个体单位的偶然性差异，使现象的数量表现显示出必然的状态和特征来。因为现象发展受多种复杂因素的共同影响，或这样或那样地存在着差别。在这些影响因素中，既有必然因素，又有偶然因素；既有基本因素，又有特殊因素，总体各单位受这些因素的影响而各有差异。因此，只有观察足够多的单位，并进行综合概括，消除偶然因素或特殊因素的影响，才能呈现出总体受基本因素作用而形成的本质规律来。

思考：网络技术的快速发展和大数据时代的到来，为人们及时获取数据提供了极大方便，但数据的真伪尤其是网络数据的价值让人们困惑。不充分的数据甚至错误的数据会带来高昂的操作成本、分散人们的注意力、丧失用户的信心、导致决策的失误等。我们如何认识统计数据、如何理解和应用统计数据呢?

（三）统计描述法

统计描述法是指对试验或调查得到的数据进行登记、审核、整理、归类、计算出各种反映总体数量特征的综合指标，并加以分析，从中获取有用的信息，用表格或图像等将其表现出来。它通过对分散无序的原始资料的整理归纳，运用分组法和综合指标法等得到总体的数量特征，揭示客观事物内在的数量规律性，达到认识的目的。

1. 统计分组法

统计在研究现象时，由于总体各单位在同质条件下不仅存在着数量上的差别，而且还存在着属性上的差别，因此，必须根据统计研究的任务和事物的特点，并按一定标志把现象总体划分成性质不同的类型或组别。通过分组，实现“相同者合并，不同者分开”，从而可以区分现象的类型或形式，研究总体的内部结构，分析各组间的依存关系。分组法是对立统一规律的具体表现，是统计分析的基础，在统计工作中占有相当重要的地位。

2. 综合指标法

统计经过调查和整理汇总后，可以计算出说明现象总体数量特征的绝对数、相对数和平均数等综合指标，运用这些综合指标对现象的数量方面进行分析和研究的方法，称为综合指标法。综合指标法又称综合分析法，它包括对比分析法、平均分析法、动态分析法、因素分析法、平衡分析法等。

3. 统计模型法

统计模型法是综合指标法的扩展。它是根据一定的理论和假设条件，用数学方程来模拟客观现象相互关系的一种研究方法。利用这种方法可以对客观现象和过程中存在的数量关系进行比较完整或近似的描述，显现所研究的综合指标之间的关系，从而简化了客观存在的复杂的其他关系，以便利用模型对所关心的现象变化进行数量上的评估和预测。

此外，统计上还广泛地运用相关分析法、归纳推断法及其他现代统计分析方法。在实际工作中还应注意把多种统计方法结合起来应用。只有这样，才能使我们对现象的认识比较客观、全面和正确。

课堂讨论： 掷一枚硬币，观察并记录每次的试验结果（即是“正面”朝上还是“反面”朝上）。问：随着试验次数的增加，你能得出什么规律性结论？

第三节　统计中常用的几个基本概念

一、统计总体与总体单位

统计总体是指由客观存在的性质相同的许多个体单位构成的整体，简称总体。总体单位是指构成总体的各个基本单位，它是各项统计资料最原始的承担者，简称个体。根据不同的研究目的和要求，总体单位可以是人、物或事件等。例如全国人口普查，根据普查的要求，凡具有中国国籍且在中国国境内常住的人口都是普查的对象，这些人口所构成的整体就是统计总体，该总体中的每个人就是总体单位。统计研究是以个体单位为基础的，总是从搜集个体单位的资料开始，然后将每个总体单位的资料进行汇总综合，以反映总体的综合数量特征。

统计总体具有三个方面的特征：

（一）同质性

同质性就是要求构成总体的各个单位在某方面具有共同的性质，也就是说，总体是由具有某一共同标志表现的基本单位所组成的。同质性是构成总体的基础，是统计研究的前提。如果没有这个基础和前提，统计汇总和综合分析就没有任何意义。例如，在研究我国工业企业发展情况时，全国所有的工业企业便构成总体，该总体各单位的共性是“从事工业生产经营活动”（向社会提供工业产品或劳动服务，即经济职能是相同的）。凡从事非工业生产活动的企业（如农业企业、商业企业等）不能成为该总体的基本单位。

（二）大量性

即要求构成总体的单位数必须足够多。因为统计研究的目的是揭示现象发展变化的趋势和规律，而这种趋势和规律只能在大量事物的普遍联系中表现出来，只有通过大量的偶然性才能表现出必然性来。例如，我们不能以个别人对某问题的看法作为民意调查的结论。因为每个人所处的社会环境、地位及拥有的知识、信息等是不一样的，带有一定的特殊性和偶然性。只有调查足够多的人，这种特殊性和偶然性因素的影响才趋于相互抵消，才有可能显示出必然性来。总体的大量性和个体的差异性是紧密联系在一起的，个体单位之间的差异性越大，构成总体的单位数就应该越多；调查研究的精确度要求越高，调查或观察的总体单位数就要求越多。

（三）差异性

即在同质条件下，要求组成总体的各单位在其他方面的表现又必须不同或不完全相同。例如，在我国人口普查中，每个人除了具有“中国国籍且在中国国境内常住”的共性外，其他方面如年龄、爱好、个性、文化程度、职业等表现是不相同或不完全相同的。

思考：若要研究某校2018级会计（一班）班全体同学们的学习情况，其统计总体是什么？这个总体是否同时具备统计总体的三个特征？总体单位又是什么？

总体和总体单位不是固定不变的，随着研究目的和研究任务的变化而变化。即总体和总体单位是根据研究目的来确定的，范围有大有小，总体有可能转化为总体单位，总体单体也有可能转化为总体。

二、标志与指标

（一）标志与标志表现

标志是反映总体单位属性或特征的名称。可见，总体单位是标志的承担者，标志是依附总体单位的。例如，对某公司的“某员工”来说，有性别、年龄、文化程度等方面的特征，这里的“性别”“年龄”“文化程度”等名称就是标志。每个总体单位有许多标志，每个标志是从某特定方面来说明总体单位的属性或特征的。

一个完整的标志应该包括标志名称和标志表现两个方面。所谓标志表现就是标志在总体单位上的具体体现。如某公司员工的性别为男、年龄为58岁、文化程度为大学。这里“性别”“年龄”、文化程度是标志名称，“男”“58岁”“大学”是标志表现，它分别回答某人的性别是什么、年龄是多少、文化程度有多高等。任何一项统计工作都要掌握总体单位在特定的时间、地点、条件下实际发生的情况，因此标志的具体表现就是统计最关心的问题。

标志按其性质不同可分为品质标志和数量标志。品质标志表明总体单位属性方面的特征，其具体表现是品质标志表现不能用数值表示，而只能用文字陈述。如某员工的性别、工种、文化程度等；设备的种类、用途、性能等。数量标志表明总体单位的数量特征，其具体表现是数量标志表现能用数值表示。如某人的年龄、工龄、工资等；设备的价值、使用年限等。

标志按其变异情况不同还可以分为不变标志和可变标志。凡是总体中各单位某种标志的具体表现都相同的，这种标志称为不变标志。凡是总体各单位某种标志的具体表现不相同或不完全相同的，这种标志称为可变标志。例如，要研究某学校教师的工资收入情况，则该学校所有教师便构成了总体，“职业”便是其不变标志，是形成总体的前提，即总体的同质性。在职业为教师的总体中，每位教师的工资收入等是不完全相同的，“工资”等便是可变标志，它因每位教师的工龄、职称及工作绩效等不同而异。但如果我们研究的不是该校教师的工资收入情况，而是该校所有员工的工资收入情况，总体就应包括教师、行政管理人员、服务人员等在内，这时“职业”这个标志在总体各单位上的表现就不尽相同了，它与工资等一样均为可变标志。

思考：日常生活中青年学生交结“朋友”需要慎重考虑哪些评价标志？能否将你认为的一些重要的数量标志和品质标志一一列出？

（二）统计指标

统计指标是反映同类社会经济现象某种综合数量特征的范畴，它表明现象总体在具体时间、地点、条件下的综合数量表现。统计指标一般由指标名称和指标数值两个基本部分组成。指标名称反映现象所属的一定范畴，指标数值反映现象在具体环境下所达到的规模、水平及比例关系等。例如，2017 年，我国国内生产值为 827122 亿元、年末从业人员 77640 万人、全年一般公共预算收入 172567 亿元、年末国家外汇储备 31399 亿美元等①，这些都是统计指标。其中，“国内生产总值”“从业人员”“财政收入”“国家外汇储备”等是指标名称，各指标名称后面相应的数值就是指标数值。这些指标数值是通过对总体各单位进行调查，然后进行综合汇总和计算而得到的。统计指标是统计工作的中心问题之一，被形象地称为“统计的语言”。

1. 统计指标的特征

（1）可量性。统计指标是对现象某种综合数量特征进行概括而形成的科学范畴。但不是所有作为概括现象的范畴都能形成统计指标，只有那些能用数字加以计量的范畴才有可能被称为统计指标。例如国内生产总值、从业人数、公共预算收入等。对于那些无法用数字加以计量的范畴，就不可能成为统计指标。例如股份制企业的组织形式、筹资方式等就不是统计指标。可量性是统计指标的基本特征，也是社会经济范畴转化为统计指标的前提条件。

（2）综合性。统计指标是反映总体综合数量特征的，其数值既是同质总体各单位某一数量标志值的总计，又是总体各单位某一数量标志值的差异综合。通过总体各单位数量差异的抽象化，来体现总体的综合数量特征。凡统计指标都是综合指标，都是用来说明总体综合数量特征的。

（3）具体性。统计指标是反映具体现象在具体时间、地点、条件下的具体数量特征，而不是抽象的现象、概念和数字，它包含着特定的含义、内容、计算方法和计量单位等，因此不存在脱离具体内容的统计指标。

2. 指标与标志的区别与联系

（1）指标与标志的区别：

①指标必须可量，而标志未必都可量。凡品质标志均不可量。

②指标是用来说明总体数量特征的；而标志是说明总体单位的属性或特征的。

③指标具有综合性，它是同质总体各单位某一数量标志值的差异综合；而标志一般不具有综合性，它是说明总体单位的属性或特征的。

（2）指标与标志的联系：

①指标数值均由总体单位的数量标志值汇总或计算而来，且指标数值的大小受各单位标志值大小及其变化的影响。

②指标与数量标志之间存在一定的变换关系，随着研究目的的变化，总体与总体单位有可能发生变化，因此，指标和标志也有可能发生相应的变化。

思考： 作为经济类专业的学生，日常生活中你重点关注哪些指标？请阅读《中国统

---

① 《中华人民共和国 2017 年经济和社会发展统计公报》。

计年鉴》（2018年）或《中华人民共和国2018年国民经济和社会发展统计公报》，并举例说明。

三、变异和变量

（一）变异

变异就是标志在总体各单位之间具体表现的差异。正是因为总体单位之间存在着程度不同的差异，才需要通过统计研究来发现现象变化的原因、过程和规律。总体的同质性是进行统计研究的前提条件，而总体各单位之间的差异性才是统计研究的内容。

变异有属性变异和数量变异之分。品质标志在总体各单位之间的具体表现不同称为属性变异。如人有爱好不同之异；企业有组织形式不同之别。数量标志在总体各单位之间表现的差异称为数量变异。如人有年龄大小之异；企业有利润多少之别。

（二）变量

变量就是指可变的数量标志或同名指标。如人的年龄大小不完全一样，因此“年龄”这一数量标志就是一个变量，又如各企业的利润不一样，则“利润”也是一个变量等等。变量的具体取值称为变量值。如人的年龄为17岁、18岁或68岁等；某地区各企业的利润分别为40万元、350万元、2亿元等。这些具体数字就是变量值。

变量按其取值是否连续，可分为连续变量和不连续变量。连续变量是指变量在其取值范围内可取任意值，且任意两个变量值之间可以有无穷多个具体值，不能一一列举。如人的身高、体重，企业的销售收入、利润等。不连续变量又称离散变量，是指变量值只能取整数的变量，相邻两个整数之间不可能有小数连接。如职工人数、设备台数、企业个数等。

思考：同学的“年龄”“成绩”，教师简历表中的“教龄”“学制”等标志是连续变量还是离散变量？实际工作中应用这类变量是如何处理的？

> **课堂讨论：**如何理解统计指标是统计工作的中心问题之一，被形象地称为“统计的语言”？

第四节　统计的组织与管理

一、统计的组织

《中华人民共和国统计法》（以下简称《统计法》）第三条规定：“国家建立集中统一的统计系统，实行统一领导、分级负责的统计管理体制。”由此可见，我国的统计组织贯彻集中统一的原则，在全国范围内建立集中统一的统计系统，执行统一的方针政策和统计调查计划，贯彻统一的统计制度和统计标准，使用统一的统计报表和数字管理制度，以及协调统计、会计、业务核算制度、核算标准和分工等。同时，我国正在进一步强化统计工作的独立性和权威性，以增强统计的抗干扰能力。

《统计法》第二十七条规定："国务院设立国家统计局，依法组织领导和协调全国的统计工作。国家统计局根据工作需要设立的派出调查机构，承担国家统计局布置的统计调查等任务。县级以上地方人民政府设立独立的统计机构，乡、镇人民政府设置统计工作岗位，配备专职或者兼职统计人员，依法管理、开展统计工作，实施统计调查。"

《统计法》第七条同时也规定："国家机关、企业事业单位和其他组织以及个体工商户和个人等统计调查对象，必须依照本法和国家有关规定，真实、准确、完整、及时地提供统计调查所需的资料，不得提供不真实或者不完整的统计资料，不得迟报、拒报统计资料。"

根据《统计法》的上述规定可以看出，我国《统计法》规定设立的统计机构分为三种：政府综合统计机构、部门统计机构和企事业组织统计机构。政府综合统计机构和部门统计机构都属于政府统计机构，构成政府统计系统的两大支柱，是完成统计任务的主要力量。企事业统计机构是完成企事业统计任务的综合职能机构，其统计任务既包括其自身的统计任务，又包括国家、地方、部门统计任务延伸到企事业单位、需要其完成的统计任务。

政府统计机构，是指县以上各级人民政府独立设立的统计职能机构，包括国务院设立的国家统计局和县以上地方各级人民政府设立的统计局等。国家统计局负责组织领导和协调全国统计工作；县以上各级人民政府统计机构负责组织领导和协调本行政区域内的统计工作。

部门统计机构，是指国务院各部门和地方各级人民政府的各部门，根据国家和部门统计任务的需要而专门设立的统计职能机构，或在有关机构中设置统计人员，并指定统计负责人。

企事业组织等根据自身统计任务的需要设立统计机构，或在有关机构中设立统计人员，并指定统计负责人。各部门和企事业单位的统计业务在国家统计局和地方同级人民政府统计机构的指导下进行。

各级政府根据《统计法》的规定以及统计工作的需要设置乡镇统计员，建立并健全统计信息网络。乡镇统计员和乡镇统计信息网络在统计业务上受县政府统计机构的指导。乡镇以下的统计工作，由村民委员会指定专人负责，其业务接受乡镇统计员的指导。

二、统计的管理

国际上有关统计的管理模式有两种：集中型和分散型。集中型的统计管理，是指国家一级的统计工作基本上集中在国家的统计机构进行，其他各主管部门一般不负责统计工作。国家统计机构对全国的统计工作实行集中的统一领导。分散型的统计管理，是指国家一级的统计工作分散在各主管部门进行，各主管部门为实施管理所需要的统计资料基本上由所属的统计机构提供。

（一）我国现行的统计管理体制

《统计法》第三条规定："国家建立集中统一的统计系统，实行统一领导、分级负责的统计管理体制。"集中统一的统计系统，是指国家各部门、各类型的统计机构在国家统计局的统一领导或协调下，共同组成的统计机构的统一体。它包括政府综合统计机构、部门统计机构和企事业组织统计机构三个部分。政府综合统计机构是国家统计和国民经济的核算中心，将一部分国家统计数据通过协调分工，可由有关部门负责调查；各部门进行业务管理所必需的专业性统计数据，由各业务主管部门组织调查，有利于发挥各部门统计工作的积极性、创造性，有利于统计事业的发展；企事业统计组织是完成国家、部门和地方统计调查任务的基层统计组织，是我国统计信息的主要源头，是整个统计系统中必不可少的组成部分。

（二）我国统计工作实行统一领导的主要内容

第一，国家统计局组织领导和协调全国的统计工作。

第二，在国家统计系统中，上级统计机构对下级统计机构在业务上具有领导权。

第三，各级统计机构和组织，必须遵守统计法律、法规，按照国家统计局统一制定的统计指标体系、统计调查制度和方法进行统计调查等。

（三）我国统计工作实行分级负责的主要内容

根据《统计法》第四条和其他条款的有关规定，我国统计工作实行分级负责。县级以上各级人民政府统计局在执行国家统计标准、贯彻全国统一的统计制度方法、完成国家统计调查任务的前提下，负责管理本辖区的统计工作，主要内容有：

第一，县级以上地方各级人民政府统计局制订本地区的统计工作规划和地方统计调查计划及其调查方案，统一领导和协调本地区（包括中央和地方单位）的统计工作；

第二，根据本地区的实际需要，搜集、整理和提供基本统计资料，并对本地区的国民经济和社会发展的基本情况进行统计分析、统计预测和统计监督；

第三，审查本地区的统计调查计划及其调查方案，管理本地区各部门制发的统计调查表；

第四，检查、审定、管理、公布、出版本地区的基本统计资料；

第五，统一管理本地区的抽样调查队伍；

第六，组织、管理本地区其他方面的统计工作。

（四）我国现行统计管理体制存在的主要问题

我国现行统计管理体制存在的主要问题是，统计工作的独立性差、抗干扰能力弱，统计信息的可靠性和时效性受到威胁；统计工作的整体效益低下，全面推行抽样调查的难度较大；报表多而乱，数出多门现象严重；统计数据的公信度有待提高。

三、统计的法制

“依法治国”是我国治国安邦的战略决策。广泛深入地学习和宣传《统计法》，认真贯彻实施《统计法》，发挥《统计法》在统计工作中的引导、规范和保护作用，提高统计数据的准确性和及时性是各级统计机构和统计工作者的重要任务。

我国1983年制定了《中华人民共和国统计法》，1987年国家统计局发布了《中华人民共和国统计法实施细则》。但其中一些规定已经难以适应现代社会和经济发展的实际需要了，于是，1996年通过了《关于修改〈中华人民共和国统计法〉的决定》，1999年颁发了《涉外社会调查活动管理暂行办法》，2000年又对《中华人民共和国统计法实施细则》进行了修订。2005年又对《中华人民共和统计法实施细则》进行了修订，自2006年2月1日起施行。为了科学、有效地组织统计工作，保障统计资料的真实性、准确性、完整性和及时性，发挥统计在了解国情国力、服务经济社会发展中的重要作用，促进社会主义现代化建设事业发展，2009年再次对《统计法》进行了修订。修订后的《统计法》由中华人民共和国第十一届全国人民代表大会常务委员会第九次会议于2009年6月27日通过，并于同日公布，自2010年1月1日起施行。该法适用于各级人民政府、县级以上人民政府统计机构和有关部门组织实施的统计活动。《中华人民共和国统计法实施条例》已经2017年4月12日国务院第168次常务会议通过，自2017年8月1日起施行。习近平同志又在十九大报告中提出的“完善统计制度”，是对统计工作提出的新任务、新要求，是对统计战线发出的总动员令，为统计工作者在新的历史时期做好统计工作指明了方向。贯彻统计法律法规，加快推进依法统计，建设服务型统计，是我们不断努力的目标。

这些法律法规使我国的统计工作走上了法治的轨道，对于科学有效地组织统计工作、保障统计资料的准确性、及时性，发挥统计在现代社会、经济建设中的服务和监督作用提供了法律保证。

第一，统计法律法规明确规定了统计在现代社会经济建设中的作用、任务和职能，规范了统计活动，完善了统计法律制度，使统计工作有法可依。

第二，实行统计法治有利于保障和促进统计事业的稳定和健康发展。

第三，实行统计法治有利于保障统计数据的准确性和及时性，更好地发挥统计的信息、咨询和监督作用，为国家、地方和单位的科学决策和科学管理提供高质量的服务；实行统计法治有利于打击有关领导干部在统计数据上弄虚作假、虚报浮夸，“以权扰数”“以数谋私”的非法行为。实行统计法治有利于保障统计机构和统计人员独立行使职权不受侵害；各级统计机构的人员、经费和物质技术条件也能依法得到保障；各级统计机构和统计人员依法独立行使统计调查、统计报告、统计监督的权利也能依法得到保障，避免“官出数字，数字出官”的现象。同时，也有利于统计调查对象的私人、家庭的单项调查资料以及有关单位的商业秘密的保密，不被泄露。

第四，实行统计法治，有利于加强执法力度，完善法律责任。实行统计法治有利于针对不同的统计违法主体及违法行为的不同性质和不同情节，分别采取不同的处罚措施。对地方、部门、单位领导人在统计数据上弄虚作假的主要采取行政处分；对统计人员进行打击报复构成犯罪的，依法追究刑事责任；对企事业单位和个体工商户的统计违法行为，除了选用对一般统计调查对象进行责令改正、通报批评外，可以并处罚款；对利用统计调查损害社会公共利益或进行欺诈活动的，由县级以上人民政府统计机构责令改正，没收违法所得，还可处以罚款；构成犯罪的依法追究刑事责任。

思考：在过去片面追求GDP的背景下，“官出数字”在一些地方成为潜规则。搞攀比、争位次，在数据上做文章，致使一些干部政绩观扭曲，以“数”进行权力寻租。统计信息一旦造假、注水，管理者所获信息失真，市场信号失灵，必然导致决策失误。这些道理浅显易懂，但为什么统计弄虚作假的问题仍然时有发生？

强化统计法治，有利于加大对统计违法行为的处罚力度，有利于完善处罚机制，为统计部门加强统计执法创造更好的条件。这对推动我国统计执法工作和统计法制建设都具有重要的意义。

课堂讨论：针对行政干预统计的问题，我国如何进一步加强统计法治？

小　结

统计学是一门古老的科学，迄今已有2300年的历史。在漫长的历史发展过程中，统计学曾经历了“城邦政情”至“国势学派”阶段、政治算术学派阶段、数理统计学派发展阶段等。

在我国，“统计”一词一般解释为三种含义：统计工作（即统计实践活动）、统计资料（即统计数据或统计信息）和统计学（即统计理论）。统计的三种含义之间存在着密切的联系：统计工作与统计资料是统计活动或过程与统计成果的关系；统计学与统计工作是理论与实践的关系。统计的职能有：信息职能、咨询职能、监督职能。统计学的研究对象是客观现象的总体数量特征和数量关系。其特征可概括为：数量性、总体性、具体性等。其中，数量性是其基本职能。

统计工作的基本过程是：统计设计—统计调查—统计整理—统计分析—统计服务。

统计研究的基本方法有：试验观察法、大量观察法、统计描述法和相关分析法、归纳推断法等。

试验观察法是指通过设计统计试验的合理程序，使通过统计试验得到的数据能符合统计分析方法的要求，以便揭示事物相互之间的依存关系。大量观察法就是对现象总体的全部或足够多的个体单位进行观察、综合与研究，以消除个体单位的偶然性差异，使现象的数量表现显示出必然的状态和特征来。统计描述法是指对试验或调查而得到的数据进行登记、审核、整理、归类、计算出各种反映总体数量特征的综合指标，并加以分析，从中获取有用的信息，用表格或图像等将其表现出来。

统计的基本范畴有：

1. 统计总体和总体单位

统计总体是指由客观存在的性质相同的许多个体单位构成的整体。它有同质性、大量性和差异性三个特征。总体单位是指构成总体的各个具体单位。

2. 标志与标志表现

标志是指反映总体单位属性或特征的名称。它可分为数量标志和品质标志；还可分为不变标志与可变标志。标志表现是指标志在总体单位上的具体体现，它有数量标志表现和品质标志表现之分。

3. 统计指标

统计指标是指反映同类社会经济现象某种综合数量特征的范畴，表明具体时间、地点和条件下的综合数量表现。统计指标一般由指标名称和指标数值两个基本部分构成。它有可量性、综合性和具体性等特点。

4. 变异与变量

变异就是可变标志在总体各单位之间具体表现的差异。变异标志可以是品质标志，也可以是数量标志。变量就是变异标志，即变量泛指一切可变标志，它既包括可变的数量标志，也包括可变的品质标志。变量可分为分类变量、顺序变量和数值型变量。数值型变量按其取值是否连续又可分为连续变量和离散变量。

对这些概念必须辩证地理解，根据具体的研究任务和对象加以确定。

我国的统计组织贯彻集中统一的原则，实行统一领导、分级负责的统计管理体制。我国的统计机构分为政府综合统计机构、部门统计机构和企事业单位统计机构。我国的统计法制建设逐渐走向完善，为统计部门加强统计执法创造了有利条件，我国的统计工作也逐渐走向法治的轨道。

复习思考题

1. 统计的研究对象是什么？它有何特点？
2. 什么是总体和总体单位？试举例说明。
3. 什么是标志？标志有哪几种？
4. 什么是变异与变量？试举例说明。
5. 统计的职能有哪些？
6. 为什么要加强统计法治？

第二章 统计设计与统计调查

学习目标

通过本章的学习，要求了解统计设计的概念、意义和原则，了解统计调查的意义与要求，了解统计报表制度；理解统计指标体系设计，统计调查的分类与统计调查方案的内容；掌握统计指标的设计、统计调查的方式方法。

本章重点：统计指标的设计、统计调查的分类、统计调查方案和专门调查。

第一节 统计设计

一、统计设计的概念和意义

统计设计是指根据统计研究对象的性质和研究目的，对统计工作的各个方面和各环节的通盘考虑和全面安排。这里的各方面是指统计研究对象的各个组成部分；各环节是指统计工作实际进行时的各个阶段。无论范围的大小，统计工作都会涉及相互联系的各个方面和各个环节。统计设计是统计工作的准备阶段，尚属设计研究。一方面，要从理论上弄清统计研究对象的性质、范围及具体的统计内容；另一方面，从实践上弄清调查研究的可行性，特别是影响力大的调查活动更应如此，力求统计设计可行、适用并符合客观实际，在此基础上再写出统计设计总方案。只有制订科学、适用的统计设计，才能正确处理好需要与可能的关系，才能确保统计工作协调统一和顺利进行。

二、统计设计的原则和种类

（一）统计设计的原则

第一，目的明确，主次分明；

第二，设计要完善、协调，但不能阻碍再认识；

第三，防止主观片面性，兼顾全面系统性，符合客观规律性；

第四，设计要有预见性，并兼顾需要与可能，可操作性强。

（二）统计设计的种类

1. 按统计设计所包含的研究对象的范围不同，可分为整体设计和专项设计。

（1）整体设计。以研究对象为整体，对整个统计工作进行的全面设计。整体设计的范围可大可小，应根据研究对象的具体情况而定。

（2）专项设计。对研究对象的某一部分进行的统计设计。

2. 按统计设计所包括的工作阶段不同，可分为全阶段设计和单阶段设计。

（1）全阶段设计。从确定研究任务、内容、指标、指标体系到分析研究的全过程所进行的通盘考虑和全面安排。

（2）单阶段设计。就统计工作过程中的某一环节进行的安排。

第三，按统计设计包括的时期不同，可分为长期设计（五年以上的统计设计）、中期设计（一般为一年以上、五年以下的统计设计）和短期设计（一年或年度内的统计设计）。

知识拓展

《礼记·中庸》：“凡事豫（预）则立，不豫则废。言前定则不跲，事前定则不困，行前定则不疚，道前定则不穷。”。

唯物辩证法认为任何现象都会引起其他现象的产生，任何现象的产生都是由其他现象所引起的。这种引起和被引起的关系，叫做因果联系。“预”和“不预”就是原因，“立”和“废”就是由它们引起的结果。因此只有事前有了对后果的科学设计，才能正确促成事物向人们所期望的方向发展。否则必然会给工作和日常生活带来危害。

三、统计设计的内容

（一）统计指标的设计

1. 设计统计指标的要求

统计指标是统计的语言。设计统计指标的目的是为了确保取得需要的数据资料，以更好地反映现象总体的数量特征。在市场经济体制逐渐完善的今天，统计工作如何发挥其应有的作用，关键是看我们如何去发挥统计指标的作用，而如何去发挥统计指标的作用又取决于所设计的统计指标是否科学、合理、可行和适用。指标应反映一定的社会经济范畴，符合现代经济理论的要求，满足客观经济规律的需要。同时应明确指标的外延，即哪些内容该计入、何时计入、如何计入等。具体来讲，设计统计指标时应符合如下要求：

（1）指标反映的总体特征、概念要有科学的理论依据；

（2）指标要有明确的计算口径和范围；

（3）指标要有科学的计算方法；

（4）指标要有确切的计量单位；

（5）有利于统计资料的搜集和统计制度的贯彻执行。

2. 统计指标的分类

（1）指标按其反映现象的性质不同，可分为实体指标和行为指标。实体指标反映的是具有实物形态的、客观存在的总体的数量特征，如粮食产量、从业人数等；行为指标反映的是某种行为的数量特征，如工伤事故数、缺勤率、影视收视率等。

（2）指标按其数据依据不同，可分为客观指标和主观指标。客观指标是指可以通过实际度量或计数来取值的、具有具体性和客观性的指标，如粮食产量、从业人数等实体指标；主观指标是指不可能或难以直接度量或计数取值而只能凭人们的主观估计、评价取值的指标，如文艺演出、部分体育比赛项目中的评委亮分、民意测验结果等。主观指标虽然不是实际度量或计数得出来的，带有模糊性，但是该结果的得出仍然有一定的评判标准、规则，并非完全主观臆造。这类指标仍然具有一定的客观性，表明人们对客观事物的态度和评价。

思考： *在一定的组织机构里，为考核团队不同群体的行为规范、行为能力、工作绩效等，你如何设计一些合理性的评价指标？（提示：如团队精神、学习能力、工作态度、服务意识、资源共享……宜按基层工作者、中层管理者、高层管理者等分别设计）*

（3）指标按其表现形式不同，分为总量指标、相对指标和平均指标（在第四章讲述）。

（4）指标按其反映总体特征的不同，可分为数量指标和质量指标。数量指标是指反映现象总体规模大小、水平高低的指标，一般表现为统计绝对数，如人口总数、产品产量等。质量指标是反映现象总体的强度、密度、效果、工作质量等方面的指标，这类指标一般用相对数、平均数表示，如劳动生产率、资金利税率、产品合格率、平均工资等。

（5）指标按其功能不同，分为描述指标、评价指标和预警指标。描述指标是指用于反映社会经济现实状况，反映社会生产、生活过程和结果的统计指标。描述指标包括：反映社会经济条件的指标，如自然资源拥有量指标、人口指标、劳动资源指标、科技力量指标；反映生产经营过程和结果的指标，如国内生产总值、财政收入、进出口贸易额等；反映社会物质文化生活情况的指标，如人均国民收入、居民文化程度等。评价指标是指对社会经济活动的结果进行比较、评估、考核，以检查其工作质量和经济效益的统计指标。如企业经济活动的评价指标：劳动生产率、资金利润率、产品等级率等；国民经济评价指标：国内生产总值增长率、社会积累率等。统计评价指标通常要与计划、预测和其他定额指标相比，才能反映其优劣程度。预警指标主要用于对宏观经济运行的监测，并根据指标数值对可能出现的总量失衡、结构性矛盾、突变情况进行预报的指标。如国民生产总值和国民收入增长率、物价指数、通货膨胀率、失业率、进出口贸易与国际收支等。按功能划分的指标并非是绝对的，有的指标既可以用于描述，又可以用于评价或预警。

（二）统计指标体系设计

1. 统计指标体系的概念

统计指标体系是指由若干个具有相互联系、相互制约的统计指标所形成的整体，用以说明现象总体各方面相互联系和相互制约的关系，其目的是全方位、多侧面地反映现象总体的数量特征。例如，要反映某地区人口变动情况及数量特征，则需要用出生人口数、死亡人口数、迁入人口数、迁出人口数等指标组成的体系来加以说明。建立一个指标体系必须符合两个方面的要求：一是指标体系中的指标之间必须存在着相互联系和相互制约的关系；二是一个指标体系必须具有一个特定方面的功能。这是构成指标体系的基本要求，缺少其中任何一点，就难以形成统计指标体系。

2. 指标体系的形式

指标体系反映的是被研究现象之间的一种数量依存关系，而被研究现象之间的这种数量依存关系是多种多样的，这说明指标体系的存在形式也是多种多样的，其中比较简单的是：

（1）加法模式：

指标体系数值 = 各个相关指标数值之和

例如：公共收入 = 税收收入 + 公共收费 + 公债 + 国有资产收益 + 其他收入

某产品制造成本 = 原材料消耗 + 人工费用 + 制造费用 + 其他支出

（2）乘法模式：

指标体系数值 = 各个相关指标数值之积

例如：应纳所得税额 = 应纳税所得额 × 相应税率

原材料消耗费用 = 产品产量 × 单位产品原材料消耗量 × 单位原材料价格

3. 设计指标体系应遵循的原则

（1）科学性原则。设计统计指标体系应符合社会经济现象本身的性质、特点和运动过程，反映客观事物内部及其彼此之间的数量依存关系和发展变化的规律。

（2）目的性原则。设计统计指标体系应满足统计研究或经济管理的需要。不同的研究目的决定着不同的研究对象，不同的研究对象应该用不同的指标及指标体系来反映。同时，在指标体系的设计过程中，要注意所反映问题的角度及它们之间的协调性，使指标体系中所有的指标都围绕一个中心，从各个不同侧面来加以说明。

（3）全局性原则。指标体系是一系列有相互联系的统计指标结合而成的有机整体。指标体系的整体功能应大于体系内各具体指标功能的简单总和。要实现这一点，前提条件是各指标之间相互联系、相互依存和相互补充，并协调一致。作为系统，指标体系要具有一定的结构形式，而且其结构应该有序而非杂乱无章。指标体系的有序性，体现在它的层次性上。只有保持指标体系结构层次上的明晰性，才能发挥其更大的整体功能。

（4）可行性原则。设计统计指标体系，应与客观条件相适应，指标体系的具体计算方法要切合实际，符合科学原则，指标数值容易取得且符合电算化的要求，可操作性强。

（5）可比性原则。设计和改进统计指标及指标体系时还要注意与国际间、地区间、部门间保持一致，同时要保持不同时期的相对稳定性。否则，不便于横向或纵向对比。可比性涉及统计指标设计内容的所有方面，但其中最主要的是指标的口径和计算方法。

4. 指标体系的分类

（1）按指标体系反映内容的范围不同，可分为宏观指标体系和微观指标体系。宏观指标体系是指反映全国范围社会经济现象数量特征和数量关系的指标体系，如我国国民经济核算中的某些指标体系；微观指标体系是指反映基层单位运行和经营状况的指标体系，如反映一个工业企业的产、供、销指标所构成的指标体系。

（2）按指标体系内容的不同，可分为国民经济指标体系、社会指标体系和科学技术指标体系等。国民经济指标体系是指反映整个社会的生产、流通、分配、消费等社会再生产过程的指标体系，如我国国民经济核算体系的基本框架及其补充表等；社会指标体系是指以人们的物质文化生活为中心，反映社会状态的指标体系，如人口统计的指标体系、居民收入与消费的指标体系；科学技术指标体系是指反映科学技术发展水平及变化情况的指标体系，如科技活动基本情况、科研成果的数量与质量等指标体系。

知识拓展

确立综合国力指标体系，是评价一个国家综合国力的核心和关键。指标体系涵盖是否全面、层次结构是否清晰、内容是否合理科学，直接关系到评估质量的好坏。根据可持续发展原则，宜包括科技、经济、军事、生态、社会发展程度、政府调控力、外交力、国际影响力等。

（3）按指标体系的作用不同，可分为基本指标体系和专题指标体系。基本指标体系是指由反映社会经济现象基本情况的主要指标构成的指标体系，如统计年鉴中综合类的指标体系；专题指标体系是指反映某个社会经济问题的指标体系，如能源、运输、教育等方面的指标体系。

（三）统计调查方式方法的设计

向社会作调查，以获取准确、及时、全面的数据资料，就必须对调查的方式方法进行科学的设计。但调查的方式方法很多，无论采用哪一种方式方法都要从多方面进行考虑，使调查的效果最佳。因此对其进行设计也是非常重要的。

（四）统计分类和统计分组的设计

对客观事物进行分类和分组是深入研究客观现象数量特征的重要方法，因此对分类和分组的设计也是非常重要的。

（五）统计分析方法的设计

统计分析是统计工作的最重要阶段，是统计工作出成果、出结论的阶段。通过统计分析可以对客观现象总体的本质特征做出定量和定性的分析。

（六）统计工作的组织与协调的设计

（七）统计力量的组织和安排

课堂讨论：在开展统计工作之前，做好统计设计有何意义？

第二节 统计调查

一、统计调查的意义和要求

统计调查又称数据采集，是指根据统计研究的目的和任务，运用科学的调查方法，有计划、有组织地搜集统计资料的工作过程。统计调查是统计实践活动的基础，是认识社会的起点。如果不做统计调查，我们的认识将成为无源之水、无本之木。

统计调查搜集的统计资料有两种：一种是直接向调查单位搜集、未经任何加工整理的统计资料，称为原始资料或第一手资料。例如，调查工业生产情况时，向每个工业企业搜集有关销售（营业）收入、产量、劳动生产率等资料。另一种是根据研究目的，搜集已经加工整理过的，能说明总体现象的资料，称为次级资料或第二手资料。例如，从统计年鉴、各种报表及报刊杂志上或网络上搜集的数据资料等。任何次级资料都是在原始资料的基础上加工整理得到的。统计调查主要是搜集原始资料。

统计调查工作质量的好坏，直接影响到统计整理和分析结果的可靠性、真实性，关系到能否确切地反映客观实际，得出正确的结论。因此，统计调查必须遵循实事求是的基本原则，所搜集的资料必须满足如下要求：

1. 准确性。就是要求统计人员搜集的资料必须真实可靠、符合实际，不能歪曲和掩盖事实真相。统计资料的“准确性”是衡量统计调查工作质量的重要标志，是统计工作的生命。如果统计资料失真，将导致计划和决策失误，给社会和经济建设造成不可估量的损失，这在我国历史上有过极为深刻的教训。统计资料的准确性不仅是一个技术性问题，而且是一个思想意识问题。作为统计人员要发扬党的实事求是的优良传统，本着对国家和人民负责的精神，如实地反映客观实际，杜绝虚报、瞒报、伪造和篡改统计数据的现象。因此，我国《统计法》第六条明文规定：“地方各级人民政府、政府统计机构和有关部门以及各单位的负责人，不得自行修改统计机构和统计人员依法搜集、整理的统计资料，不得以任何方式要求统计机构、统计人员及其他机构、人员伪造、篡改统计资料，不得对依法履行职责或者拒绝、抵制统计违法行为的统计人员打击报复。”

小贴士：古代有个国王爱吹牛，自信天下吹牛者无人胜出。在举办的“全国吹牛大奖赛”中称：谁吹的牛让我不相信，就可获一千两黄金的奖赏。全国爱吹牛者纷纷报名参赛。

一个参赛者吹牛说：“我有一杆烟袋可以随意伸缩。我要抽烟时便将烟杆伸长，凑到太阳去点火。”国王说：“这是真的。冬天冷了，我常将太阳当火炉取暖呢。”

又一个参赛者说：“我会飞，常飞到月宫，叫吴刚给我斟酒，叫嫦娥给我伴舞。”国王说：“我相信这是真的，我也常飞到天宫赴玉皇大帝的宴会呢。”

……

许多吹牛者都败下阵来，无人获奖。过了一会儿，走上一个挑着担子的农夫，对国王说：“陛下，您欠我的一万两金子，该还我了吧！”国王哑口无言。

2. 及时性。是指统计人员必须按统计调查的要求，及时提供所需的各项调查资料，以满足各方面对统计资料的需求。资料提供得越及时，其时间效用就越大，就越能提高资料的使用价值。过时的资料犹如雨后送伞，起不到应有的作用。

3. 全面性。是指统计搜集的资料必须全面完整。即统计人员必须按照统计调查方案的规定，对应当调查的单位及其项目的资料毫无遗漏地进行调查，而且不但要有数字资料，还应搜集说明现象具体情况的文字及图表等资料，做到数字与情况相结合，以保证资料的完整性。

4. 连续性。即所采集的统计数据在时间上能进行动态对比，不是偶然的、孤立的，更不能是臆造的。

5. 遵重隐私性。《统计法》第十五条规定："属于私人、家庭的单项调查资料，非经本人同意，不得泄露。""统计机构、统计人员对在统计调查中知悉的统计调查对象的商业秘密，负有保密义务。"法律如此规定，主要是基于两方面的考虑：一是个人或家庭的隐私、调查对象的商业秘密，若泄露可能损害被调查者的合法权益；二是这样规定有利于消除被调查者的后顾之忧，增进被调查者对调查者的信任感，使被调查者能够如实提供统计资料。这也是统计工作的国际惯例。

6. 可分享性。除属于国家机密、商业秘密和个人或家庭的单项调查资料外，统计机构应将采集、整理的统计数据、统计报告、统计公报刊载于公共媒体，或放置于开放场所，以满足各级党政机关、各类市场主体和社会公众的需要。

此外，统计调查还应以最少的调查费用取得所需要的统计资料。盲目追求不计成本的统计调查，将会造成不必要的人力、物力和财力的浪费。因此，统计调查同样要讲究经济效益，努力降低调查成本。

二、统计调查的分类

（一）按调查的组织方式不同，可以分为统计报表和专门调查

统计报表是依照国家统一规定的表式和要求，自下而上地逐级提供统计资料的调查。我国国民经济发展中的一些重要的统计资料目前主要还是靠统计报表搜集。及时报送统计报表，是各地区、各部门、各基层单位必须履行的义务。

专门调查是根据调查对象的特点，为了完成某一特定任务而专门组织的调查。例如，为了提供确切的人口数字而专门组织的人口普查，为了研究职工生活状况而专门组织的职工家计调查等。在我国的统计实践中，专门调查有普查、重点调查、典型调查和抽样调查等。

（二）按调查对象包括的范围大小，可分为全面调查和非全面调查

全面调查是指对调查对象中的所有单位进行的一一不漏的调查。其主要目的是取得全面、系统、完整的反映总体特征的资料。如人口普查、经济普查等都属于全面调查。全面调查能掌握所有调查单位的具体情况，但调查成本大，且时效性较差。在不影响统计研究目的实现的条件下，一般应采用非全面调查。

非全面调查是指对调查对象中的部分单位进行的调查。例如，进行破坏性的产品质量检验，只能从中抽取部分产品进行检验就可达到调查目的。非全面调查的调查单位少，可用较少的人力、物力和财力调查较多的项目，取得较细致、较深入的资料。根据研究的目的不同，非全面调查又可细分为重点调查、典型调查和抽样调查等。

（三）按调查登记的时间是否连续，可分为经常性调查和一次性调查

经常性调查又称连续性调查，即随着调查对象的发展变化情况，随时进行连续不断的登记。例如，财政收与支、银行存与贷等，通常需要采用经常性调查，其目的在于取得事物发展变化过程及其结果的统计资料。

一次性调查又称非连续性调查，它是指每间隔一定时间进行一次调查登记，以取得现象总体在一定时点状态上的资料。例如，工业企业固定资产总量、原材料库存量等，在一定时期内变动不大，通常采取一次性调查。一次性调查根据客观需要和研究任务的不同，分为定期调查和不定期调查两种。前者是指每隔一定时期进行一次，其时间间隔大体相等，如规定每五年进行一次的经济普查；后者是指在相邻两次调查之间的时间间隔不等，例如20世纪90年代以前的人口普查等。

（四）按数据采集实施主体的不同，可分为政府统计调查和民间统计调查

政府统计调查，是指由政府统计机构依法组织实施的统计调查。根据《统计法》规定，政府统计调查包括国家统计调查、部门统计调查和地方统计调查三类。

国家统计调查，是指全国性基本情况的统计调查，包括国家统计局单独拟订的和国家统计局与国务院有关部门共同拟订的统计调查项目；部门统计调查，是指各部门组织的专业性统计调查；地方统计调查，是指地方人民政府根据需要批准实施的地方性的统计调查。

目前，我国几乎所有的政府统计调查都是义务性统计调查，涉及的统计调查对象应主动予以配合，并依照统计法和统计制度的规定，准确、及时、全面地回答调查人员的询问或报送统计资料，不得拒绝提供统计调查资料，不得拒绝回答调查人员与统计有关的询问，不得提供不真实、不完整的统计资料或不如实地回答调查人员与统计有关的询问。可见，政府统计具有强制性。政府统计调查所提供的统计信息作为政府向社会提供服务的重要组成部分，其所占份额在市场经济条件下仍然占有绝大的比重。

民间统计调查，是由民间统计机构以自己的名义或接受委托而进行的统计调查。与政府统计调查相比，民间统计调查有两个明显特点：一是自愿性。民间统计调查是民事行为，民间调查机构作为民事法律关系的主体，与其他民事法律关系主体（包括被调查者、委托调查者、资料所有者、资料使用者等）产生的民事法律关系，是建立在民事法律关系主体的自愿、平等原则基础上的。因此，只要调查者的调查行为不违法，调查者就可以根据自己的需要或委托者的意愿进行调查，或自己使用、转让和有偿买卖民间调查结果。对被调查者而言，是否接受民间调查不具有任何强制性，它是完全自愿的、非义务的。二是营利性。民间调查机构是根据自己的需要或接受委托，利用自己的人力、物力和技术资源进行的统计调查，其目的是为了获取一定的利益，特别是为了获取一定的经济利益。

民间调查的作用表现为：第一，民间统计调查弥补了政府统计的不足。第二，民间统

计调查可普及和提高公民、社会的统计知识和统计意识。《民间调查管理条例》第五条规定："国家鼓励和支持开展民间统计调查，发挥民间统计调查在了解和促进经济社会发展、服务科学研究中的重要作用。"第六条规定："国家鼓励和支持各级人民政府及有关部门委托民间统计调查机构开展统计调查活动，或者向民间统计调查机构购买统计调查服务。"

上述各种统计调查的方式方法，各有不同的特点及不同的实施条件。在统计工作实践中，应根据调查任务、调查对象和调查内容等因时、因地、因事制宜地灵活运用多种调查方式方法，以便及时、全面、系统地提供准确的资料，取得良好的调查效果。

三、搜集统计数据的具体方法

（一）直接观察法

直接观察法是指调查人员亲临现场对调查单位的项目进行直接观察、计数、测量，以取得第一手资料的一种调查方法。例如，对商品库存的盘点、农作物产量的实割实测、工业产品质量检测等。这种方法取得的资料比较真实可靠，但需要花费大量的人力、物力和时间，因而其使用范围受到很大的限制。

这种方法的特点是：

1. 数据真实性高。因调查人员亲临现场，贴近实际，可直接获取第一手资料。

2. 客观性强。因调查双方并不正面接触，因而受调查者和被调查者主观因素影响小。

3. 受时空限制。一般情况下，调查人员为了采集准确、详细的数据，将会耗费较多的时间和精力，因而所获信息往往受时空限制，难以全面顾及。

4. 成本高。因所有统计数据都要求调查人员亲临现场采集，无条件将增加人力、物力和财力的消耗。

5. 对调查人员的素质要求高。对于同一调查现场，不同的调查人员所获取的统计数据有可能不一样；专业性要求高的调查，如果调查人员不懂行，即使有价值的信息，也可能稍纵即逝。

可见，直接观察法的优点是所采集的数据的准确性高、时效性强；其缺点是需要耗费较多的人力、物力和财力，且只适合于对已发生且客观存在的现象进行调查，至于历史数据，则很难采用该法直接获取。

（二）报告法

报告法是指以各种原始记录和核算资料为基础，由负责报送资料的单位按有关规定和隶属关系，逐级向上报告经济、社会活动成果以搜集统计资料的一种调查方法。我国现行的统计报表制度就是采用这种方法逐级上报来搜集资料的。如果原始记录和核算工作健全，负责报送资料的基层单位又能遵守统计制度和法规，采用这种方法可以取得比较准确的资料。

这种方法的特点是：

1. 统一性。即有统一的项目，统一的要求，统一的报送程序。

2. 原始性。即所有统计数据都来自基层的原始记录和核算资料。

3. 大量性。主管部门有权要求所属单位同时报送资料，这是各地区、各部门、各单位按有关法律规定，必须对国家履行的义务。

报告法的优点有：

1. 从调查者的角度讲比较省时、省力，而且工作的规律性强；从被调查者角度讲，可以促进其加强管理，建立健全的原始记录制度和统计台账。因为报告单位要求严格执行国统一制定的统计报表制度，所以能保证统计数据的完整性和指标涵义、计算口径的统一性。

2. 由于实行逐级向上提供统计资料的方法，因而为各级政府经常性定期获取相关数据提供了制度保障。

报告法的缺点有：

1. 统计报表制度只能用来采集社会和经济发展中重要的统计数据，难以覆盖社会经济生活的各个方面，尤其是我国分散的（点多面广）、规模庞大的合伙企业、个人独资企业和个体工商户等不宜采用报告法来定期采集需要的统计数据。

2. 因经过的中间环节多，发生登记性等误差的可能性大，且费时多，影响数据的时效性。

（三）访问法

访问法是调查者以询问为手段，从被调查者的回答中获取所需信息的一种方法。它是数据采集中常用的一种调查方法。根据实施的具体方式不同，该法可具体分为：面谈访问法、邮寄访问法、电话访问法、互联网访问法和集体访问等。

1. 面谈访问法

面谈访问法是指调查者和被调查者直接面谈或由被调查者当面填写调查问卷而获取统计数据的方法。面谈访问法又可分为入户访问法和拦截访问法两种。

（1）入户访问法。它是指调查人员直接深入被调查者的住所或工作场所与被调查者自由交谈或由被调查者填写事先设计好的问卷而获取统计数据的方法。这种方式所获资料的真实性强、偏差小，并且可根据对方的态度等适时调整，灵活处事，但所需费用高，在一定程度上还受主观因素影响。自填问卷的方式相对而言不易受调查者的影响，被调查者可独立思考并填写问卷中的相关内容，问卷的回收率高，调查结果易于统计处理。

（2）拦截访问法。它是指调查者在“路上”随机拦截过往行人，就所要调查的问题与之面谈而采集数据的方法。此法简单易行，但过往行人是随机选取的，又在路上或街道上等场所偶然相遇，被调查者的配合默契程度存在较大差异；同时，由于被调查者的文化程度、认知程度和工作生活环境的差异，对同一个问题因被拦截的调查对象不同有可能得到两种截然不同的答案。

2. 邮寄访问法

邮寄访问法是通过邮寄问卷的方式对被调查者进行访问的方法。这种方式相对于面谈访问来说，可以节省人力、时间和费用，且简便易行；同时被调查者收到问卷后在规定的时间内可以独立思考，仔细推敲，使问题的回答更为准确、真实可靠。但邮寄问卷缺乏灵活性，无法对某些特殊问题作进一步的提问和讨论；无法控制回答问题的过程。邮局等邮寄和互联网传递，虽然成本低，但回复率一般也较低，而且回收的问卷可能只来自某些阶层，调查结果的代表性不足。登门送收方式虽然成本较高，但问卷的回收率也高。

3. 电话访问法

电话访问法是通过电话对被调查者进行访问的方法。电话访问采集数据的时间短、成本低，而且在较短的时间内又能访问较多的被调查者，还有保密性强、时效性强的特点。但这种方法既受通话时间、方式等限制，又不易获取被调查者的合作，更难访问较为复杂的问题。

思考： 电话访问本是一省时、省事、省力的调查方法。随着移动电话普及率的提高，接听电话成为人们的一种负担。在日常生活中，人们经常会接到“请问你买房吗？”“请问你买保险吗？”“请问你需要贷款吗？”“请问你需要发表论文吗？”……种类繁多的推销电话，让人不堪其扰，却又无可奈何。那么，电话访问如何演变成了人们非常反感骚扰电话？到底是什么人，用什么方式在拨打我们的电话？他们又是怎么知道我们的个人信息的？这些泛滥的骚扰电话又该怎么管理呢？

4. 网络访问法

网络访问法是通过互联网、计算机通信和数字交互式媒体，按照事先已知的被调查者的E－mail地址发出问卷采集信息的调查方法。通过网络采集数据的方法具有自愿性、定向性、及时性、互动性、经济性等特点。

网络访问法的优点是便利、快捷、调查效率高，调查成本低，易获得连续性数据，且调查内容设计灵活，调查群体大，可视性强等；其缺点是代表性不足（调查范围受到一定的限制，如受调查群体年龄、文化程度、工作性质等限制）；存在一定安全隐忠（在调查时有可能遭到计算机病毒的干扰和破坏，被调查者的信息有可能被泄露等）；受无限制样本影响（网上的任何人都能填写问卷，也可能存在一人重复填写多份问卷问题）。

网络访问的方法很多，下面介绍几种常用方法。

（1）E－mail问卷调查法。此法是将事先设计好的问卷以附件的形式发给被调查者电子邮件邮箱里，被调查者按要求填写好后再通过电子邮件返回给调查者，有专门的程序进行问卷准备、编制E－mail地址和收集数据。

E－mail问卷制作方便，分发速度快。因为是将制作好的问卷分别发送给被访者个人邮箱中，易引起被访者的关注。在网络技术迅速发展的今天，此法得到了越来越广泛的应用。

（2）交互式CATI系统调查法。CATI系统调查即计算机辅助电话访问，是将现代高速发展的通讯技术及计算机信息处理技术应用于传统的电话访问（互动式电话访问形式）获取调查信息的方法。国内越来越多的专业调查机构、政府机构和院校使用这种技术。如民意调查、品牌知名度研究、市场研究等等。

在进行此访问时，须事先输入受访人的电话号码，由电脑按程序自动拨号，电话访问员在接通电话后不知道对方身份，只负责按事前设计好的访问内容进行访问对话。访问过程和内容可以实时录音，以确保调查访问内容的真实性、可靠性。采用这种访问调查方式，具有时效性强、科学性强、代表性高、结果真实等特点。

（1）时效性强。此法省去了传统数据采集所必须的印刷问卷、上门入户或邮寄问卷、审核问卷、数据录入等环节，在较短时间内就能完成调查，访问结束后几十分钟内即可汇总数据，周期较短。

（2）科学性强。数据采集过程全程监控，没有中间环节，不必进行层层组织和安排，排除了调查过程中的人为因素影响，使得调查结果更加客观和公证，数据质量高。所有调查访问均以录音方式保存下来以供复核，不易出现人为更改数据问题。

（3）代表性高。利用计算机系统进行抽样调查，确保其随机性；可按区域等条件进行分组调查；可对电话号码和问卷答题的出现顺序进行控制，可避免因跳问或选择答项的错误而导致数据差错或丢失。

（4）结果真实。由于采用CATI系统，问卷不易外流，与被调查者非正面接触，可打消被调查者顾虑，调查成功率高，原始数据和汇总数据接触人员少，保密性强。

但交互式CATI系统产品是为电话——屏幕访谈设计的，被访问者屏幕格式受到一定限制，而且CATI语言技术难以体现互联网调研的图片、播放等功能。

（3）互联网CGI程序调查法

互联网CGI程序调查有专门的网络调查设计问卷链接及传输软件，包括整体问卷设计、网络服务器、数据库和数据传输程序。其问卷由简易的可视问卷编辑器产生，自动传送到互联网服务器上，通过网站，使用者可随时在屏幕上对回答数据进行整体统计或图表统计。

以上四种方法，称为个别访问法，它是由调查人员分别对被调查者逐项询问取得统计数据的方法。

5. 集体访问法

集体访问法是通过邀请熟悉情况的人员座谈来采集数据的方法。其工作过程为，调查者选择与调查课题有关的专家组成专家组，草拟调查提纲，拟定征询项目，提供背景材料，就一系列相关问题向专家征询意见，然后汇总整理。此法的优点是：①便于集思广益，发挥专家的集体智慧，避免主观性和片面性；②有利于专家各抒己见，充分发表自己的见解；③通过信息反馈，可了解到其他人的不同看法，相互启发，修正个人意见；④简便易行、快捷高效。缺点是：①责任分散，一般只适用对现象总量数据的采集；②若专家组人员中途退出，将对数据采集工作产生不利影响；③经验判断存在一定的局限性。

（四）问卷法

问卷法是指利用被调查者自己填写的问卷来搜集资料的方法。问卷法的具体内容将在本章第三节讲述。

（五）卫星遥感法

卫星遥感调查是利用卫星在空间轨道上对地球的表面和大气层的高远位置，配备各种遥感装置来获取所需的图像或信息，经过对图像或信息的读取、整理及数据的转换得到所需信息的一种先进调查方法。卫星遥感调查具有视点高、视域广、数据采集速度快、精确度高、调查成本低，能重复地、连续地获取信，且抗干扰能力强的特点。它在土地资源探测、农作物估产、森林资源调查、荒漠化调查、水利资源调查及时突发事件的监测、环境监测、军事侦察等方面大显身手。

四、统计调查方案

统计调查是一项复杂而细致的工作。正确制订统计调查方案是保证统计调查有计划、有组织进行的首要步骤，是统计设计在统计调查阶段的具体化。统计调查方案没有统一的格式，内容简繁不一。但一个完整的统计调查方案应包括调查目的和任务、调查对象和调查单位、调查时间和调查期限、调查标志和调查表、调查的方式方法、调查的组织实施计划等主要内容。下面分别加以说明：

（一）确定调查目的和任务

调查目的就是通过调查搜集什么资料，解决什么问题。有了明确的调查目的，才能确定具体的调查任务，确定向谁调查，搜集什么资料，采取什么方式方法进行调查等一系列问题。

对任何社会经济现象的了解和认识，都可以根据调查者的需要，从不同的角度、不同的方面、不同的层次获得资料。因此，任何一项统计调查的调查目的都应该规定得具体明确、中心突出，以便搜集真正需要的资料，不能轻重不分，面面俱到；否则不仅浪费人力、物力、财力和时间，甚至严重影响调查资料的质量。

例如，人口普查是一项重大的国情国力调查。组织开展第六次全国人口普查的目的，是为了掌握我国人口在数量、结构、分布和居住环境方面的等变化情况，为科学制定国民经济和社会发展规划，统筹安排人民的物质和文化生活，实现可持续发展战略，构建社会主义和谐社会，提供科学准确的统计信息支持。

（二）确定调查对象和调查单位

调查对象是指根据调查目的确定的需要进行调查研究的某一社会经济现象的整体。调查单位是调查对象中进行标志登记的个体单位。例如调查目的是了解某市工业企业的生产情况，则调查对象是该市所有的工业企业；而被调查登记各种标志（如产品产量、质量、成本等）的工业企业就是调查单位。又如调查目的是了解农民工的生活状况，则调查对象是所有农民工；被调查登记的农民工就是调查单位。第四次全国经济普查的对象是在我国境内从事第二产业和第三产业的全部法人单位、产业活动单位和个体经营户。调查单位可以是调查对象中的全部单位，也可以是调查对象中的部分单位。

在统计调查中，除了确定调查对象和调查单位外，还要规定报告单位。所谓报告单位，就是负责向统计机关填写并报告统计资料的单位。调查单位与报告单位有时是一致的，有时又不一致。例如在对国有企业生产经营情况进行调查时，调查单位和报告单位都是每一家国有企业。但进行国有企业设备调查时，调查单位是每一台设备，报告单位则是每一家国有企业。确定调查单位，就是为了明确调查项目的承担者；规定报告单位，则是为了明确由谁负责提交统计资料，以保证调查工作的顺利进行。

（三）拟订调查内容和调查表

调查内容就是向调查单位进行调查登记的各种标志，即在调查过程中对调查单位进行调查登记的项目，通常又叫调查提纲。调查内容直接关系到调查资料的数量和质量。调查内容的繁简，应当根据调查目的和对象的特点，贯彻少而精的原则，妥善处理。例如：我国第四次经济普查的主要内容包括：单位基本情况、组织结构、人员工资、生产能力、财务状况、生产经营和劳务活动、能源消费、研发活动、信息化建设和电子商务交易情况等。

进行统计调查时往往将要调查的项目用统计表的形式表现出来。调查表就是将所要调查的项目按一定顺序排列而形成的表格。调查表有单一表和一览表之分。单一表是指一张表上只登记一个调查单位的有关内容的调查表。它可以容纳较多的调查标志，且便于分类整理，一般用于调查项目较多的情况。一览表是指在一张表上能登记多个调查单位的有关情况的调查表。如果调查的项目不多时，就适宜采用一览表，它便于合计和核对数据等。为了保证填报调查表格的准确性，可在表的下方列出必要的填表说明，包括对调查表中各项目的解释，有关数据的计算方法，填表时应注意的问题等。

（四）确定调查时间、调查期限和调查地点

调查时间是指调查资料所属的时间。在统计调查中，如果所调查的是时期现象，则调查时间是调查资料所反映的起止日期。如调查 2018 年的国内生产总值，则调查时间是从 2018 年 1 月 1 日起至 12 月 31 日止，共 12 个月时间。如果所要调查的是时点现象，则调查时间就是规定的统一标准时点。如我国第六次人口普查的标准时点是 2010 年 11 月 1 日零时。我国第四次经济普查的标准时点为 2018 年 12 月 31 日。

调查期限不同于调查时间，它是指完成搜集统计数据工作的起止时间，包括搜集资料和报送资料的整个工作所需要的时间。在保证调查资料质量的条件下，任何调查都应尽可能缩短调查期限。例如，我国第六次人口普查的时间为 2010 年 11 月 1 日零时。在普查时间确定后人口普查的工作时间表具体安排如下：

2010 年 11 月 1 日 –10 日：入户登记

11 月 16 日至 12 月 25 日：事后质量抽查

2011 年 3 月至 2011 年 5 月：公布普查数据

调查地点是指确定登记资料的地点。调查地点与调查单位的所在地不一定一致。由于客观事物是复杂的，有些事物是经常变动的（如人口流动），因此设计这些现象的调查方案时，应对登记调查单位的所在地予以明确规定，以免调查资料出现重复计算或遗漏现象。

（五）确定调查的方式方法

统计调查的方式和方法是取得统计资料的重要手段，设计调查方案时，应根据被研究事物的特点、调查资料要求的准确程度及客观条件的可能性，选择不同的调查方式和方法。调查的方式有：普查、重点调查、典型调查、抽样调查和统计报表制度等。具体搜集统计资料的方法有：访问法、观察法、报告法等。

（六）拟订调查的组织实施计划

为了保证统计调查工作的顺利进行，调查方案中还必须包括周密的组织实施计划。调

查组织实施计划是有关调查工作的具体安排。其主要内容包括：调查工作的领导机构和办事机构；调查人员的组织；调查前的准备工作如宣传、培训、文件资料准备、费用预算和开支方法等；调查资料的传递方式；提供和公布调查成果的时间安排；调查方案的下达、调查试点和其他工作等。例如，《国务院关于开展第四次全国经济普查的通知》第五条：普查经费保障规定："第四次全国经济普查所需经费，由中央财政和地方各级人民政府共同负担，并列入相应年度的财政预算，按时拨付，确保到位。"

五、统计调查的组织方式

我国在总结多年统计调查实践经验和理论探索的基础上，按照社会主义市场经济体制的要求，借鉴国际上的成功做法，对传统的统计调查方式方法体系进行了重大改革，确定了以周期性普查为基础，以经常性抽样调查为主体，以必要的统计报表、重点调查和综合分析等为补充的统计调查体系。

（一）普查

普查是专门组织的一次性全面调查，主要是用来调查属于一定时点上社会经济现象的总量指标。在我国的统计调查体系中之所以要以普查为基础，是因为普查可以搜集全面、系统的统计资料，特别是反映一个国家人力、财力和物质资源的数量及利用情况的详细资料，是进行现代化建设的一项十分重要的基础工作，是制定国民经济和社会发展计划、产业政策及安排人民生活等的重要信息源泉。2003 年 8 月，为适应完善社会主义市场经济体制的需要，并与国家编制五年发展计划衔接，推动国民经济核算和统计调查体系的综合配套改革，我国确立了人口普查、农业普查、经济普查三项国家周期性普查制度。人口普查、农业普查每十年进行一次，分别在尾数逢 0 和 6 的年份实施；经济普查每五年进行一次，分别在尾数逢 3 和 8 的年份实施。上述三项普查是国家搜集重大国情、国力信息的基本方式，是最基本、最重要的统计调查。普查涉及到国民经济和社会发展的各个方面，是和平时期重大的社会动员，目的是为了掌握特定社会经济现象的基本全貌，为国家制定有关政策或措施提供依据，在我国的政治、经济和社会活动中具有十分重要的地位和作用。

1. 普查的主要特点

（1）普查是一次性调查，时间性强。要按严格规定的统一标准时刻进行登记。

（2）普查是全面性调查，搜集的资料全面、系统、准确。普查是专门组织的、大规模的全面调查，取得的统计数据一般比经常性全面统计报表取得的数据更全面、系统、准确；比非全面调查搜集的资料更具体、详尽。

（3）普查的点多面广，工作量大，投入多。普查是全面调查，调查范围大，调查单位多，工作量大，需要投入的人力、物力和财力多。所以，一个国家或地区不可能时时事事都搞普查，一般只对反映国情国力的主要方面的情况进行周期性的普查。

2. 普查应遵循的原则

（1）规定统一的普查时间（标准时点）。普查是一次性全面调查，主要用来调查属于时点现象的总量指标。为了避免在登记调查资料时产生重复和遗漏，保证普查资料的准确性，普查前必须规定统一的标准时点。例如，1953、1964、1982 及 1990 年全国人口普查的标准时点为当年7月1日零时，2000年、2010年全国人口普查的标准时点为当年11月1日零时。

（2）在尽可能短的时间内完成普查资料的登记工作。在普查范围内，各调查单位或调查点必须统一行动，并在方法上、步调上保持一致，在规定的时间内尽快完成调查资料的登记工作，保证普查资料的时效性和准确性。

（3）普查项目统一规定。普查项目由最高普查机关确定，一经确定，任何单位和个人不能任意增减。这既有利于普查范围内的资料的综合汇总，又便于与历史资料对比。

（4）普查应保持一定的周期性，以便于与历史资料进行动态对比与分析，掌握调查对象的变化规律和发展趋势。

知识拓展

经济普查是一项重大的国情国力调查。迄今为止，我国已开展了三次全国经济普查。普查目的是全面调查我国第二产业和第三产业的发展规模、布局和效益，了解产业组织、产业结构、产业技术、产业形态的现状以及各生产要素的构成，摸清全部法人单位资产负债状况和新兴产业发展情况，进一步查实各类单位的基本情况和主要产品产量、服务活动，全面反映供给侧结构性改革、新动能培育壮大、经济结构优化升级等方面的新进展。

第四次全国经济普查的对象是在我国境内从事第二产业和第三产业的全部法人单位、产业活动单位和个体经营户。具体范围包括：采矿业，制造业，电力、热力、燃气及水生产和供应业，建筑业，批发和零售业，交通运输、仓储和邮政业，住宿和餐饮业，信息传输、软件和信息技术服务业，金融业，房地产业，租赁和商务服务业，科学研究和技术服务业，水利、环境和公共设施管理业，居民服务、修理和其他服务业，教育，卫生和社会工作，文化、体育和娱乐业，公共管理、社会保障和社会组织等。

3. 普查的组织形式

普查的组织形式有两种：一是组织专门的普查机构，配备专门的普查人员对调查单位进行直接的调查登记，如人口普查就是采取这种形式。另一种是利用调查单位的原始记录和核算资料，颁发一定的调查表，由报告单位填报，如物资库存普查就是采用了这种形式。

（二）抽样调查

抽样调查是一种非全面调查，它是指按随机原则从现象总体中抽取部分单位作为样本进行调查研究，并以样本指标去推断总体指标的一种调查方法。抽样调查虽然不是全面调查，但具有推断总体数量特征的作用。抽样调查的目的在于对总体数量特征的认识，这是它与其他非全面调查的显著区别。

1. 抽样调查的特点

（1）随机性。从现象总体中抽取调查单位时完全遵循随机原则，总体中的每个单位都有被选中的可能性，至于哪个单位被抽取或不能被抽取，纯粹是偶然的事件，完全排除了人为因素的影响。随机抽样不是随意抽样，而是要保证总体中的每个单位有同等的中选或不中选的机会。随机原则是从概率意义上讲的，又称同等可能性原则。

（2）推断性。通过抽样调查，取得部分单位的实际资料，据以计算样本指标，然后利用样本指标并在一定的概率保证下对总体的规模、水平、结构等做出估计。

（3）误差性。抽样推断是以部分单位的资料对总体的数据进行推断，这必然存在误差。虽然存在一定的抽样误差，但它可以事先通过一定的资料加以计算，并可采取一定的组织措施来控制其误差范围，保证抽样推断的结果达到一定的可靠程度。

2. 抽样调查的优势

（1）经济性。抽样调查的调查单位少，工作量小，因此可节省大量的人力、物力和财力，降低调查费用。

（2）时效性。由于抽样调查的工作量小，调查前的准备时间、调查中的起止时间以及调查后的数据处理时间都可大大缩短，从而提高统计信息的时效性。

（3）准确性。因全面调查的工作量大、环节多，出现登记性等误差的可能性很大，而抽样调查涉及的人员少，经过的环节少，调查工作可以做得更细致，出现登记性误差的可能性小些；同时，由于抽样调查的调查单位是按随机原则抽取的，根据样本指标去估计总体指标产生的抽样误差，可通过科学的方法进行计算和控制；在我国的统计实践中，采用抽样调查方法还可以避免或减少层层汇总上报中的行政干预。因此，抽样调查取得的统计数据有时候比全面调查资料的准确性更高。

（4）灵活性。抽样调查项目的多少、调查范围的大小可以根据需要而定，因此组织抽样调查方便灵活，应用十分广泛。

在国际上，抽样调查已成为世界各国普遍采用的方法。在我国已有相当部分的统计调查项目，如农产品产量调查、市场物价调查、人口变动调查和家庭生活调查等都是依靠抽样调查来取得数据的，效果都比较好。我国的工业、商品贸易业、建筑业、交通运输业、邮电通讯业和环境保护与监管等统计调查中，都已积极推广应用抽样调查方法。

有关抽样调查的具体内容将在第七章介绍。

知识拓展

大数据是动态实时变化的，在大数据时代，面对众多渠道的数据流，如何科学地从中选取合适的样本，以保证抽样调查样本的精度和统计分析的目的，是大数据条件下抽样调查面临的最大问题。

面对源源不断出现的数据流，数据采集不应仅局限于常规模式，数据获取的渠道应随之拓展。大数据为样本采集提供了便利，降低了成本，缩短了调查时间。如互联网和手机移动端是大数据时代数据采集的重要途径；数字化的行政和商业记录也是数据采集的重要渠道；现场数据采集模式或将被超市收银系统、银行转账和支付记录、网络支付渠道取代等。即使如此，大数据统计还无法替代抽样调查的作用，为了获取更好的数据分析效果，如何将大数据分析同抽样调查结合，是我们必须思考的问题。

（三）典型调查

典型调查是指根据统计调查的目的和要求，在对调查对象进行初步分析的基础上，有意识地选取若干有代表性的单位进行的调查。

1. 典型调查的特点

（1）典型调查是非全面调查。

（2）典型调查中的调查单位是有意识地选取的，这就要求被选取的单位在总体所研究的特征中具有代表性。典型调查在一定程度上受人为因素的影响。

（3）典型调查是一种深入细致的调查。典型调查对具体问题可以进行深入细致的分析，补充全面调查的不足。对一些不适宜采用全面调查而需要深入研究的具体问题，可以通过典型调查，深入少数典型单位，进行细致的调查、具体的分析，了解事物发生和发展的过程以及数量变化的前因后果，认识事物的本质特征。

（4）典型调查在一定条件下可以推断总体。即只有在下述情况下，典型调查才可以粗略地推断总体的指标数值：一是总体中各单位的差异很小，每个单位都有一定的代表性；二是虽然总体单位之间差异很大，但通过“划类选典”，可以根据各类典型单位的数据资料以及各类型的单位数在总体单位数中所占比重推算总体的指标数值。但典型单位不是按随机原则抽取的，所以这种推断无法计算其误差，推断结果只是一个粗略的近似值。

2. 典型调查的方式方法

典型调查的方式有两种：一种是“解剖麻雀”式，即选择个别具有代表性的单位，通过周密的调查和深入的研究，观察总体的一般特征、基本情况和发展变化的规律，以揭示同类现象的共性。二是“划类选典”式，即先将总体按与调查目的和任务有关的标志进行分类，然后在各类型中选取典型单位进行调查。这种调查形式在总体单位数较多、单位标志表现间的差异较大时才采用。

典型调查的方法较多。根据统计调查目的和要求，可以采用多种方法搜集资料，一般有开调查会、个别访问、发放调查表等。这些方法各有其不同的特点和实施条件，在调查过程中，可以交替使用，相互补充，取得既有数字又有情况、既有原因和结果又有过程等方面的资料，以充分发挥典型调查应有的作用。

思考：典型调查是通过从总体中选择有代表性的对象进行调查研究从而推判总体的调查方法。人们的思维过程，是从个别典型的认识到一般总体的认识，这符合人们认识客观事物从个别到一般的认识规律。典型调查着重定性分析，从总体特性认识调查对象。典型调查能进行量化分析吗？

（四）重点调查

重点调查是指从研究现象总体中，选择若干重点单位进行的调查。重点单位是指其标志值在总体标志总量中占有很大比重的单位。这些重点单位的数目虽然只是全部单位中的少数，但在总体中起着举足轻重的作用。通过重点调查，可以从数量上反映总体发展的基本趋势。例如要了解全国钢铁生产的基本情况，只要对我国的大型钢铁企业如鞍钢、宝钢、武钢、首钢等单位进行调查，就可以达到目的。因为这些单位的钢产量在全国钢铁总产量中占绝对比重，只需对这些重点单位进行调查，就可以知道总体的基本情况。

重点调查的特点：

第一，重点调查是非全面调查。

第二，重点单位的选择着眼于各单位的有关标志值在总体标志总量中所占的比重，比重大的单位才有资格被选取。可见，重点单位的选择不受人为因素的影响。

第三，重点调查主要用来了解总体发展的基本情况。当我们只需要了解某种现象发展的基本情况，而被研究现象的少数单位的有关标志值又能反映总体的基本情况时，采用重点调查可从较少单位的调查中取得所需要的调查资料，且能节约人力、物力和时间。需要特别说明的是，重点调查的资料只能反映现象发展变化的基本趋势，不能用以推断总体。

第四，重点调查的单位数少，调查项目多。因重点调查是为了掌握现象发展的基本情况，调查单位少，且该少数单位又能反映所研究问题的基本情况，因而能取得较多的调查内容。

小贴士：中国控烟，媒体呼吁，公众支持，人们的健康意识也在不断提高。然而，我国的种种控烟努力似乎效果不佳，在多数国家吸烟率下降的情况下，中国烟民数量和烟草消费量却不降反增。数据显示，七成烟民吸烟始于14到22岁的年龄阶段。此年龄阶段的青少年因好奇、叛逆、显现等原因致使其尝试吸烟，烟民有向低龄化发展的趋势。少数青少年自觉不自觉把手中的香烟作为彰显身份的符号。

研究数据表明，烟龄越短，戒烟越容易。莫等到成为老烟民了再来戒烟，那时就心有余而力不足了。戒烟越早越好！

（五）统计报表

1. 统计报表的概念

统计报表是我国统计调查工作的一种重要组织形式。它是依照国家统一规定的表式、报表内容、报送时间和报送程序，自下而上逐级提供统计资料的一种调查方式。统计报表主要用于全面调查，也可以进行非全面调查。它所包括的范围比较全面，调查项目比较系统，分组也比较完善，指标的内容和调查周期相对稳定。我国目前有关国计民生的重要统计数据绝大多数是依靠统计报表取得的。《统计法》第七条规定："国家机关、企业事业单位和其他组织以及个体工商户和个人等统计调查对象，必须依照本法和国家有关规定，真实、准确、完整、及时地提供统计调查所需的资料，不得提供不真实或者不完整的统计资料，不得迟报、拒报统计资料。"可见，执行统计报表制度是各地区、各部门、各单位必须向国家履行的一种义务。

2. 制定统计报表应遵循的原则

（1）为制定国民经济计划、进行宏观调控和市场规制服务。国家统计报表采集的统计数据是反映国民经济运行的基本统计资料，为国民经济核算、实行宏观调控和市场规制服务；专门为市场主体有偿服务所采集的统计数据，要从基本统计报表中分离出来，另行组织。

（2）遵循精简原则。列入统计报表中的调查项目以满足需要为原则，避免庞杂、臃肿。否则既加重受控主体和受制主体的负担，又增加汇总的工作量。

（3）遵循标准统一原则。统计报表中的各种分类标准、统计目录及编码等要统一，这既有利于不同行业、不同经济类型和不同经营方式的数据采集，又有利于统计数据自动化处理和实现信息共享。

（4）满足市场经济发展的要求。利用统计报表采集统计数据，必须与我国社会经济发展的客观要求相适应，紧紧围绕经济运行，采集与市场机制有关的统计信息，促进经营机制的全面转换。

3. 统计报表制度的内容

我国统计报表制度主要包括以下内容：

（1）报表目录。报表目录是指所报送的报表名称、填报单位、统计范围、报送时间和报送程序等事项说明的一览表。它对各种统计报表的编制和报送办法等进行了具体的规定，它有利于填报单位了解在什么时间、用什么方式、向谁报送以及报送什么报表等。

（2）报表表式。它是指统计报表的具体格式。不同的统计报表都明确规定了具体的表名、表号、期限、填报单位、报出日期、报送方式、指标项目、填报人、单位负责人签章等。报表表式主要分为基本表式和专业表式两类。

（3）填表说明。指在填报统计报表时应注意的有关事项。包括报表的实施范围、分类目录、指标解释等。

4. 统计报表的主要特点

根据统计报表的内容，可以概括出统计报表的如下主要特点：

（1）因为统计报表的表式、填报项目、填报期限等具有统一性，因而这既保证了各单位填报的统计资料的一致性，又便于统计数据的综合汇总。

（2）因为统计报表是以各基层单位的原始记录为依据填写的，从而保证了统计数据的可靠性。

（3）统计报表可以连续地、系统地积累资料，便于与历史资料进行对比。

（4）统计报表资料是编制计划、检查和监督计划执行情况的依据，是各级领导了解社会经济情况的途径，也是调控主体和规制主体实施调控和进行规制的信息源泉。

5. 统计报表的种类

（1）统计报表按其报表内容和实施范围不同，可分为国家统计报表、业务部门统计报表和地方统计报表。国家统计报表也叫国民经济基本统计报表，由国家统计部门统一制发，用以反映全国性的经济和社会发展的基本情况，包括工业、农业、交通、基建、商业、外贸、劳动工资、文教卫生、物资、财政等方面最基本的统计资料。业务部门统计报表是为了适应本部门业务管理的需要而制定的专业统计报表，在本系统内施行，用来搜集与本部门有关的业务技术资料，作为国民经济基本统计报表的补充。地方统计报表是根据地方特点而补充规定的地区性统计报表，其实施范围为各省、直辖市和自治区等，主要为地区的管理及经济发展服务。三者互相联系，国家统计报表是统计报表体系的基本部分，部门、地方统计报表是国家统计报表的补充。

（2）统计报表按其填报单位的性质不同，可分为基层统计报表和综合统计报表。基层统计报表是指由基层企事业单位填报的，反映其生产经营活动情况的报表，是国民经济基本统计资料的基础。综合统计报表是指由各地统计部门和上级主管部门根据基层报表逐级汇总、综合填报的统计报表。

（3）统计报表按其报送周期长短不同，可分为日报、旬报、月报、季报、半年报和年报。日报和旬报由于时效性强，也可称为进度报表，其内容只限于生产中主要的指标项目，以较快的速度反映生产进度，为业务主管部门了解生产动态、指导工作提供资料；月报和季报包括的内容和项目较多较细，主要是用来检查国民经济各部门月份计划和季度计划的执行进度，为及时了解计划执行情况提供依据；年报是全年工作的总结性报表，内容和项目多而全，通过它可以检查计划的执行情况，为制定各项方针政策和编制计划提供较全面的资料。统计报表的周期长短不仅是时间上的差别，而且它们在内容和作用方面也有差别。一般地说，报送周期短，报表指标项目少而粗；报送周期长，报表的指标项目多而细。

(4) 统计报表按其报送方式不同，可分为电讯报表和邮寄报表两种。电讯报表是指通过电话、电报、传真和网络等方式报送资料的报表。邮寄报表是指通过邮局报送资料的报表。日报和旬报往往要求快报，经常采用电讯方式报送。月报、季报、半年报和年报，可采用邮寄方式报送。利用统计报表取得的基本统计资料，具有统一性、时效性、全面性等特点。

6. 统计报表的资料来源

(1) 原始记录。统计报表中的各项统计数据均来源于基层的各种原始记录。所谓原始记录，是按统计、会计和业务核算的要求，通过一定的表格形式，对基层单位的生产与经营活动所做的最初的、直接的文字或数字记载。它是反映基层单位生产经营活动的第一手资料。

原始记录可分为综合性原始记录和单项事件原始记录。前者指对某项生产经营活动过程所做的记录，后者指对生产经营活动过程中的某类或某一单项事件所做的记录。原始记录的形式应当格式化，以便于现场记录、记量，也便于登记其他账册。

(2) 统计台账。从原始记录到统计报表，中间需要经过统计台账和企业内部报表。所谓统计台账，是指根据编制统计报表和经营管理的需要而设置的、按时间顺序进行登记、汇总或积累资料的账册。在企业中，厂部、车间、班组应分别设置与所管范围相适应的统计台账；厂级各职能部门也应当分别设置相应的专业统计台账。其特点表现为，第一，按时间顺序对统计资料进行登记；第二，随时间进程不断循环地汇总或积累资料。

统计台账一般分为进度台账和历史台账。进度台账的项目设置应当与相关的原始记录相衔接，与相关的统计报表的指标设置相适应，从原始记录到统计指标之间的关系应简单明了。历史台账的作用是按年度顺序系统地积累历史资料，为统计分析和预测提供依据。

(3) 单位内部报表。所谓单位内部报表，是指单位依据原始记录和统计台账，经过汇总后编制的为满足本单位各级领导和业务部门组织生产、管理单位和填制国家统计报表需要的单位内部报表。单位内部报表只在本单位内部实行，它是编制基本统计报表和专业统计报表的基础。设置单位内部报表应遵循如下原则：第一，满足单位需要与满足国家需要相结合；第二，在满足需要的前提下，单位内部报表的种类和内容应力求简明扼要，防止多而杂。

建立并健全原始记录、统计台账和单位内部统计报表，是保证统计报表质量的基础，必须切切实实做好。

7. 统计报表的局限性

统计报表是采集、显示统计数据的重要形式，但其在使用上也存在着一定的局限性。第一，因统计报表需统计调查的组织者把调查任务自上而下逐级布置到基层统计调查单位，然后由基层统计调查单位依法进行填报后自下而上逐级进行汇总并上报，经过的中间环节多，资料的时效性差。第二，基层单位点多面广，需耗费较多的人力、物力和财力。第三，因统一的统计报表的格式、内容等比较固定，它无法反映现象的运行过程，只能反映现象的结果，灵活性较差。

知识拓展

在传统的统计工作中，基层单位报表的编制主要是建立在数据的确认、计量、记录的基础上的，由于技术手段的缺乏与不完善，基层单位的财务数据、业务数据等作为基层管理中的重要资源，并未将其价值充分发挥出来，也并未引起足够的重视。特别是有的基层单位在进行决策时由于受技术条件的限制，对于决策需求的数据并未及时的、充分的得到收集、整理、分析、评价，导致数据的利用效率偏低。在大数据时代，基层单位可以高效率的处理、整合、积累源源不断产生的数据，并从中挖掘更有价值，更能促进单位发展的数据．以充分利用单位数据的使用价值．使其向着科学化、标准化、规范化的方向迈进。

课堂讨论：普查、抽样调查、重点调查、典型调查和统计报表分别适用于搜集哪些方面的资料？使用次级资料有哪些优缺点？

第三节　问卷调查

一、问卷调查概念和意义

（一）问卷调查的概念

问卷是调查者搜集信息资料的依据，是研究民意的一种测定手段，大多数情况下是以统计表格的形式出现。问卷调查又称民意调查，是指为了某一特定调查目的，以社会成员对特定社会经济现象的态度和意愿为对象，以问卷形式提问，并由被调查者自愿回答的一种搜集信息资料的方法。在市场经济条件下，问卷调查的应用越来越广泛。

（二）问卷调查的意义

第一，了解人们的社会心态。问卷调查的目的是为了了解人们的社会心态。通过问卷调查，可以获得符合调查者需要的反映个体行为和态度的变量及其相关调查资料。只要问卷设计科学、组织实施得当，就能取得真实地反映个体社会心态的、时效性强的调查资料。

第二，推断社会心态的动向。通过问卷调查所取得的资料，虽然是反映个体行为和态度的变量及其相关资料，但将其进行科学的加工整理、综合汇总，并将量的分析与社会心态结合起来进行研究，根据抽样推断理论，可以推断社会心态的动向，并能得出正确的结论。

第三，弥补相关统计指标的不足。一份设计完善的问卷，在足够样本资料的支撑下可以从不同的调查对象中获取有代表性价值的数据资料。因此，只要问卷调查所取得的数据资料的代表性强、时效性强，其获取的数据资料就能弥补相关统计指标的不足。

二、问卷设计

在问卷调查中，各项调查内容一般需要拟成问题，做成问卷形式以便调查数据的记录、整理。要使所设计的问卷主次有序、条理明晰、易于回答，使搜集的数据资料准确、及时、代表性强，并符合调查目的的要求，就应掌握问卷设计的各种技术。

（一）问卷总体结构设计

1. 问卷说明

问卷说明是指调查者对问卷调查的意义、调查目的和有关注意事项所做的解释。问卷说明的作用，主要是为了使被调查者了解问卷调查的意图，引起他们的重视和兴趣，争取他们的支持与配合，以保证问卷调查的顺利进行，获取符合需要的信息资料。

访问调查的问卷说明需向被调查者宣读，调查者可直接向被调查者解释。邮寄问卷的问卷说明需要被调查者自己阅读和理解，因此其内容一般应包括：①问候语。在自填式问卷中，要写好问候语，它能引起被调查者的重视，消除其顾虑，激发其参与意识争取他们的合作。问候语要有亲切感，诚恳礼貌，文字简洁明了，末尾处要对被调查者的参与与合作表示感谢。②组织者的身份，调查者的合法性；③问卷调查的意义和作用；④调查资料的保密性和安全性（如保证被调查者的姓名、身份等不被透露，答题的结果没有任何责任等）；⑤征询被调查者对问题设计和调查项目的意见；⑥对被调查者的支持与配合的谢意。

例如：

中职学生沉迷网络游戏问题调查问卷

亲爱的同学们：你们好！

首先，请原谅我们占用了你一些宝贵的学习时间。

随着智能手机的普及使用，低头族大大增加，网络成瘾问题已是备受关注的社会问题。

本次调查的目的，旨在对中职学生网络使用情况有一个清晰的认识，了解和分析中职学生中有多少人正常使用网络、有多少人沉迷网络游戏？造成沉迷网络游戏的原因是什么？应该如何改善这种现象？如何正确引导中职学生正常使用网络等，希望得到大家的支持和帮助。

为消除同学们的顾虑（如个人隐私或安全性、保密性等），本次调查不用填写专业、班级名称和学生姓名。答案也无正确与错误之分，大家只须按自己的实际情况并在合适的答案项下打“√”或在横线上填写适当的内容。

感谢你在百忙之中抽空填写这份调查问卷。

祝你学业成功！

某中职学校

2019. 1. 8

问卷说明可以与问卷主体放在同一卷面上，也可附设一份问卷说明书或短信。

2. 问卷主体

问卷主体是指问卷的调查项目、回答问题的方式、回答问题的指导和注释等。问卷主体的设计应注意如下问题：

（1）要科学地确定调查项目。调查项目是否科学、可行，既关系到被调查者的认可和配合，又关系到能否获取真实、可靠、及时的符合调查者需要的调查资料。

（2）根据被调查者的具体情况设计调查项目。对于不同地区、不同行业、不同职业、不同性别、不同年龄、不同文化程度的人来说，同一问卷可能有不同的理解，支持与配合的程度也不一样。因此，应根据不同的调查对象设计调查项目。

（3）调查项目能量化的尽可能量化，以便数据资料的综合汇总与分析研究。

（4）不宜列入可有可无的、备而不用的、答案模棱两可的调查项目。

3. 填表说明

填表说明指调查者与被调查者填写问卷的指南，包括调查项目的解释、问卷填写方法、填写要求、时间规定、问卷寄送方式等。

（二）问卷的内容设计

1. 如何提出问题

（1）同一问题对不同的被调查者来讲，他们考虑问题的角度、对该问题的敏感程度等是不一样的，因此，如何将问卷的内容拟成问题，如何表达意图是要讲究科学性的。一般来说，拟提出的问题要适度，不能走极端路线，更不能掺杂调查者自身的意图和观点，不能暗示、诱导被调查者，以免干扰被调查者独立思考而隐瞒或歪曲自己的真实意图。

（2）尽可能列举问题。因所提问题要求独立作答，不能相互混淆，以避免被调查者难以做出回答，因此，应将问题分解，尽可能一一列举出来。

（3）可提可不提的问题不提；同一问题的备选答案必须具有互斥性，不能模糊不清，以免被调查者难以选择作答。

（4）注意选择适当的调查时间、地点。向处于不同环境条件下的被调查者提出问题并要求回答，需被调查者静心、认真地表达自己的真实观点，因此必须考虑被调查者配合的可能性，尽可能选择适当的调查时间、地点，最大可能地争取被调查者的合作。

图 2－1 入户调查（当面访问）

2. 问卷问题的排列顺序

问卷问题的排列顺序（问卷的问题结构）是否科学合理，直接影响调查资料的质量，因此对提问次序必须仔细斟酌。从内容上讲，问卷问题的排列顺序，应先易后难，先一般后特殊，即所谓“漏斗式”：先提的问题性质宽泛，被调查者容易回答，然后逐步缩小范围，最后提特殊性的专门问题；从时间或空间上讲，应先近后远，由近及远。除此之外，还应考虑有利于调查资料的整理与分析。具体来讲，问卷问题排列顺序的规则如下：

（1）按问题的类型排列。一般根据问卷调查的目的，将所要调查的项目归结为事实性问题、行为性问题和态度性问题。事实性问题是指被调查者的诸如性别、年龄、文化程度、职业等实际事实方面的问题；行为性问题是指被调查者对所提问题的实践情况或参与情况，如会计从业人员参加会计业务培训、能力测试的次数、成绩等；态度性问题是指被调查者对所提问题的看法、感受等，如对中美贸易摩擦产生的原因、处理对策、后续影响等的看法等。按问题的类型编排，就是指按事实性问题、行为性问题和态度性问题的顺序将同类问题排列在一起，使问题的思路连续，逻辑性强，便于被调查者回答。

（2）按问题的难易程度排列。由于被调查者的文化程度、对调查问题的关切程度等存在差异，因此，对同类问题应按先易后难、先熟悉后生疏、先一般后特殊的顺序排列，使被调查者由易到难，由浅入深，逐步深入。特别是一些敏感性问题，要尽可能避免引起被调查者的反感而遭拒绝。开放性的问题要便于被调查者作答，同时也要考虑资料的综合汇总。

（3）按问题的时间顺序排列。问卷中可能涉及时序问题，为了便于被调查者回忆（如为纪念抗日战争胜利70周年向抗日老英雄作调查等），一般应按时间先后顺序排列。但有时为了打破答题惯性，也可不按时序排列，顺其自然，而采用跳跃式的排列顺序排列。

（4）按问题的空间顺序排列。按问题的空间顺序排列是指同一问题按不同单位、不同地区等顺序排列，其排列方法一般是先近后远。

三、问卷的类型

（一）按搜集资料的方式分类

1. 访问问卷

访问问卷是指根据统计调查的目的和要求，将所要调查的内容拟成问题，向被调查者提问，由被调查者回答问题以获取资料的问卷。

访问问卷的填写，可以通过当面访问完成，也可通过电话访问或网络访问等完成。其过程是调查人员向被调查者提问并记录其回答，然后根据记录填写问卷。至于是采用当面访问还是采用电话访问或网络访问等，则要根据调查对象的特点和调查项目的多少及难易程度而定。当面访问有个别访问和小组访问（如开调查会等）两种形式。这种调查方式的优点是访问时间可由调查者掌握，加之直接与被调查者进行语言沟通，访问中能了解被调查者的非语言行为，通过观察被调查者的反映而灵活适时调整，因此能深入调查某些问题，且问卷回收率高。其缺点是调查成本高，言谈的结果易受被调查者的合作态度、认知水平、沟通能力等影响，同时也要求调查者有较高的综合素质，否则达不到预期目的。电话访问和网络访问等搜集资料的时间短、成本低，在较短的时间内能访问较多的被调查者，而且保密性强、时效性强。但这种方法既受通话时间、方式与上网群体等限制，又不易获取被调查者的合作，更难访问较为复杂的问题。

2. 邮寄问卷

邮寄问卷是指先将设计好的问卷邮寄给被调查者，由被调查者填写好后再寄回的问卷。邮寄问卷的送交和回收方式很多，如通过邮局邮寄，或通过互联网的电子邮件系统传递，或由调查人员登门送收等。实践中采用哪种方式，要视被调查者的分布情况、调查经费的多少和被调查者的条件而定。这种搜集资料的方式相对于访问问卷来说，可以节省人力、时间和费用，且简便易行；同时，被调查者收到问卷后在规定的时间内可以独立思考，仔细推敲，使问题的回答更为准确、真实可靠。但邮寄问卷缺乏灵活性，无法对某些特殊问题做进一步的提问和讨论；无法控制回答问题的过程。邮局邮寄和互联网传递，虽然成本低，但回复率一般也较低，而且回收的问卷可能只来自某些阶层，调查结果的代表性不足。登门送收方式虽然成本较高，但问卷的回收率也高。

（二）按问卷的结构分类

1. 无结构型问卷

无结构型问卷是指问卷的内容结构较为松散或较为简单的、无需严格按一定顺序进行排列的问卷。调查者事前将要调查的内容拟成问题，但不必事先列出备选答案，被调查者可根据自己对问题的理解自由作答。可见，采用无结构型问卷进行调查，便于被调查者自由地发表意见、表达观点，调查者可搜集到一些意想不到的信息资料，有利于调查者开阔视野、拓宽思路。但这种调查方式所搜集的资料没有统一的格式、无法一一量化，不便汇总整理，难以进行深入的分析研究。特别是一些敏感性问题、隐私问题，被调查者不愿配合时，或当被调查者不负责任地回答问题时，难以取得满意的结果。

2. 结构型问卷

结构型问卷是指问卷的内容结构较为严密或较为复杂、需严格按一定顺序进行排列的问卷。这种问卷要求调查者事前将要调查的内容拟成问题，并按一定顺序列于问卷上，且在问题的后面给出相应的备选答案，由被调查者根据自己的认知能力回答问题。可见，这种方式所搜集的资料便于汇总整理和分析研究，在实际工作中被广泛使用。但其信息量相对较小，缺乏灵活性。

（三）按调查问卷的提问方式分类

1. 封闭型提问

封闭型提问是指在问卷上同时列出问题和各种备选答案，由被调查者在备选答案中选出一项或几项作答。备选答案的类型可以归纳为定类类型、定序类型和定距类型等。

（1）定类类型。在问卷调查中，对拟调查的问题，被调查者有确定性答案的，调查中常用的方式是把各个备选答案放在所列问题的下面或后面，留出空格供被调查者划勾选择，备选答案至少有两项。两项式适用于互斥性问题的选择。

[例 2-1] 您家购置了小汽车吗？

购置了 □　　　　没有购置 □

多项式问题是指在问题后面列出多种备选答案供被调查者选择，多项备选答案互不排斥（如例 2-2、例 2-3）。

[例 2-2] 您认为我厂生产的小汽车的质量如何？（请在下列选项空格中划勾）

质量好	质量一般	质量较差	不知道

[例 2-3] 请问您在购买小汽车时主要考虑哪些问题？（请在下列选项空格中划勾，可选多项）

外观	经济性	安全性	操控性	舒适性	耐用性	其他

通过这种形式的调查，可以了解消费者购买小汽车的市场信息，为生产商或经销商进行生产或营销提供依据。

图 2-2　个别访问

（2）定序类型。在问卷调查中，对拟调查的问题，有些彼此间并不是简单的互斥性选择，而是互不排斥的多项式选择。但由于被调查者受种种因素的共同影响，对多项式问题的备选答案的顺序并非一致认同，必然有一个先后顺序的问题，这种序列型选择作答的问题就是定序类型。定序类型的序列可由调查者事先按照某种标志排列次序，由被调查者酌情选择；亦可只列出各项主题，作多项表达，由被调查者根据自己的主观意愿填写序号（如例2-4）。

[例 2-4] 您对小汽车的性能的主要要求是什么？（在下列空格中按要求的迫切程度填写序号）

价格便宜	省　油	维修方便	性能好	外观富有美感

对于有共同备选答案的定序问题，为了一目了然地了解多方面的调查结果，根据提问的要求，可采用矩阵法搜集被调查者的意见（如例 2-5）。

［例2－5］您对我厂生产的小汽车的内在质量、外观美感及价格等的满意程度如何？（请在相应的空格中划勾）

	满　　意	基本满意	不满意	不知道
内在质量				
外观美感				
价　　格				

可以看出，封闭型提问，答案标准统一，资料容易进行汇总整理，便于进行分析研究。

（3）定距类型。在实际调查工作中，有许多现象，尤其是涉及到不同数量表现的，在封闭型提问中，不可能也没有必要将所有可能答案或变量值一一列出，但可以根据调查研究的目的和现象数量变化的规律性，按一定的组距进行分组整理，以减少提问的数量。这种按一定组距分组提问的类型就是定距类型。

图2－3　沟通

［例2－6］如果您想购买小汽车，根据您的收入状况，您欲购置何价位的小汽车？（请在相应价位的空格中划勾）

10万元以下	10万～15万元	15万～20万元	20万～30万元	30万元以上

对一些敏感的问题，或不愿填写确切数字的问题，如个人的收入与支出、银行存款、个人所得税、年龄等，被调查者有的可能愿意回答，有的可能不愿意具体回答，采用定距类型提问，可保证获取更多的有效资料。

封闭型提问的优点是节省调查时间，从而可多调查一些问题，且资料分类整理易于处理；其缺点是被调查者不能自由表达看法，备选答案不一定包含了被调查者的观点，降低了调查资料的真实性。

2．开放型提问

开放型提问是指问卷上仅给出问题，但问题后不列出备选答案，回答问题也不做统一规定，而是由被调查者根据自己的看法用文字表达意见。例如，“您认为目前我国教育存在的主要问题是什么？”“您认为学校管理中存在哪些问题？如何解决为好？”

图2-4 被调查者回复

开放型提问的优点是拟订问题不受拘束、比较容易，对被调查者不限制回答方式、范围，能听取一些好的意见，能得到一些新的启发，能获取一些调查者易忽略的调查资料。但这种提问方式也存在一些问题：

（1）被调查者答题五花八门，随意性很大。

（2）所获取的数据大多数是非标准化的，分类困难，数据处理和分析费时费力，难免受整理者自己的偏见影响。

（3）若要保证调查资料的质量，则对被调查者文化水平有较高的要求，因而调查对象的选择受到一定的局限，调查资料的代表性和广泛性不足。

（4）由于回答问题比较复杂，被调查者需要花费一定的时间和精力回答问题，因而问卷的回收率可能较低。

封闭型提问和开放型提问各有其优缺点，各适用于不同问题的调查。在一般情况下，封闭型提问多用于回答类型分离、答题标准统一、可能答案相对较少的问题，被调查者所需指导较少，调查管理简单，获取资料快。开放型提问适合于需要详加讨论的复杂问题，特别是一些探索性问题，调查者可通过开放型提问搜集与所研究对象有关的信息。实践中，对于一份问卷来说，并非只能使用同一种提问方式，根据具体情况可将两者穿插运用。

试一试：

大学生“低头族”相关数据调查问卷

同学您好！非常感谢您能抽出宝贵的时间参与本次调查。在任何地方、任何时间，都能看见“低头族”的身影，低头玩手机已然成为了同学们生活中的一部分。本问卷旨在寻找当代大学生普遍存在的“低头症”的解决方法。问卷所收集的数据仅供学术研究使用。您所填写的任何信息将被严格保密，请您如实作答。您的回答对我的研究将提供极大的帮助，再次感谢您的支持与合作！

为达到调查目的，请根据自己的所见所闻所感列出适当的调查项目（含项目下的选项及反映该选项的相关数据）。

第四节 统计调查报告

一、统计调查报告的概念和特点

（一）统计调查报告的概念

统计调查报告是根据统计研究的目的和要求，运用访谈、问卷等调研手段就某项工作、某一事件、某个问题等进行数据采集、整理和分析研究后以文字、数据和图形等形式对调查结果写出的书面报告。它是对整个调查研究过程的全面总结，是调查研究成果的集中体现。

（二）统计调查报告的特点

1. 写实性。与文学作品不同的是，统计调查报告必须通过数据采集在占有大量历史或现实数据的基础上，用叙述性的语言实事求是地反映某一客观事物的基本情况。因此，深入社会实践，充分了解实际情况和全面掌握客观、真实、可靠的信息是写好统计调查报告的基础和前提。

2. 针对性。统计调查报告一般有比较明确的意向，它是针对一定时期、一定范围内社会经济现象的焦点、热点或工作重点、难点等问题进行调查所形成的结果，相关的调查取证都是针对和围绕某一特定的综合性或专题性问题展开的。因此，统计调查报告反映的问题是集中而有深度的，不深入社会实践，未掌握第一手实际数据，泛泛而谈是达不到预期调查目的的。

3. 逻辑性。“统计用数据说话”，统计调查报告离不开确凿的数据，但它不是数据的简单层叠或机械堆砌，而是对核实无误的数据和事实进行严密的逻辑归纳和论证，以探明事物发展变化的原因和运行过程，提示本质性和规律性，并可预测事物发展变化的趋势，最终得出科学的结论。

二、统计调查报告的种类

1. 情况调查报告。它是比较系统地、客观地反映本地区、本部门或本单位某特定方面基本情况的一种统计调查报告。这种调查报告是为了弄清现象发生、发展变化的基本情况，供管理者制定计划、决策使用。

2. 典型经验调查报告。它是通过对典型单位或典型人物的典型事例的深入调查与分析研究，及时总结工作和生活中成功的经验并加以推广，从而指导和推动某方面工作的一种统计调查报告。

3. 问题调查报告。它是针对工作和生活中某一方面存在的问题进行专项调查而形成的一种统计调查报告。它有利于澄清事实真相，查明问题的原因和性质，确定造成的负面影响及其危害性，并提出解决问题的途径和建议，为问题的最后处理提供依据，也可为其他相关方面工作的开展提供参考，便于人们从中吸取教训，寻求解决问题的方法提供借鉴。

思考： 现在的人们越来越喜欢在网上购物，而且购买商品的种类、数量和金额也在不断增加。为改善购物环境，提高人们的网购信心，在进行必要的调研基础上，你能列出人们在网购过程中最担心的问题有哪些吗？

三、统计调查报告的撰写步骤及其应注意的问题

（一）统计调查报告的撰写步骤

1. 确立主题

统计调查报告的主题就是统计调查报告所要表达的中心问题，它是整个统计调查报告的灵魂，对统计调查报告写作的成败具有决定性的意义。确立明确而恰当的主题是整个统计调查报告撰写过程顺利开展的前提。统计调查报告的主题宜小，宜集中，且与标题协调一致，避免文题不符。一般情况下，统计调查报告的主题是统计调查报告所要反映的重点问题，也是整个调查的中心问题，二者往往是一致的。

例如，对在校大学生消费问题进行调查，其调查报告的目的是要了解在校大学生消费的状况、特点及其存在的问题等。在这种情况下，要确立统计调查报告的主题并不困难。

但有些时候由于受主观客观原因的共同影响或问题本身的复杂性，使统计调查报告的主题不明朗。例如，当一项调查的内容很多、涉及的范围和领域很广、一份统计调查报告难以容纳全部内容时，就需要从中选择部分内容形成统计调查报告，并确立相应的统计调查报告的主题。显然，此时的统计调查报告的主题比调查主题的范围要小些了。另外，由于某些因素的影响，使得调查所采集的数据与调查最初的目的之间存在一定的差距，无法说明预期的调查主题，此时就要根据实际采集的数据和结果重新确立统计调查报告的主题。

2. 拟定写作提纲

当统计调查报告的主题确立后，一般不要立即动笔撰写统计调查报告，而要根据所掌握的统计数据拟定具体的写作提纲。拟定写作提纲的原则是："围绕主题，层层进逼，环环相扣"。如果说主题是统计调查报告的魂，那么写作提纲就是统计调查报告的骨架。统计调查报告的提纲有两种：一种是观点式提纲，即将调查者在调查研究中形成的观点按逻辑关系一一列示出来；另一种是条目式提纲，即按层次意义表达上的章、节、目，一条条地写成提纲。也可以将这两种提纲结合起来制作提纲。

拟定写作提纲的主要作用是理清思路，明确统计调查报告的主要内容，安排好统计调查报告的整体结构，为实际写作打下基础。拟定写作提纲的方法是对统计调查报告的主题进行分解，并将分解后的每一部分进一步具体化。

例如，就在校大学生消费问题调查的例子来说，可先将"在校大学生消费问题"这一主题分解成"在校大学生消费的现状""在校大学生消费的特点""在校大学生消费的趋势""在校大学生消费中存在的主要问题""正确引领在校大学生消费的建议"等几个

大的部分，然后再将每一部分的内容具体化。比如，将“在校大学生消费的现状”具体化为：在校大学生的消费来源、消费的内容和消费形式等。

3. 筛选数据

一项调查所采集的数据与统计调查报告所利用的数据并不是一回事。调查所获数据往往都与调查主题有关，但不一定都与统计调查报告的主题紧密相联，或者说并非所有的调查数据都为撰写统计调查报告所采用。因此，在撰写统计调查报告前必须对所用的数据进行认真筛选。如何选择数据呢？①选取与主题有关的数据，去掉无关的、关系不大的、次要的、非本质的数据，使主题集中、鲜明、突出；②注意数据点与面的结合，数据不仅要支持报告中某个观点，而且要相互支持，形成面上的“大器”。可见，数据筛选应按照统计调查报告的“骨架”来进行，做到既不漏掉一些重要的数据，又使得所用的数据具有最大的代表性和最强的说服力。

为了充分论证主题，应该精心选择以下几种类型的数据：

第一，典型数据。典型数据是最能反映事物本质、说明和表现主题的数据，如典型事件、典型例证、典型经验、典型事迹等。典型数据必须真实、具体、生动，具有代表性。典型数据的运用有助于说明事物的本质，加深对问题的认识，增强说服力。

第二，综合数据。综合数据是指能说明事物总体概貌的数据。写作时，要注意处理好典型数据和综合数据的关系，没有综合数据说明不了广度，缺少典型数据体现不了深度，只有把这两种数据有机地结合起来，才能充分说明事物总体的状况。

第三，对比数据。对比数据是一组具有可比性的数据，如历史与现实的对比、成功与失败的对比、先进与落后的对比、新与旧的对比、好与坏的对比、优与劣的对比等。有比较才有鉴别。通过对比，可以使统计调查报告的主题更加突出，给人以更强烈、更深刻的印象。

统计数据主要表现为数值型数据，它包括绝对数、相对数、平均数等。统计数据有很强的概括力、表现力，而且具有具体性、准确性的特点。许多问题用文字很难表达清楚，但如果选用恰当的统计数据就可使问题一目了然。因此，恰当地使用统计数据，对于论证基本观点、突出报告主题、增强统计调查报告的科学性、准确性和说服力具有重要作用。

4. 撰写统计调查报告

上述工作完成后，我们就有了一个结构分明、数据齐备的统计调查报告雏形，剩下所要做的工作就是用适当的文字把它们流畅地组织在一起了。

撰写统计调查报告时通常要从头到尾一气呵成，而不要经常地在一些小的环节上停下来推敲修改，以免耽误过多的时间。这样做的好处是，便于整个统计调查报告紧紧围绕所确立的主题来展开，使统计调查报告在整体思想、体系结构、内容形式、行文风格等方面都前后一致，浑然一体。

5. 修改统计调查报告

当统计调查报告初稿写完后，还需反复阅读、审查和推敲，认真修改每一个细节，使得统计调查报告不断丰富和完善。对于报告中使用的数据要再次和原始资料进行校对，确保数据的准确无误。修改报告时，要注意审视报告的中心明确与否、运用的数据丰富与否、结构完善与否等。

（二）撰写统计调查报告应注意的问题

1. 行文要则

第一，用简单平实的语言写作。统计调查报告与新闻报道和文学作品不同，它的写作不像文学作品那样强调和注重文学性、可读性等等，而是十分强调报告的客观性、准确性、严密性、简洁性。所以，在行文时应该尽量用平实的语言写作，以简单明了、科学严谨为标准，清楚明确地表达调查的结果。

第二，陈述事实力求客观，避免使用主观或感情色彩较浓的语句。叙述中最好使用第三人称或非人称代词，尽量不用第一人称。

例如，用“作者发现……”“笔者认为……”“这一结果表明……”“这些数据说明……”等等，而不用“我认为……”“我们发现……”等等。

第三，行文时，应以一种向读者报告的口气撰写，而不要表现出力图说服读者同意某种观点或看法的倾向，更不能把自己的观点强加于人。因为读者在阅读你的报告时所关心的是你调查得到的客观事实、是你的调查结果和发现，而不是你个人的一些主观看法。

2. 引用与注释

统计调查报告中有时需要援引别人的论述、结果、资料或数据来支持、佐证或说明自己的某种观点或结论。需要注意的是：报告中凡是引用他人的数据一定要注明来源，不能将他人的工作和成果不加注明地在自己的报告中使用。引用的具体方式主要有两种：一是引用别人的原话、原文时要加引号，再作上记号注明；二是只援引他人的观点、结论但并非他人的原话、原文时，则不用引号，只需在其后作上记号注明即可。

对于报告中引用的他人的资料以及某些不易理解的内容，要加注释来进行说明。注释的作用主要有：指出所引用资料的来源，供读者参考查证；表示作者遵守学术道德，不把别人的成果掠为己有；既可帮读者解释报告中的疑难，又不使报告中断和过于冗长。

四、统计调查报告基本格式

统计调查报告的格式，是指根据调查研究目的和内容的需要在结构上做出的不同安排。一般来说，一份统计调查报告的基本结构是由题目、正文、结尾三个部分组成。要写好一份统计调查报告，首先必须掌握统计调查报告的基本格式。

（一）题目

题目是统计调查报告的标题。它是对统计调查报告内容的高度概括，也是编制索引、查阅文献的重要线索。一个好的标题往往能起到“画龙点睛”的作用，因此有“题好一半文”之说。拟定的标题要求简练、概括、明确，力争给读者一个良好而深刻的第一印象。如题目语意未尽，可用副标题补充说明。

统计调查报告的标题通常有三种写法：

1. 直叙式。它是直接用调查对象或调查内容作标题。其基本格式为“关于××××的调查报告”“××××调查分析”等，这是一种使用较广的单标题法。如毛泽东同志撰写的《湖南农民运动考察报告》《寻乌调查》《木口村调查》等，此标题简明、客观、主题突出。

2. 提问式。它是用提问的方式作标题。这类标题提出了问题，设置了悬念，比较尖锐、鲜明，有较强的吸引力，但一般看不出调查的结论。这种形式的标题常常用于揭露问题和总结经验方面的统计调查报告。其基本格式为“为什么××××?”“××××为何××××?”等。例如“为什么环境污染难治理?”、《中学生为何迷恋网络游戏?》等等。此种标题简洁明快，又尖锐泼辣，对读者有较强的吸引力。

3. 复合式。它是由主标题和副标题共同构成统计调查报告的标题。在这种形式里，主标题多以提问式和结论式表达，而副标题则以陈述式表达。例如，《加强企业管理，提升企业竞争力——××市企业发展情况调查》《机构改革——听听基层干部心里话》等。这些标题的主标题既表明了作者的态度，鲜明地提示了主题，又富有吸引力，但是调查对象、调查范围以及所研究的问题在主标题中不易看出，因此，必须用副标题来加以补充说明。

标题下面要署真名和真实单位，如统计调查报告属集体成果，可署集体名或课题组名。这样，一方面可体现作者对读者和文章负责的态度，另一方面便于日后的联系与交流，故一般不用化名，作者在署名的前面或姓名下要标出自己所在单位。若统计调查报告是集体合作，个人执笔，可以署集体名或课题组名，但还应当署上执笔者的真实姓名。另外，摘要和关键词也是其中很重要的部分。摘要以200字左右为宜。关键词能表示全文主题内容的重要词语，一般为3~8个。

知识拓展

1982年人民出版社出版的《毛泽东农村调查文集》共收录了毛泽东同志在大革命时期撰写的17篇文章. 其中有11篇是调查报告。如《寻乌调查》《兴国调查》《分田后的富农问题——永新及北路的情形》《东塘等处调查》《赣西南土地分配情形》《江西土地斗争中的错误》《分青和出租问题》《木口村调查》等。毛泽东同志在赣西南农村调查中提出了“胜利要靠中国同志了解中国情况”的观点，为在1938年正式提出“马克思主义中国化”的命题奠定了思想基础。通过赣西南农村调查，总结了中国农村社会的一般状况及其特点，驳斥了“托陈取消派”的观点，支援了党内与“托陈取消派”关于中国社会性质的论战等。

（二）正文

正文一般分前言、主体二部分。

1. 前言

前言是作者对统计调查报告主题、动机以及调查研究经过等内容的简单介绍，它是报告的有机组成部分，对整篇报告起着总领和引导作用。引言写得如何，对激发读者兴趣，具有重要意义。它的写作方法一般有四种：

第一，主旨直述法。这一方法是写明调查的起因或目的、时间和地点、对象或范围、经过与方法，以及人员组成等调查本身的情况，从中引出中心问题或基本结论来。它有利于读者具体把握统计调查报告的主要宗旨和基本精神，从而引起读者的重视。

例如《〈统计基础知识〉课程问卷调查与分析》一文的前言是这样写的：

与“精英教育”时代相比，近几年入学门槛的降低，不少教师埋怨：学生数学功底浅，课难上，氛围差，甚至责备学生不用功。反过来，学生也在抱怨：学校青年教师多、外聘教师多、教师责任心差，学不到什么东西，甚至有的学生有上当受骗之感。针对这一问题，作为从教多年的教师，我们感悟颇深。面对现状，正视矛盾，本文拟通过“《统计基础知识》课程问卷调查分析”，以沟通学生，了解学生，因材施教，适时调整教学方式方法，缩小师生的差距。

第二，情况交代法。这一方法是写明调查对象的历史背景、大致发展经过、现实状况、主要成绩、突出问题等基本情况，进而提出中心问题或主要观点来。

例如，《研究生教育淘汰制问卷调查》一文的引言：

随着国内研究生教育改革的推进，人们对研究生培养质量问题日益关注，淘汰制渐成研究生教育界的热门话题，有关专家呼吁在研究生培养中建立与完善淘汰机制。尽管我国高校研究生教育中存在一些淘汰个例，但相对于西方发达国家研究生教育较完善的淘汰机制，及其一般研究生院10% ~15%、著名大学30% ~40%的较高淘汰率，我国研究生培养则素有“零淘汰”之称。完善的淘汰机制和一定的淘汰率有利于人才培养，加强对淘汰制的研究有着十分重要的意义。指导教师对研究生培养有最直接的认识，是淘汰制的直接相关者，他们对淘汰制的看法具有重要的参考价值。基于这一考虑，我们在研究生导师中进行了研究生教育淘汰制的问卷调查。

第三，结论先行法。它是开门见山，直接概括出调查的结果，使人一目了然。如肯定做法、指出问题、提示影响、说明中心内容等。前言起到画龙点睛的作用，要精练概括，直切主题。

例如，《机构改革——听听基层干部心里话》一文的“编者按”是这样的：

机构改革改什么，怎么改，作为基层单位的干部感受最深，也最有发言权。他们的意见和建议，他们的经验和教训，他们的思考与呼吁，对于我们顺利推进改革，很有启发。基于此，我们深入到基层单位，与基层干部就机构改革的话题进行了深入交流。

这种写法，观点鲜明，先将调查结论写出来，引导读者积极思索，然后在主体部分再作认证，使人容易把握报告的主体，加深对问题的认识。

第四，提问法。即开头首先提出问题，设下悬念，增强统计调查报告的吸引力。

《英籍教师ESL课堂教学原则与方法——来自对学生的问卷调查》一文的引言写到：

近年来，来自世界各地的外籍教师加入到我国大学英语的教学中来。作为母语是英语的外籍教师，他们在中国教授英语（ESL—English as a Second Language）的过程中是以什么样的教学原则引导、帮助中国学生提高英语水平，培养他们的学习能力，帮助他们建立信心的？他们在课堂教学中采用了哪些方法和措施、发挥了什么样的作用使教学能达到让学生满意的效果呢？

这种写法在引言中提出报告所要揭示的问题，给读者一定的悬念，能引起其读下去的兴趣，也是比较常用的一种手法。

统计调查报告引言的写作方法，形式多样，在具体的写作过程中，可根据所撰写报告的类型、目的、内容以及手头所掌握的资料和预计的篇幅等情况作适当的选择，灵活运用。

2. 主体

主体是统计调查报告最主要、最核心的部分，详述调查研究的基本情况、做法、经验，以及分析调查研究所得数据中得出的各种具体认识、观点和基本结论。该部分写得如何直接决定着统计调查报告的质量和社会作用。

统计调查报告主体部分的结构通常有以下三种形式：

第一，纵式结构，就是按照事物发展的时间顺序和内在逻辑来叙述事实，阐明观点。

例如，反映新中国成立70年来经济发展状况的统计调查报告就可按纵向结构来安排，即可以将主体分为四大部分：1949年至“一五”期间的经济发展情况；大跃进至“文革”前的经济发展情况；“文革”期间的经济发展情况；改革开放以来的经济发展情况等。

第二，横式结构，就是把调查的事实和形成的观点按某品质标示分成不同类型，并列排放、分别叙述，从不同方面综合说明统计调查报告的主题。

例如，对武汉某高等职业院校进行评估的调查报告可按《高等职业院校人才评估工作方案》和《湖北省高等职业院校人才培养工作评估实施细则》规定的指标体系来安排，即由“领导作用、师资队伍、课程建设、实践教学、特色专业建设、教学管理、社会评价”等7项主要评估指标组成。

这种结构的优点是问题展得开，每个问题的论述比较集中，而且条理清楚，有较强的说服力。

第三，纵横交错式结构，就是纵式结构和横式结构结合使用的方式。这种结构一般有两种情况：其一，以纵为主，纵中有横；其二，以横为主，横中有纵。

例如，一项反映建国以来我国教师状况发展变化的统计调查报告，其主体部分可以先按时间分为三部分，各部分再按教师状况的不同方面进行二次划分：

“文革”前：教师规模结构；收入状况；住房条件；教科研成果等。

“文革”期间：教师规模结构；收入状况；住房条件；教科研成果等。

改革开放以来：教师规模结构；收入状况；住房条件；教科研成果等。

上述两种纵横交错结构既有利于按照历史脉络讲清楚问题的来龙去脉，又有利于按问题的性质或类别分别展开论述，因此，许多大型统计调查报告的主体部分往往采用这种结构。

（三）结尾

结尾包括参考文献、注释、附录等内容。

参考文献，即进行一项研究工作所参考的各种资料的总目录，一般置于报告的末尾、结论部分之后。参考文献主要提供文献名称、作者名、出版社名称、出版时间等信息。

注释，补充说明报告内容、注明资料来源和引言出处，为读者提供查阅的线索。注释可写于页末，也可写于文末。所注资料来源不同，格式也不尽相同。书籍为：作者，书名，出版社，出版年月，页数；期刊为：作者，文章名，期刊名，期数或卷数，页数。

附录，有些资料太长不适于全部呈现于统计调查报告的主体部分，如调查背景的照片、作者自己设计的测量工具（如调查表）等等。这些资料可以帮助读者进一步了解调查的细节，增加可信度，但并不是每篇统计调查报告都有附录，视具体情况，在必要的时候才附上。

从内容上看，结尾有以下几种写法：

第一，概括全文，深化主题。即根据调查的情况概括出主要观点，进一步深化主题，增强统计调查报告的说服力和感染力。

第二，总结经验，形成结论。即根据调查的情况总结出基本经验，形成调查的基本结论。

第三，指出问题，提出建议。即根据调查的情况指出存在的问题和不足，提出弥补或改进的具体建议或对策。

第四，说明危害，引起重视。即根据调查的情况说明问题的严重性、危害性，以便引起有关方面的重视，有的还提出对策性的具体意见。

第五，展望未来，指明意义。即根据调查的情况，由点到面、由此及彼，开扩视野、展望未来，指出有关问题的重要意义。

统计调查报告的结尾不是可有可无的，而是相当重要的。但究竟如何写，则应根据写作目的、内容的需要采取灵活多样的写法，要简明扼要，意尽即止，切不可画蛇添足、弄巧成拙。

总的来说，前言部分以介绍情况、说明目的为主：主体部分则以详细描述社会现象的实况、报告实地调查的结果为主；结尾部分则以对这一社会现象的讨论、总结为主，在必要的时候，还要提出作者的看法以及解决问题的建议，以引起社会的重视或供有关部门参考。

知识拓展

统计调查（分析）报告质量的好坏：一是关注报告的深度和广度。即报告的内容是否详实、数据的分析方法是否科学、写作技巧是否满意等；二是报告的时效性及影响力。即报告对实际工作指导意义、作用和社会影响力等。从1985年开始，国家统计局组织评选优秀统计分析报告，提出了4条质量评比标准：一是选题准确，能够紧密结合经济形势，配合党和政府的中心工作，反映党的方针、政策和国家法律法规的执行情况和效果，对党政领导的决策能起积极的作用。二是数据真实可靠，观点鲜明，分析深刻，提出一定的见解。三是时效性强，反映情况及时。四是主题突出，结构严谨，条理清晰，文字简洁。若要写出一份高质量的统计调查（分析）报告还要在“新”和“深”方面下功夫。所谓“新”，就是要求内容上有新意，形式上要新颖（即树立新观念，研究新课题，挖掘新事物、新思想，选择新视角，反映新情况、新特点、新动态，写出新成就、新问题，分析新原因，总结新经验，提出新建议等）。所谓“深”，是指深入透彻（即资料丰富，分析深入，认识深刻等）。

课堂讨论：在撰写《在校生消费情况调查的调查报告》时其主体内容主要包括哪些项目？

试一试：为了解本校（或学校所在地的某企业）职工的基本情况（如性别、年龄、受教育程度、职称、收入等），试拟一份简要的统计调查方案，并采用适当的调查方法进行调查。

小　结

统计设计是指根据统计研究对象的性质和研究目的，对统计工作各方面和各环节的通盘考虑和安排。统计设计按所包含的研究对象的范围不同分为整体设计和专项设计；按所包括的工作阶段不同分为全阶段设计和单阶段设计；按时期长短不同分为长期设计、中期设计和短期设计。统计设计的中心任务是要设计一套科学的统计指标和指标体系，并用一套科学的方法来搜集统计指标的数值以及分析现象的数量关系。

统计调查是指根据统计研究的目的和任务，运用科学的调查方法，有计划、有组织地搜集统计资料的过程。它是决定整个统计工作质量的重要环节。统计调查必须满足准确性、及时性、全面系统性的要求。统计调查按组织形式不同分为统计报表制度和专门调查；按其所包括的调查单位是否完全分为全面调查和非全面调查；按登记时间是否连续分为一次性调查和经常性调查。统计调查应当以周期性调查为基础，以经常性抽样调查为主体，以必要的统计报表、重点调查、综合分析等为补充，搜集、整理基本统计资料。搜集统计数据的具体方法有直接观察法、报告法、采访法、问卷法和卫星遥感法等。

一个完整的统计调查方案应包括以下方面的内容：确定调查目的和任务；确定调查对象和调查单位；拟订调查内容和调查表；确定调查时间、调查期限和调查地点；确定调查的方式方法；确定调查工作的组织实施计划。

统计调查的组织方式有：普查、抽样调查、典型调查、重点调查和统计报表等。

普查是指为了某一特定目的而专门组织的一次性全面调查。普查是一次性全面调查，搜集的资料全面、系统、准确，但工作量大，投入多。普查必须规定统一的调查时间，并在规定时间完成资料的登记工作；普查项目统一规定；普查工作应保持一定的周期性。

抽样调查是指按随机原则从总体中抽取部分单位作为样本进行调查，并根据样本数据推断总体指标的方法。它有随机性、推断性和误差性等特点；具有经济性、时效性、准确性、灵活性等优势。

典型调查是一种非全面调查。典型单位是有意识地选取的具有代表性的单位，因而能进行深入细致的调查，并在一定条件下可以推断总体。典型调查的方式有“解剖麻雀”式和“划类选点”等。典型调查的方法有：开调查会、个别访问、发放调查表等。

重点调查是指从研究总体中选择若干重点单位进行的调查。重点单位是以各单位的标志值在总体标志总量中所占的比重为依据来确定的。

统计报表是指依据国家统一规定的表式、报表内容、报送时间和报送程序，自下而上逐级提供统计资料的一种调查方式。统计报表按其内容和范围不同分为国家统计报表、业务部门统计报表和地方统计报表；按填报单位的性质不同分为基层统计报表和综合统计报表；按报送周期长短不同分为日报、月报、季报、年报等；按报送方式不同分为电讯报表和邮寄报表等。

问卷调查又称民意调查，是指为了某一特定调查目的，以社会成员对特定社会经济现象的态度和意愿为对象，以问卷形式提问，并由被调查者自愿回答的一种搜集信息资料的方法。通过问卷调查可以了解人们的社会心态；推断社会心态的动向；弥补相关统计指标的不足。

问卷设计包括：问卷总体结构设计和问卷的内容设计。

按搜集资料的方式不同，问卷可分为访问问卷和邮寄问卷。按问卷的结构不同，分为无结构型问卷和结构型问卷。按调查问卷的提问方式不同，分为封闭型提问的问卷和开放型提问的问卷。

统计调查报告是指根据统计研究的目的和要求，运用访谈、问卷等调研手段就某项工作、某一事件、某个问题进行调查和分析研究后，以文字、数据和图形等形式对调查结果写出的书面报告。

统计调查报告具有写实性、针对性、逻辑性的特点。它可分为情况调查报告、典型经验调查报告、问题调查报告。其撰写步骤为：确立主题、拟订写作提纲、筛选数据、撰写统计调查报告、修改统计调查报告。一份统计调查报告的基本结构由题目、正文、结尾三个部分组成。

复习思考题

1. 什么是统计设计？统计设计应遵循哪些原则？
2. 统计指标有哪几种分类？
3. 设计统计指标体系应遵循哪些原则？
4. 什么是统计调查？它有何要求？
5. 抽样调查、典型调查、重点调查三者之间有何区别？
6. 统计调查方案一般包括哪些内容？
7. 为什么调查单位与报告单位有时一致，有时不一致？
8. 某上市公司为了解本公司员工的文化程度，进一步加强和鼓励员工树立终身学习的思想，于2019年2月20日向所属各部门发放调查表，要求填报2018年底所有员工的姓名、性别、年龄、工种、技术等级和现有文化程度等6个项目。问：

(1) 上述统计调查按不同的分类分别属于什么调查？

(2) 此项调查的调查对象、调查单位、报告单位分别是什么？

9. 在问卷设计中应如何提出问题？
10. 撰写统计调查报告时应注意哪些问题？

第三章
统 计 整 理

学习目标

通过本章的学习，要求了解统计整理的意义、工作步骤，了解统计资料的审核、订正和汇总技术，了解统计表的分类和统计表的设计；理解统计分组的概念和作用及统计分组的形式，理解次数分布的概念、种类和统计表的概念及其构成；掌握统计分组方法和变量数列的编制。

本章重点：统计分组的意义和分组方法、变量数列的编制、组中值的计算和统计表的结构。

第一节　统计整理概述

一、统计整理的概念和意义

统计整理又称数据整理，是指根据统计研究的目的，将统计调查所获得的大量原始资料，采用科学的方法进行加工整理、综合汇总，使其系统化、条理化，以得出反映现象总体综合数量特征的数字资料的工作过程。统计整理主要是对统计调查阶段取得的原始资料的加工整理，广义上的统计整理还包括对次级资料的再整理。它既是统计调查的继续和深入，也是统计分析的基础和前提，在统计工作中起着承上启下的作用。

统计调查搜集的大量原始资料，是分散的、零碎的、杂乱的，只能反映总体单位的个体特征，属于反映事物表面现象的感性材料。只有统计整理后的综合数据资料，才能显现出现象总体的全貌及其数量特征，为统计分析提供科学的依据。同时，即使统计调查搜集的原始资料十分丰富、正确和详尽，如果不按科学的原则和方法进行加工整理，也会使丰富的材料失去其价值，达不到统计研究的目的。

二、统计整理（数据整理）的步骤

统计整理（数据整理）是根据统计研究的目的进行的，它要为统计分析、预测和决策提供信息。因此，在统计整理前必须对所研究的现象进行认真细致的分析。统计整理基本步骤如下：

（一）设计统计整理方案

在对所采集的数据进行加工整理之前，要设计好统计整理方案，即对统计整理的各个环节做出具体的安排与规定，拟定好工作计划，以保证统计整理工作顺利进行。统计整理方案是保证数据整理工作保质保量、按时完成的指导性文件，设计的方案是否科学，直接关系到统计整理的质量。它是有计划、有组织地进行数据汇总的首要步骤，是统计设计在统计整理过程中的具体化。数据整理方案应包括如下内容：

1. 根据研究目的正确选择分组标志，确定分组方法。如果是按数量标志分组，还要确定相应的组数、组距、组限等。

2. 确定汇总的指标与汇总表。若为专门调查，则应按数据采集方案规定的指标汇总；若为专题研究，则应根据研究任务的要求，选择有关指标汇总，并设计好汇总表。

3. 确定统计汇总的形式。是采用手工汇总还是采用计算机汇总。如果采用计算机汇总，则应确定采用哪种或哪几种形式。与此同时，还要安排好汇总的组织工作和时间安排。

4. 确定数据审查的内容与方法。

（二）对所采集的统计资料进行审核、检查、订正

对所采集的资料进行审核、检查，主要是审核检查被调查单位的资料是否齐全，有无未报、迟报、漏报的情况，即主要是对统计资料的准确性、及时性、完整性三个方面进行审核、检查。

1. 对原始资料进行审核

原始资料的准确性是审核的重点。对资料准确性的审核主要是通过计算检查法和逻辑检查法等进行的。计算检查主要是计算复核表中的各项数字有无差错，各项指标的计算方法是否科学，计量单位是否正确，相关指标之间的平衡关系、比例关系、结构关系等是否得到保持等。例如，某总量指标的各组结构相对数之和是否等于1或100%。逻辑检查主要是审核数据是否符合逻辑、内容是否合理、数据间有无相互矛盾或与客观实际不相符的地方。例如，在对某学校教师情况进行调查时，某教师的年龄为26岁，工龄为12年，职称为副教授等，显然，这里的年龄26岁与后两项标志的标志表现有矛盾，是不符合实际情况的。

审核资料的及时性，即检查数据资料是否符合调查规定的时间、资料的报送时间等。

审核资料的完整性，即检查数据资料是否系统周密、合乎逻辑，有无重复或遗漏，是否按规定的项目采集数据，调查单位是否按规定填报等。

2. 对次级资料进行审核

对于次级资料来讲，由于其来源的渠道多，有的数据可能是为了特定目的通过专门调查得到的，有的数据是按特定需要进行了相应加工整理的。所以对于用户来讲，除了对其准确性和完整性进行审核外，还应着重审核数据的适用性和时效性。

适用性审核主要是弄清该次级资料的来源、计算口径、计算方法及有关背景材料等，

以便确定这些资料是否符合自己的需要，是否需要重新加工整理等，不能盲目套用。

时效性审核主要是确认该资料是否滞后，是否有继续利用的价值。

在审核数据资料时，既可逐项审核，也可抽样审核。对于审核中发现数据差错的，应分不同情况及时纠正与处理。如果是被调查单位填报错误的，应通知他们重新填报；如果是汇总过程中的错误，则应根据具体情况，予以订正。

知识拓展

划线更正法是指用划红线注销原有错误记录，然后在错误记录的上方写上正确记录的方法。会计核算中，用划线注销原有记录，以更正错误的一种方法。

具体做法是：先在错误的文字或数字上划一条红线，表示注销，划线时必须使原有字迹仍可辨认；然后将正确的文字或数字用蓝字写在划线处的上方，并由记账人员在更正处盖章，以明确责任。

对于文字的错误，可以只划去错误的部分，并更正错误的部分，对于错误的数字，应当全部划红线更正，不能只更正其中的个别错误数字。如记账凭证中的文字或数字发生错误，在尚未过账前，也可用划线更正法更正。

红字更正法，即先用红字填制一张与原错误完全相同的记账凭证，据以用红字登记入账，冲销原有的错误记录；同时再用蓝字填制一张正确的记账凭证，注明“订正×年×月×号凭证”，据以登记入账，这样就把原来的差错更正过来。应用红字更正法是为了正确反映账簿中的发生额和科目对应关系。

（三）对统计资料进行统计分组、编码和统计汇总

1. 统计分组。根据统计研究的目的和要求，按一定的组织形式和方法，对统计资料进行统计分组。其具体内容在下一节介绍。

2. 编码。如果要用计算机处理数据，就要对统计数据进行编码，即将相关的统计数据转化成计算机能识别的数学符号。这项工作要借助编码手册或编码表，调查者根据编码手册或编码表将统计数据变换成计算机能识别的数学符号输入计算机进行处理，然后再根据它将计算机处理的结果转换成能阅读的信息。

3. 统计汇总。统计汇总就是将统计调查所得到的资料经审核订正后进行的归类，并通过计算机或手工方法进行汇总，计算各组的单位数和总体的单位数等，计算各组的标志值和总体的综合指标等。

（四）编制统计表、绘制统计图

将汇总结果编制成统计表或绘制成统计图，以便直观、简明扼要地表达现象的数量特征。

（五）系统积累资料

将汇总结果按需要整理成册或存入数据库，有条件的可将原始资料一并存入数据库，以便进一步使用。

课堂讨论： 为什么统计整理主要是对原始资料进行加工整理？

第二节 统计分组

一、统计分组的概念和作用

（一）统计分组的概念

统计分组是指根据被研究现象的内在特征和统计研究的目的，选择一定标志将总体划分为若干不同类型或不同性质的组。总体中的每一个组成部分称为“组”，每一个组可看成是一个范围较小的“总体”。统计分组的含义可以从两个方面理解：对总体而言是“分”，即将一个“大总体”划分成若干个“小总体”；对总体单位而言则是“合”，即将性质相同的总体单位合并到一个组中。因此，统计分组要满足如下要求：第一，总体内部必须体现组内的同质性和组间的差异性，也就是说，就某一分组标志而言，同一组内的总体单位的标志表现要相同或相近，不同组的总体单位的标志表现则应存在明显差异；第二，总体内所有单位只能分别归到自己所属的组，而不能同时归属于两个或两个以上的组，即归属的唯一性；第三，总体的每一个单位都被归属到某一组内，所有组能容纳总体的全部单位，即分组的完整性。

（二）统计分组的原则

统计分组要体现“组内的同质性和组间的差异性”，它不仅是一个技术性问题，而且是一个具有一定的原则性和理论性的问题。统计分组应遵循的原则概括如下：

1. 穷尽原则。进行统计分组时要使总体中的每一个单位都有组可居，所分的组能容纳总体所有的总体单位。

例如，人口调查时如果把人口只分为小学、中学（含中专）、大学三组，那么，文盲或识字不多的人、大学文化程度以上的人则无组可居。

2. 互斥原则。在特定的分组标志条件下，总体中的任何一个单位只能归属于其中的某一个组，而不能同时归属于两个或两个以上的组。这就是说，总体单位的归属具有唯一性。

例如，某商场在对服装进行分类时分为男装、女装和童装三类。这种分类是不科学的，因为童装中也有男装和女装之分。

（三）统计分组的作用

1. 划分现象的类型

社会经济现象虽然复杂多样，但客观上存在着各种不同的类型，各种不同类型的现象又有着各自的运动形式和本质特征。因此，利用统计分组可将现象区分为各种性质不同的类型，以便研究各类现象的数量差异和特征及其相互关系。如人口统计中，可将庞大的人口总体按职业、经济收入、文化程度等标志划分为若干不同的组，研究人口的社会构成状况以及各类型人口间存在的本质差异。

2. 研究现象的内部结构

只有通过统计分组，才能计算出各组数值在总体数值中所占的比重，才能反映现象内部的构成，说明现象总体的基本性质和特征。同时，对现象内部结构的变化进行动态研究，还可以反映现象总体结构发展变化的过程、趋势和规律。

[例3-1] 我国六次人口普查的人口年龄构成资料见表3-1。该表不仅反映了我国每次人口普查的年龄结构现状，而且也揭示了我国人口年龄结构的变化趋势①。

表3-1 **我国六次人口普查的人口年龄构成** 单位:%

按年龄分组（周岁）	1953年	1964年	1982年	1990年	2000年	2010年
0~14	36.28	40.69	33.59	27.69	22.89	16.60
15~64	59.31	55.75	61.50	66.74	70.15	74.53
65以上	4.41	3.56	4.91	5.57	6.96	8.87
合计	100.00	100.00	100.00	100.00	100.00	100.00

资料来源：《中国统计年鉴2013》

3. 分析现象之间的依存关系

社会经济现象不是孤立存在的，现象之间总是相互联系、相互制约、相互影响的。通过统计分组可揭示这种现象数量上的联系和依存关系。在统计实践中，通常是将现象总体按某一标志分组的同时，列出与其有联系的另一标志的分组情况加以综合分析。例如，在农业上作物的密植与产量的关系、作物的施肥量与平均每亩产量的关系，劳动生产率与产品成本之间的关系，商品销售额与流通费用水平之间的关系等。

知识拓展

“物以类聚，人以群分”语出《易·系辞上》。意即物是按照类聚合的，人是按照品行来分群的。在纷繁复杂的社会，形形色色的人们因秉赋、性趣、爱好、追求和信仰等不同而形成不同的社会关系。“物以类聚”是一种自然现象，有时用来比喻坏人彼此臭味相投，勾结在一起，含贬义；“人以群分”即人按照其品行、爱好等不同而形成相应团体，因而能互相区别，“好人”多与好人结成朋友，“坏人”多与坏人聚在一起，是中性词。

① 按国际通用标准，把65周岁以上的人称为老年人，0~14周岁的人称为少儿，15~64周岁的人称为成人。老年人口占总人口比重在5%以下、少儿人口占总人口比重在40%以上的，称“年轻人口型”；老年人口占总人口5%~10%，少儿人口占总人口30%~40%的，称“壮年人口型”；老年人口占总人口10%以上，少儿人口占总人口30%以下的，称“老年人口型”。

二、统计分组方法

（一）正确选择分组标志

分组标志是指将总体划分为性质不同的组别的依据或标准。选择什么标志分组，是统计分组首先应该解决的问题。对总体而言，为了说明其总体单位的性质和特征，可以采用若干个标志进行不同的分组。如对人口总体既可以按性别分组，也可以按年龄、文化程度、职业等标志分组。选择的分组标志不同，分组的结果不一样。分组标志选择得恰当与否，直接影响到分组的效果，关系到能否正确地反映总体的本质特征，能否顺利地达到统计研究的目的。因此，正确选择分组标志是统计分组的关键。

正确选择分组标志，应遵循下列原则：

1. 根据统计研究目的和任务选择分组标志

反映总体单位属性或特征的标志很多，不同的研究目的从不同的角度进行研究，研究目的不同，选择的分组标志必然不一样，因此选择什么标志作为分组标志，应该根据统计研究目的和任务而定。

例如，把某高校在校生作为研究对象，该校每一位在校生就是调查单位，反映学生情况的标志很多，如年龄、身高、体重、学习成绩、爱好等。如果要反映学生的学习成绩，就不能选择身高、体重等作为分组标志，而只能选择学习成绩或技能操作水平等作为分组标志；要反映学生的业余活动开展情况，就不能选择身高、体重、成绩等作为分组标志，而只能选择爱好或特长等作为分组标志。又如，把某市工业企业作为研究对象，该市每一个工业企业就是调查单位，反映工业企业生产与经营情况的标志很多，如企业的经济类型、占地面积、固定资产价值、在册职工人数、工业增加值、销售收入、资金利税率等。如果要研究企业的生产或经营成果，就不能选择占地面积、职工人数等标志，而应该选择工业增加值、销售收入等成果性标志；如果要研究企业的生产或经营规模，就不能选择经济类型等标志，而应该选择与生产和经营有关的工业增加值、销售收入或营业利润等标志进行分组。

可见，分组标志是随研究目的和任务的不同而变化的，不同的研究目的，需要选择不同的分组标志。统计分组作为一种统计分析手段，要使这一手段发挥其作用，就必须正确解决分组标志如何选择的问题。

2. 选择能反映现象本质或主要特征的分组标志

社会经济现象具有不同的特征、存在着不同的矛盾，在选择标志对现象进行分组时，往往会遇到既可以使用这一标志，也可使用那一标志的都能达到研究目的的情况，这时就需要根据被研究现象的特征，选择最主要的、带根本性的、能反映现象本质特征的标志作为分组标志。

例如，要研究企业经济效益的好坏，可供选择的标志很多，诸如增加值、销售收入、利税额、单位生产成本、资金占用额等，但在市场经济条件下更能综合反映企业经济效益好坏的则是利税额或利税率；又如，要研究城市职工的生活情况，可供选择的标志也很多。如职工的工资（含奖金）水平、收入水平，职工的平均工资水平、职工家庭成员的平均收入水平等，究竟选择哪一标志作为分组标志为好，我们认为选择后者更能真实地反映职工的生活水平。因为职工的工资水平等并不能反映职工的生活水平，这还要视其赡养的家庭人口的多少。如果赡养的家庭人口多，即使他的工资水平相对高，其生活水平也不一定就高。

3. 根据现象所处的历史条件和经济条件选择分组标志

任何社会经济现象都是随着时间、地点、条件的变化而变化的。同一标志，在过去可作为分组标志，而现在却不一定了；在某一领域可以，在另一领域就不一定可以。例如，要研究工业企业的生产规模，在工业生产发展的初期，技术比较落后，生产以手工操作为主，选择职工人数作为分组标志是适宜的。然而，在知识经济时代，劳动生产率大大提高，职工人数已不再是反映工业企业生产规模的本质标志，这时若仍然选择职工人数作为分组标志就不合适了，而要选择以设备为基础的工业产品生产能力或固定资产原值等标志来进行分组。又如研究农业生产规模时，作物面积在以粗放经营为主的条件下可作为分组标志，而在以集约经营为主的条件下则需要选择产值等来反映农业生产规模。

（二）划分各组界限

分组标志确定之后，必须解决分组界限问题，即按选定的分组标志将所研究的总体划分为若干组，确定各组之间的界限。根据分组标志的性质不同，统计总体可按品质标志分组，也可按数量标志分组。

按品质标志分组就是按现象的品质属性进行分组。如人口按性别、民族分组；企业按经济形式、行业分组；产品按用途、等级分组等。按品质标志分组有时较为简单，即组的数目较少，组与组之间的界限也很明确。如人口按性别分组、在校生按专业分组等。但有时却很复杂，即组的数目较多，此组与彼组间存在各种中间状态，组与组之间的界限不易确定。如国民经济按部门分组、商品按用途分组、就业人员按职业分组等。这些复杂的分组，在统计中称为分类。在我国的统计实践中，为了避免因认识不同而造成混乱，保证统计分组的统一性和可比性，国家统计部门编制了一些统一的分类目录，如《工业部门分类目录》《主要商品目录》《国民经济行业分类目录》等。

按数量标志分组就是选择反映现象数量差异的数量标志作为分组依据，并在数量标志变动范围内划定各组的界限，将总体分成性质不同的若干部分。如人口按年龄、身高等分组，企业按利润等分组。按数量标志分组时，关键是如何确定组与组之间的数量界限，数量界限确定在哪里合适，一般应按现象本身质的规定性来确定。找到了分组的数量界限，也就不难将总体划分为若干性质不同的组。如要反映学生某学科的及格率，只需按成绩分成及格与不及格两组，而60分就是及格与不及格两组的分组界限。但有些现象如企业规模的大小，从业人员收入的高低等，其分组界限不易确定，且需与时俱进。所以说，正确确定各组的数量界限，是按数量标志分组的关键。按数量标志分组的目的，并不是单纯确定各组的数量差异，而是要通过数量差异来区分各组的不同性质和类型。

知识拓展

我国古代根据男子成长过程的生理特点，以十年为单元，将人生大致分为九个阶段。分别是“幼”“弱”“壮”“强”“艾”“耆”“老”“耄”“期”。

《礼记·礼上第一》记载：“人生十年曰幼，学。二十曰弱，冠。三十曰壮，有室。四十曰强，而仕。五十曰艾，服官政。六十曰耆，指使。七十曰老，而传。八十、九十曰耄……百年曰期，颐。”大意是说：男子十岁称幼，开始入学读书。二十岁称弱，举冠礼后，就是成年了。三十岁称壮，可以娶妻生子，成家立业了。四十岁称强，即可踏入社会工作了。五十岁称艾，能入仕做官。六十岁称耆，可发号施令，指挥别人。七十岁称老，此时年岁已高，应把经验传给世人，将家业交付子孙管理了。八十岁、九十岁称耄……百岁称期，到了这个年龄，就该有人侍奉，颐养天年了。古人之所以如此划分，是长期经验积累的结果。尽管这些观点有点主观、片面，但总的来说，是符合人生规律的。

三、统计分组体系

对现象总体进行研究时，为了从不同角度综合反映所研究现象的特征，只采用一个标志分组，往往是不能满足统计研究需要的，而要从不同角度采用两个或两个以上的标志进行多种形式的分组，形成一个分组体系。分组体系是根据统计分组的要求，对同一总体按两个或两个以上的分组标志对同一总体进行多种不同形式的分组而形成的体系。体系中的各种分组相互联系相互补充，可以帮助人们深入了解社会经济总体内部的结构及各部分之间的关系。

（一）简单分组与平行分组体系

简单分组是对总体只按一个标志进行的分组。对同一总体按两个或两个以上的标志分别进行简单分组并平行排列而形成的体系，就是平行分组体系。

例如，工业企业按不同标志分组所形成的平行分组体系如图3－1所示。

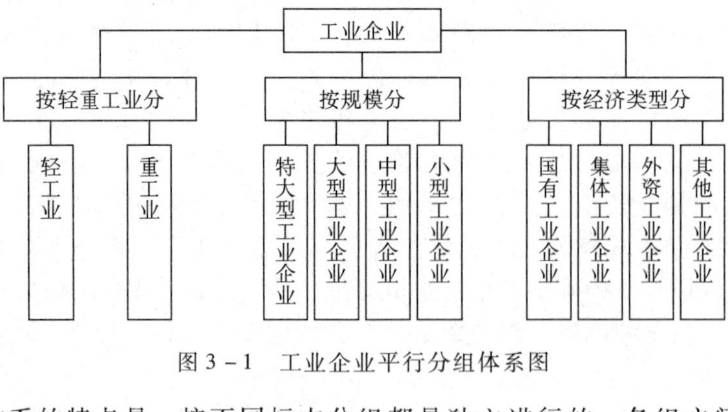

图3－1　工业企业平行分组体系图

平行分组体系的特点是：按不同标志分组都是独立进行的，各组之间是平行并列的关系。

（二）复合分组与复合分组体系

复合分组是对同一总体按两个或两个以上的标志重叠起来进行的分组；由反映同一总体的复合分组所形成的体系即多个复合分组所组成的体系，就是复合分组体系。例如，为简便起见，假设某系只有会计和财务管理等专业，新生入学时，该系把学生按专业、性别、年龄等标志进行复合分组所形成的复合分组体系如图 3－2 所示。

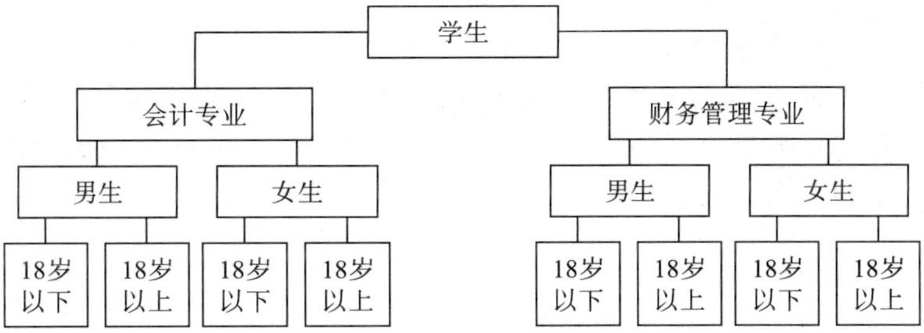

图 3－2　某系学生复合分组体系图

进行复合分组时，要先按主要标志对总体进行第一次分组，然后按次要标志对总体再进行第二次、第三次……分组。从分组形式和结果上看，复合分组体系实际上是在已分组的基础上各组内部分别进行的细分组。

从上述分组结果看，无论是平行分组体系，还是复合分组体系，随着分组标志的增加，所分组数将成倍增加，分组标志的多少与组数之间存在着倍数关系。

阅读与思考

进入 21 世纪以来，随着我国市场经济的日益成熟、社会竞争的日益激烈，就业形势日益严峻，从而导致社会和用人单位对人才标准重新高标准定位，对大学生综合素质提出了更高的要求。就业市场上复合型、经验型、外向型、创新型、技能型和学习型人才更受欢迎。用人单位在选拔大学毕业生时，不再仅仅关心学习成绩，更为重视进取心、团队协作精神和集体荣誉感、创新能力、执行能力、交际能力、担当精神、奉献精神等多方面的素质提出了更高要求。大学生要从严峻的就业形势中脱颖而出必定要努力提高自己的综合素质，争取做到全面发展；高校应该利用大学生就业及用人单位考察毕业生的重要依据的综合素质测评来激励和引导大学生全面发展，不断提高自身综合素质，成为就业市场上的佼佼者。

课堂讨论：如何深入理解统计分组要满足“组内的同质性和组间的差异性、归属的惟一性、分组的完整性”的要求？

第三节　统计汇总和统计表

一、统计汇总

统计汇总就是将统计调查的资料经过检查审核和科学分组后进行的归类、汇总，并计算各组单位数和各组标志值、总体单位总数和总体标志总量等。由于需要汇总的资料繁多、范围广泛，而且对汇总资料也有不同的要求，所以需要采取合理的组织形式和方法，保证统计汇总工作的顺利进行。

（一）统计汇总的组织形式

1. 逐级汇总

逐级汇总是指按照一定的统计管理体制，自下而上逐级汇总上报统计资料的一种组织形式，也称分级汇总。我国现行的统计报表就是采取这种组织形式。其优点是便于就地查对调查资料，及时满足各方面所需的统计资料。其缺点是汇总的中间环节多，反复转录资料时发生登记性误差的可能性较大，而且费时较多，影响资料的时效性。

2. 集中汇总

集中汇总是指将全部调查资料集中到组织统计调查的最高机关统一汇总的形式。其优点是时效性强，而且便于采用机械汇总和电子计算机汇总，使汇总的结果更加准确，同时还可减少基层单位逐级汇总的工作量。其缺点是原始资料如有差错，不能就地更正，而且汇总的资料不能及时满足各地区、各部门的需要。

3. 综合汇总

综合汇总是指将上述两种组织形式结合使用的汇总形式。亦即将各地区、各部门所需要的最基本的统计资料实行逐级汇总，同时又将全部原始资料实行集中汇总。这样，可以发挥前两种汇总方式的优点。不过这种汇总形式所耗用的人力、物力和财力较大。我国目前的人口普查资料就是采用这种组织形式汇总的。

4. 会审汇总

会审汇总是指由上级主管部门定期组织所属单位的统计人员自带报表和有关资料，集中到综合单位，分工协作、共同会审，并汇总和编制综合报表的汇总形式。这种方法有利于互相交流经验，提高统计人员的业务素质；也有利于及时审核资料，提高汇总资料的质量。

（二）统计汇总的技术方法

1. 手工汇总

它是指用简单计算工具进行人工计算的汇总。常用的汇总方法有以下四种：

（1）划记法又称点线法，是指在事先设计好的汇总表上，用划点、划线为记号进行分组计数的方法。划记法适用于单位数的汇总，而不适用于标志值的汇总。其具体做法是：根据事先设计好的空白汇总表，将总体单位在汇总表相应的组上划点或划线，最后根据组内点或线的数目汇总得出各组单位数或总体单位数。常用的点线符号有“正”“米”等。

（2）过录法。过录法是指将调查表中的资料一一过录到预先设计好的汇总表中，并计算出各组单位数或标志值的合计数的方法。一般适用于调查单位较少的情况。其缺点是转录手续多，费时费力，容易出差错。

（3）折叠法。折叠法是指将所有调查表中要汇总的项目和数值分别折到边线上，依次叠放，逐一进行加总，并将其结果填入汇总表的方法。这种方法，实际上是过录法的简化，用调查表的折叠，代替过录，手续简便，省时省力，同时可减少登记性差错，是统计实际工作中常用的方法。但如果在汇总后发现错误要从头返工，无法从汇总过程中查找原因。

（4）卡片法。卡片法是指利用特制的卡片进行汇总的方法。其汇总程序分三步：第一步，编号。即将需要汇总的标志及其分组按分组顺序编号，并在调查表的各个项目下注明所属组号。第二步，摘录。即将每份调查表注明的组号与相应的标志值分别摘录到一张特别的卡片上。第三步，分组计数。即按分组标志的组号将卡片分组，最后计算各组总体单位数（即各组摘录卡的张数）和各组标志值的合计数（即各组卡片上相应的标志值之和），并将汇总结果填入汇总表中。在调查单位多、分组较复杂的情况下，运用卡片法汇总较为简便可靠。

2. 电子计算机汇总

电子计算机汇总是利用电子计算机技术和数据传输通讯系统进行统计资料汇总的方法。电子计算机存储的数据信息量大，汇总的速度快、精度高，能进行各种逻辑判断，并在程序控制下工作。它是统计工作现代化的一个重要标志。一般而言，电子计算机的汇总步骤如下：

第一步：编制程序。即按计算机语言对统计数据处理工作进行的全面系统的流程排列。电子计算机将按规定的程序进行工作。

第二步：编码。即将数据采集过程所获取的汉字信息符号（代码）化的工作过程。将每个类别编上一个号码，这既便于分类，又便于汇总，而且在弄清号码所代表的类型的基础上，通过编码就一清二楚了。

第三步：数据录入。即将经过编码后的数据和实际数据通过设备记载到存储介质上的工作。

第四步：对可能存在的错误信息进行检查和修正。即按照预先设定的一套逻辑检查规则将录入计算机的原始数据进行分析、比较、筛选和整理等。若错误的信息超过了允许的范围则将此类数据退回去，重新检查、改正，若属于允许范围内的个别错误，则按照编辑规则预以改正。

第五步：运行程序。即在按要求完成上述规定程序的基础上，再进一步按照程序运行规则进行数据处理的过程。

第六步：提供汇总结果。即将运行处理后的汇总结果以表格的形式表现出来，以满足使用者的需要。

二、统计表

（一）统计表的概念和作用

统计表是以纵横交叉的线条绘制的一种表现统计资料的表格。广义的统计表包括统计工作各个阶段中所用的一切表格，如调查表、汇总表等。狭义的统计表仅指表现统计整理结果的表格，也就是人们通常所说的统计表，它是统计分析的手段。

统计表在实际工作中运用很广泛，其主要作用为：统计表能清晰地表述统计资料的内容，条理化、系统化的统计资料使人们在阅读时一目了然；统计表可反映各指标之间的关系，有利于统计资料的审核、计算和分析；统计表便于查、用和积累资料。

（二）统计表的结构

从统计表的外观上看，统计表包括总标题、横行标题、纵栏标题和数字资料四个部分。

总标题是统计表的名称，以简明扼要的文字说明统计表的内容，放在表格的正上方；横行标题是横行的名称，一般放在表格的左边，用以表明总体或各组的名称。纵栏标题是纵栏的名称，一般放在表格的右上方，用以说明总体或各组的各项数字资料的名称即统计指标的名称。数字资料是说明总体数量特征的各项指标数值，列在横行和纵栏的交叉处。

此外，必要时可在统计表的下方附加填表说明。填表说明的内容主要包括：补充资料、注解、资料来源、填表单位、填表人、填表日期等。

［例3－2］ 2018年2月28日，中华人民共和国国家统计局发布《中华人民共和国2017年国民经济和社会发展统计公报》，根据公报数据编制的我国人口分布情况统计表见表3－2。

表3－2　　2017年年末我国人口数及其构成统计表　　←总标题

按年龄分组	年末数（万人）	比重（%）
合计	139008	100.0
0～15周岁	24719	17.78
16～59周岁	90199	64.89
60周岁及以上	24090	17.33

←纵栏标题（表头行）；横行标题（左栏各行）；数字资料（右侧数值）

主词（左栏）　　宾词（右侧各栏）

从统计表的内容看，统计表由主词栏和宾词栏两个部分组成。主词栏是统计表所要说明的总体及其组成部分；宾词栏是统计表用来说明总体数量特征的各个统计指标，包括指标名称和指标数值。主词一般放在表的左边，位于横行标题的位置；宾词一般放在表的右方，位于纵栏标题和数字资料的位置。主词和宾词可以变换位置。

（三）统计表的种类

统计表按总体是否分组及分组的程度不同，可分为简单表、分组表和复合表。

1. 简单表

简单表是指总体未经任何分组、仅列出总体各单位数的名称或按时间先后顺序排列的统计表。

[**例 3－3**] 根据近年我国学成回国人员的资料编制的简单表，见表 3－3。

表 3－3　　近年我国学成回国人员统计表

年　份	人数（人）	年　份	人数（人）
2011	186200	2014	364800
2012	272900	2015	409100
2013	353500	2016	432500

资料来源：《中国统计年鉴 2017》

2. 分组表

分组表是指对总体进行简单分组的统计表，也称简单分组表。分组表可以较为深入地分析现象本质及其发展规律。

[**例 3－4**] 根据 2017 年末我国人口的城乡分布情况编制的分组表，见表 3－4。

表 3－4　　我国人口城乡分布统计表

按城乡分组	人口数（万人）	比重（%）
城　镇	81347	58.52
乡　村	57661	41.48
合　计	139008	100.00

资料来源：《中华人民共和国 2017 年国民经济和社会发展统计公报》

3. 复合表

复合表是指对总体进行复合分组而形成的统计表，也称复合分组表。复合表便于更深入、更有条理地分析现象的特征和规律。

[**例 3－5**] 根据 2018 年末某地区人口编制的复合表，见表 3－5。

表 3－5　　2013 年末某地区人口统计表

	人　口　数	
	绝对数（万人）	比　重（%）
全地区人口总计	4257	100.00
一、城镇	1068	25.09
男性	516	12.12
女性	552	12.97
二、农村	3189	74.91
男性	1601	37.61
女性	1588	37.30

（四）统计表的设计

要使统计表既能正确地反映社会经济现象的数量特征，又能使人们易于了解其内容，得出明确的结论，在设计统计表时，应遵循简练、明确、科学、实用、美观、便于比较的原则，并注意以下事项：

（1）统计表的总标题、横栏标题和纵栏标题均应简明扼要，以简练而又准确的文字表述统计资料的内容、资料所属的空间和时间范围。

（2）统计表应设计成由纵横交叉线条组成的长方形表格，长与宽之间宜保持适当的比例。

（3）统计表的上下端应以粗线绘制，表内纵横线以细线绘制，表格左右两端一般不封口。

（4）统计表各纵列若须合计时，一般应将合计列在最后一行，各横行若需要合计时，可将合计列在最前一栏或最后一栏。

（5）如果统计表中的栏数较多，则应按顺序编号。习惯上主词栏部分以“甲、乙、丙、丁……”为序号，宾词栏以（1）、（2）、（3）、（4）……为序号。

（6）统计表中的数字应该填写整齐，且数字间不留空格。当数字因太小可略而不计或数字为零时应填写“0”；不应有数字的格内要用符号“—”表示；当缺某项数字资料待查时，可用符号“…”表示；如果某项数据与其上、下、左、右相同时，应全部填写，不得用“同上”“同左”等表示。

（7）统计表必须注明数字资料的计量单位。当统计表内所有数据的计量单位相同时，可以把计量单位写在表的右上方；如果统计表内指标数值的计量单位不同，可在表内设置计量单位栏，也可在指标名称后直接标明计量单位。

（8）为保证统计资料的科学性与严肃性，在统计表的下方应注明资料来源，以便查考，必要时应加注解或说明。

课堂讨论：试设计一张复合分组表，以了解、反映本班同学的学习和业余生活等情况。

第四节　次数分布

一、次数分布的概念和种类

次数分布又称分配数列，是指在统计分组的基础上，将总体中所有单位按组归类整理，形成总体中各单位在各组间的分布。在分配数列中，分配在各组的单位数叫次数，又称频数。各组次数与总次数的比率称为频率。分配数列由两个要素构成：总体按某标志所分的组（各组名称）和各组所分配的单位数（次数或频率）。次数分布可反映总体中所有单位在各组间的分布情况，次数分布通常是用统计表清晰明了地表现出来的。

按选用的分组标志的不同，分配数列可分为品质分布数列（简称品质数列）和变量分布数列（简称变量数列）。

（一）品质数列

品质数列是指按品质标志分组而形成的分布数列，见表3－6。

表 3－6　　我国大陆人口的性别构成情况

按性别分组	人口数（万人）	比　重（%）
男　　性	71137	51.2
女　　性	67871	48.8
合　　计	139008	100.00
↑ 各组的名称	↑ 次数（或频数）	↑ 频率

资料来源：《中华人民共和国 2017 年国民经济与社会发展统计公报》

通常情况下，由于总体单位的品质表现比较稳定，因此，根据品质标志编制的分布数列一般也比较稳定，能较为准确地反映总体的分布特征。

（二）变量数列

变量数列是指按数量标志分组而形成的分布数列，见表 3－7。

表 3－7　　某班学生数学成绩分布表

按成绩分组（分）	学生数（人）	比　重（%）
60 以下	1	2
60～75	13	26
75～85	19	38
85～100	17	34
合　计	50	100
↑ 各组变量值	↑ 次数（或频数）	↑ 频率

变量数列按各组变量值表现方式的不同，可分为单项变量数列和组距变量数列。

（1）单项变量数列。单项变量数列是指以每一个变量值作为一组而形成的变量数列，简称单项数列，见表 3－8。单项数列能准确地反映总体各单位在总体中的分布情况。

表 3－8　　某车间工人生产某产品的产量统计表

按日产量分（件）	工人人数（人）	比　重（%）
2	5	7.69
3	16	24.62
4	18	27.69
5	20	30.77
6	6	9.23
合　计	65	100.00

（2）组距变量数列。组距变量数列是指以变量值的某个变动范围为一组的变量数列，简称组距数列，见表 3－7。从表 3－7 中可以看出，组距数列中的每一个组拥有若干个变量值，而列出的只是各组变量值的“最大值”和“最小值”，其他各具体的变量值被掩盖了。

在组距数列中，涉及到许多基本概念，现以表 3－7 为例加以说明。①组数，即分组的数目，本例为4组。②组限，即进行分组的数量界限，包括上限和下限。上限是指各组变量值的最大值，下限是指各组变量值的最小值。如本例第二组的上限为75分，下限为60分。上限和下限都齐全的组称闭口组，如第二组至第四组；有上限而缺下限或者有下限而缺上限的组称开口组，如第一组就是缺下限的开口组。③组距，是各组变量值之间的最大距离，即各组上限与下限之差。如第二组组距为15分。开口组的组距一般以相邻组组距为标准来推算。④全距，是变量值中的最大值与最小值之差。在组距数列中，全距约等于最后一组的上限与第一组的下限之差，即各组组距之和。⑤组中值，即各组变量值的上限与下限的中点数值。组距数列掩盖了分布在组内的各单位的实际变量值。为了反映各组中个体单位变量值的一般水平，统计中常用组中值来代表它。

在闭口组中，组中值的计算公式为：

$$\text{组中值}=\frac{\text{上限}+\text{下限}^{①}}{2} \tag{3-1}$$

在表3－7中，第二组的组中值为：$\frac{75+60}{2}=67.5$（分）

在开口组中，组中值的计算可参照相邻组组距求得，其计算公式为：

$$\text{缺下限组组中值}=\text{上限}-\frac{\text{相邻组组距}}{2} \tag{3-2}$$

$$\text{缺上限组组中值}=\text{下限}+\frac{\text{相邻组组距}}{2} \tag{3-3}$$

在表3－7中，第一组的组中值为：$60-\frac{75-60}{2}=52.5$（分）

组中值的计算条件是：各组的变量值在组内是均匀分布的，或在组中值两侧呈对称分布。但事实上并非如此。所以，组中值实际上只是各组变量值实际平均水平的近似性的代表值。

二、变量数列的编制

变量数列的编制过程，也是对变量资料进行整理的过程。如何编制变量数列？首先应根据统计研究的目的和统计调查所获取的变量资料情况，正确确定各组的数量界限，使之能反映现象质的差别；其次，应根据被研究现象总体的数量特征，采用适当的分组形式，确定相宜的组距和组限等。如果需要整理的资料是变动范围不大的离散变量，且变量值项数较少，就可以编制单项数列；如果需要整理的资料是变动范围较大、数目较多的变量值，则应编制组距数列。

编制单项数列比较简单，即直接将标志值按大小顺序排列（重复的只列一个），然后将总体单位按组归类，并求出各组次数或比重。例如，城镇家庭成员按人数多少分组可分为：1人、2人、3人、4人、5人等组。单项数列一般只适用于离散型变量且变量变动范围不大的场合。

编制组距数列时，因为人们对决定事物性质的数量界限的主观认识不一定相同，对同

① 本书中凡需使用的公式均将按章编号，而推导过程中及过渡性公式，因其不需使用，一般未予编号。

一资料用相同的数量标志进行分组，所得分组结论是不一样的。组距数列的编制取决于组距、组数和各组组限的确定。下面举例说明组距数列的编制过程。

[例3-6] 某班50名学生的统计学考试成绩如下：(单位：分)

64 65 88 87 78 67 98 78 89 76 79 88 88 89 77 60 60
87 88 85 77 66 79 79 65 68 78 83 72 87 89 68 51 75
89 82 64 80 78 85 83 85 79 85 70 84 69 75 89 75

第一步：将原始资料按变量值的大小顺序排列，并计算全距。

上述原始资料比较分散零乱，看不出什么特征。现将此原始资料按大小顺序进行排列，使之形成序列：

51 60 60 64 64 65 65 66 67 68 68 69 70 72 75 75 75
76 77 77 78 78 78 78 79 79 79 79 80 82 83 83 84 85
85 85 85 87 87 87 88 88 88 88 89 89 89 89 89 98

通过上述排列，可以得到一些基本认识：不及格的学生只有1个，大多数学生的成绩集中在70～90分之间，最低分为51分，最高分为98分，全距为47分。全距表明了变量值变动的总范围，是确定组数和组距的基本依据。

第二步：根据总体分布的特征，确定组距与组数。

组数的多少和组距的大小相互制约。在全距一定的情况下，组距越大，组数就越少；组距越小，组数就越多。组距与组数的确定，原则上应力求符合现象的实际情况，尽可能反映总体的分布特征。组数和组距，至于先确定哪一个，不能机械地规定，而应视具体情况来确定。此外，编制组距数列时，既可以进行等距分组，也可以进行不等距分组，应视次数分布的具体情况而定。但一般情况下常采用等距分组，因为等距分组便于各组单位数的比较和其他有关的统计分析。在等距分组条件下，组数与组距可用以下关系式粗略地确定：

$$组距=\frac{全距}{组数} \tag{3-4}$$

本例资料可按“优（90～100分）、良（80～90分）、中（70～80分）、及格（60～70分）、不及格（50～60分）”进行等距分组（见表3-9），也可根据各学校的实际情况按“优（85分以上）、良（75～85分）、及格（60～75分）、不及格（60分以下）”进行不等距分组。在此仅介绍等距数列的编制。因此，可以根据公式3-4来粗略地确定组距：组距$=47\div5\approx10$（分）。

第三步：确定组限。

组限是区分事物质的差别的数量界限。组限确定得好，就能充分体现分组的作用，分清组与组之间质的差别，否则就有可能混淆现象之间的本质区别。组限的确定需要有一定的经济理论作指导。如研究人口类型时以15岁、65岁等为分组界限（《中国统计年鉴》中的人口年龄及其结构的分组如下：0～14岁、15～64岁、65岁以上），这是由人口经济学家研究的人口理论决定的。但在具体确定组限时应考虑以下问题：第一，第一组的下限应等于或小于最小变量值，最后一组的上限应等于或大于最大变量值，但不应过于悬殊。如果变量值中存在极大值或极小值或零星稀散地分布，则宜采用“……以上”或“……以下”的开口组。既是某组下限同时又是下一组上限的标志值应该归属于哪一组？习惯上把它归属于下限所在的那一组，遵循“上限不在其内”的原则。第二，组限最好用5或者10的倍数表示，这样方便组距和组中值的计算。第三，对于连续型变量，相邻组的上、下组限必须重叠（即用同一个数值表示）。对于离散型变量，相邻组的上、下组限一般间断而不重叠（即用两个不同的数值表示）。但在实际工作中，习惯取整的连续变量（如年龄）等也常采用离散变量的组限表示形式，而离散变量有时也采用连续变量的组限形式来表示。就本例来说，成绩是一个连续变量，其变量值中不存在极大值和极小值，可以不考虑开口组，在确定第一组的下限为50分后，可按10分的组距来确定各组的上、下限：50~60，60~70，70~80，80~90，90~100。

第四步：汇总计算各组次数，并编制次数分布表。

根据以上确定的组数、组距和组限，可以把该班50名学生统计学成绩进行分组、汇总，并计算出各组的单位数，然后编制成等距数列，见表3-9。

表3-9　　某班学生统计学成绩汇总整理表

按成绩分组（分）	划记法（符号）	学生数人数（人）
50~60	一	1
60~70	正正一	11
70~80	正正正一	16
80~90	正正正正一	21
90~100	一	1
合　计	—	50

从表3-9中可以看出：该班学生的统计学成绩良、中者居多；及格的学生较多；不及格和在90分以上的学生各有1人。可见，该班学生的统计学成绩分布有较明显的集中趋势。

知识拓展

我国古人将人口按年龄分组为：12岁以下为童年，12岁以上称为少年总角时代。20岁弱冠为青年。30而立，就进入了中年，40不惑，称为壮年，50而知天命，即为老年了。60花甲，70古稀，80、90岁耄耋之年，100岁颐之年……

现在一般情况下将人口按年龄划分为：婴儿0~0.6岁，幼儿0.6~2岁、儿童3~6岁、少年7~14岁、青年15~45岁、中年46~60岁、老年前期61~74岁、老年75~89岁、90岁以上老年长寿。

国际上通常将0~14岁称为少年人口，15~64岁称为壮年人口，65岁以上为老年人口。以人口总数为基数计算少年人口系数，壮年人口系数和老年人口系数，还以壮年人口数为基础计算抚养系数，即抚养系数＝（少年人口＋老年人口）/壮年人口，国际上还把15~24岁年龄段的人口称为青年人口。

三、次数分布的特征

（一）次数分布的表示方法

1. 表示法

即用统计表来表示次数分布，并列出次数、累计次数等的方法。

［**例3－7**］根据表3－9的资料可列成下表3－10的统计表：

表3－10　　某班50名学生的统计学考试成绩次数分布表

按成绩分组（分）	学生数人数		向上累计		向下累计	
	绝对数（人）	频率（%）	人数（人）	累计频率（%）	人数（人）	累计频率（%）
50～60	1	2	1	2	50	100
60～70	11	22	12	24	49	98
70～80	16	32	28	56	38	76
80～90	21	42	49	98	22	44
90～100	1	2	50	100	1	2
合　计	50	100	—	—	—	—

表3－10中：80～90分组的次数为21人，频率为42%，表示成绩在80～90分之间的学生共有21人，占了全班人数的42%；其他组类推。向上累计人数及频率是将各组人数及频率由变量值小的组向变量值大的组累计，各累计数的意义是各组上限以下的累计人数或累计频率。向下累计人数及频率是将各组人数及频率由变量值大的组向变量值小的组累计，各累计数的意义是各组下限以上的累计人数或累计频率。

2. 图示法

在编制变量数列时，为了更清晰、更直观地说明总体单位在各组中的分布情况，还可以利用变量数列绘制成次数分布图。

次数分布图就是用统计图形来表示次数分布情况的方法。这种方法能鲜明地表示总体单位的分布状态和规律性。常用的反映总体单位分布情况的统计图形有直方图、折线图和曲线图等。

（1）直方图。直方图是以横轴表示各组组限，纵轴表示次数（列在左方）或频率（列在右方），然后以各组组距为宽度与分布在各组的次数或频率为高度而绘制的次数分布图。根据表3－10的资料所绘制的直方图如图3－3所示。直方图的条形宽度与组距一致，条形高度与各组次数成正比例变化。遇到异距数列时，则以次数密度（单位组距内分布的次数，又称频数密度）表示条形的高度来绘制直方图以表示其分布。

（2）折线图。折线图是在直方图的基础上绘制的。它是在直方图的每个长方形顶端中点（即组中值）画一个小圆点，然后，将这些小圆点用直线依次连接而成的次数分布图。根据表3－10的资料绘制的折线图如图3－4所示。起点通常放在距左边第一组半个组距的横轴上，终点通常放在距右边最后一组半个组距的横轴上。

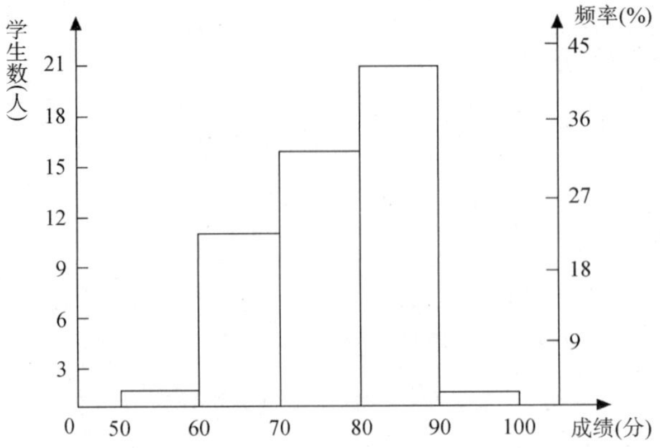

图 3－3　某班学生统计学成绩分布直方图

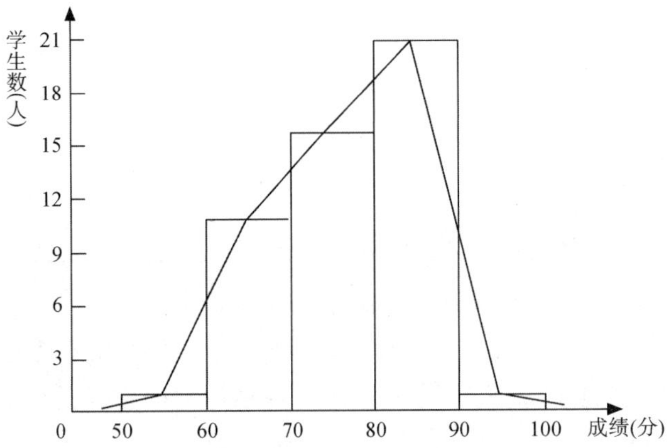

图 3－4　某班学生数学成绩分布折线图

（3）曲线图。当变量值非常多，变量数列的组数也无限增加时，折线就会越来越光滑，可近似地表现为一条平滑的曲线。可见，曲线图是组数趋于无限多时的折线图。曲线图的绘制与折线图相同，只是连接线是平滑的曲线，而不是线段。通过次数分布曲线图，可以显著地反映现象总体的分布特征和规律性。

（二）次数分布的特征

在社会经济统计中，不同性质的社会经济现象都有着特殊的次数分布，常见的有三种表现特征：钟型分布、U 型分布和 J 型分布。

1. 钟型分布

钟型分布是一种极为常见的次数分布。其特点是："两头小，中间大"。即较大变量值和较小变量值分布的次数较少，中间变量值分布的次数较多，并且以中心变量值为轴线两侧呈对称分布，宛如一口中央隆起、两边低垂的古钟。如图 3－5 所示①。人口的身高和体重，工人的日产量和工资、农民的纯收入、学生的成绩等的次数分布一般都属于钟型分布。

① 钟型分布具体可分为对称分布［如图 3－5（2）］和非对称分布［如图 3－5（1）、（3）］。在非对称分布中，又有不同方向的偏态，即右偏分布［如图 3－5（1）］和左偏分布［如图 3－5（3）］。

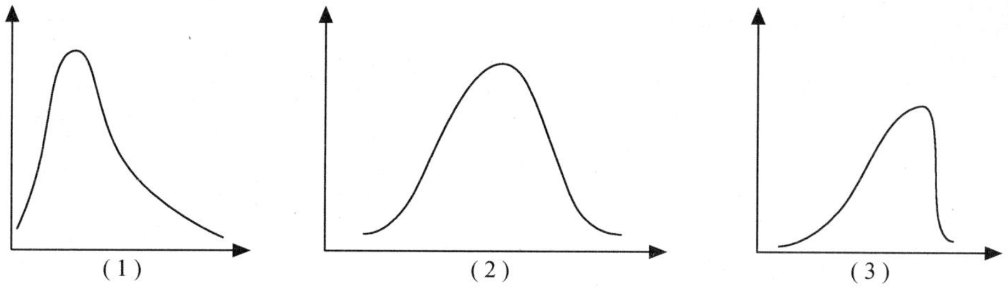

(1) (2) (3)

图 3－5 钟型分布图

2．U 型分布

U 型分布与钟型分布的特点正好相反。U 型分布的特点是："两头大，中间小"。即较大变量值和较小变量值分布的次数较多，中间变量值分布的次数则较少。据此绘制的图形恰似英文字母"U"，如图 3－6 所示。死亡人口的年龄分布就是一种 U 型分布。

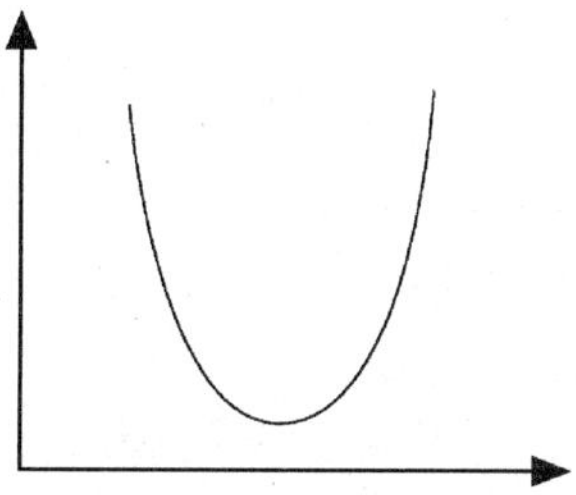

图 3－6 U 型分布图

3．J 型分布

J 型分布又有正 J 型和反 J 型两种类型。正 J 型分布是次数随着变量值的增大而增多的次数分布，据此绘制的曲线图形如英文字母"J"，如图 3－7（1）所示；反 J 型分布是次数随着变量值的增大而减少的次数分布，据此绘制的曲线图形如反写的英文字母"J"。如图3－7（2)所示。死亡老人的年龄分布就是一种正 J 型分布；我国目前人口的年龄分布就是一种反 J 型分布。

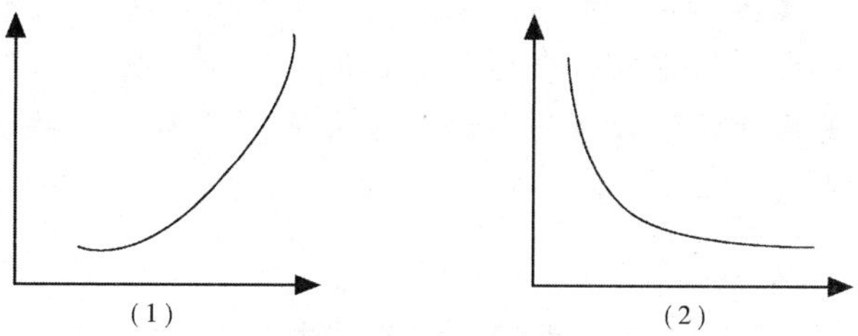

(1) (2)

图 3－7 J 型分布图

试一试： 试将本校（或学校所在地的某企业）职工的基本情况的调查结果进行汇总整理，并绘制成次数分布表，然后做简要分析、说明。

小 结

统计整理是指根据统计研究的目的，将统计调查所得到的大量原始资料，采用科学的方法进行加工整理、综合汇总，使其系统化、条理化，以得出反映现象总体综合数量特征的数字资料的工作过程。其步骤是：设计和编制统计资料的整理方案；对调查资料进行审核、订正；按一定的方式和方法对调查资料进行分组、汇总和计算；将汇总整理的结果编制成统计表（或绘制成统计图）。

统计分组是统计整理的关键，它是指根据被研究对象的内在特征和统计研究的目的，选择一定分组标志将统计总体划分为若干组成部分的一种统计方法。统计分组必须遵循的原则是：穷尽原则和互斥原则。统计分组的作用在于：划分社会经济现象的类型；研究总体内部的结构；分析现象间的依存关系。统计分组的关键问题是正确选择分组标志和划分各组的界限。而选择分组标志是统计分组的核心问题。统计分组既可按品质标志分组，也可按数量标志分组。既可进行简单分组，也可进行复合分组。

统计汇总是统计整理的核心。其组织形式可分为：集中汇总、逐级汇总、综合汇总、会审汇总。统计汇总的技术主要有手工汇总和电子计算机数据处理技术两种。

统计表是以纵横交叉的线条所绘制的表格来表现统计资料的一种形式，由总标题、横行标题、纵栏标题和数字资料四部分组成。从其内容看，统计表由主词栏和宾词栏两部分组成。此外，必要时可在统计表的下方加上表外附注，主要包括：补充资料、注解、资料来源、填表单位、填表人以及填表日期等。统计表设计的总要求是科学、实用、简练、美观。

在统计分组的基础上，将总体中所有单位按组归类整理，形成总体中各个单位数在各组间的分配，叫做次数分布。分布数列有两个构成要素：①总体按某一标志所分的组；②各组相应的单位数（次数），亦称频数。各组频数与总体单位总量之比就是频率。频率的数值介于0和1之间，各组频率之和等于1（或100%）。累计频数（频率）分为向上累计和向下累计。

变量数列有单项数列和组距数列之分。组距数列又可分为等距数列、异距数列和开口数列等。在组距数列中，各组两端的数值称为组限，其中数值大者称为上限，数值小者称为下限；组距是各组变量值之间的最大差距，即各组上限与下限之差。组中值是各组最中间位置的变量值，统计中常用它来代表各组变量值的一般水平。

统计表和统计图是显示统计数据的两种基本方式。次数分布的类型主要有钟型分布、U型分布和J型分布等。

复习思考题

1. 什么是统计整理？统计整理一般分几步进行？
2. 什么是统计分组？怎样进行统计分组？
3. 什么是简单分组？什么是复合分组？
4. 什么是统计分组体系？

5. 什么是分布数列？单项数列和组距数列的应用条件分别是什么？

6. 统计汇总有哪些组织形式和方法？

7. 某个人独资企业20名员工的有关资料见表3－11：

表3－11　　某个人独资企业员工资料表

员工序号	性别	年龄（岁）	文化程度	员工序号	性别	年龄（岁）	文化程度
1	男	20	高中	11	男	29	本科
2	女	20	专科	12	女	29	专科
3	男	22	专科	13	男	30	高中
4	男	23	中专	14	男	33	本科
5	男	23	高中	15	男	36	本科
6	女	25	中专	16	男	36	中专
7	女	26	中专	17	女	38	专科
8	男	26	中专	18	女	42	专科
9	男	27	高中	19	男	48	专科
10	女	28	中专	20	男	49	专科

要求：（1）按性别、文化程度分别编制品质分布数列；

（2）按年龄进行分组：20～30，30～40，40以上，并编制组距数列。

8. 某公司50名职工的月工资资料如下（单位：元）：

5200 6590 7580 5380 9810 10880 7560 11000 6210 6660 6650 9830
5860 7630 5670 8630 7560 7690 13800 7610 8990 7580 8880 6850
7690 7120 7610 7660 7560 8630 7630 8860 8550 7660 8750 7660
8770 8880 8690 9660 9850 6110 9670 9560 5660 9680 6470 12800
6680 7120

要求：编制组距数列，并绘制次数分布图。

第四章
综合指标

学习目标

通过本章的学习，要求了解总量指标的概念、作用及其计算，了解相对指标的意义和表现形式，了解平均指标的作用及位置平均数的概念和计算方法；理解总量指标的分类、相对指标的计算与应用，理解标志变异指标的概念和作用；掌握平均指标的概念、特点，掌握数值平均数、标志变异指标的计算及其应用。

本章重点：平均指标的概念与特点，相对指标、数值平均数与标准差的计算及其应用。

第一节 总量指标

一、总量指标的概念和作用

（一）总量指标的概念

总量指标是指反映现象总体在一定时间和空间条件下所达到的规模或水平的综合指标，又称总量数据或统计绝对数。它是最基本的统计指标。如一个国家或地区的人口数、粮食产量、财政收入等。总量指标数值的大小随统计研究范围的变化而变化。

（二）总量指标的作用

1. 总量指标是认识客观现象的起点

人们要想了解一个国家的国情国力或一个地区、部门、单位的人力、物力、财力等情况，首先必须准确地掌握这些现象总体在一定时间和空间条件下的规模或水平，然后才能进行其他对比分析和研究。

例如，《中华人民共和国 2017 年国民经济和社会发展统计公报》的数据显示，年末全国大陆总人口为 139008 万人，年末国家外汇储备 31399 亿美元；全年国内生产总值

827112亿元，公共财政收入172567亿元，粮食产量61791万吨，固定资产投资642238亿元，社会消费品零售总额366262亿元，货物进出口总额277923亿元人民币等。通过上述数据，能使我们对我国社会、经济等发展的概貌有一个基本的了解。

2. 总量指标是进行宏观调控、编制发展计划和实施经营管理的基本依据

国家为有效地保持经济、社会、科技等有计划且可持续、稳定、协调地发展，就必须及时了解国际、国内的有关基本情况，而这些基本情况主要是以总量指标的形式加以反映的，若无了解，其有效工作将无从谈起；市场主体要了解市场、适应市场，提高经营管理效益，就必须灵敏地掌握市场信息和熟知自身情况，而这些市场信息和自身情况也主要是以总量指标的形式出现的，若对此无了解，则实施有效的经营管理，也将无从谈起。

3. 总量指标是计算其他统计指标的基础

总量指标是最基本的统计指标，相对指标和平均指标一般都是根据两个有联系的总量指标对比计算出来的，是总量指标的派生指标。总量指标的计算是否科学、合理，将直接影响相对指标和平均指标的准确性。例如，人口性别比是相应的男性人口数与女性人口数之比，职工平均工资是一定时期的工资总额与相应的职工人数之商，发展速度是报告期水平与相应基期水平之比，增长量是报告期水平与相应基期水平之差，等等。

二、总量指标的种类

（一）按总量指标所反映的现象的内容不同，可分为总体单位总量和总体标志总量

总体单位总量即总体单位数，是总体内所有总体单位的个数。总体标志总量是总体内所有单位某一数量标志值之和。例如要了解我国工业企业的生产经营状况，总体是“全国所有的工业企业”，总体单位是“全国每一个工业企业”。“全国工业企业个数”就是总体单位总量，全国工业企业的“职工人数”“工业增加值”和“利税总额”等都是总体标志总量。

应当说明的是，一个总量指标究竟是总体单位总量还是总体标志总量，并不是固定不变的，随着研究目的和被研究对象的变化而变化。一个总量指标常常在一种情况下表现为总体标志总量，在另一情况下则表现为总体单位总量。需要特别指出的是，对一个确定的总体而言，总体单位总量是惟一的，而总体标志总量则可以有许多个。

（二）按总量指标所反映的时间状况不同，可分为时期指标和时点指标

时期指标反映现象总体在一定时期内所达到的规模或水平。如某地区的新增耕地面积、商品销售额、国内生产总值、财政收入等。时点指标是反映现象总体在某一时点（瞬间）上所达到的规模或水平。如年末银行存款余额、季末商品库存量、月末在册职工人数等。

为了正确理解和区分时期指标与时点指标，有必要弄清它们各自的特点：

第一，时期指标具有可加性，一定时期某指标的累计数表明现象在该时期内的发展过程的总量。如年利润额是年内各月利润额的累计数，年国内生产总值是年内各月国内生产

总值的总和等。时点指标不具有可加性，除在空间上或计算过程中可相加外，一般相加无实际意义。如年内各月月末在册职工人数之和不等于年末在册职工人数。

第二，时期指标数值的大小与时期长短密切相关，一般情况下时期越长指标数值越大。如某煤矿的年煤炭产量必定大于其年内某月的煤炭产量等。时点指标数值与时点间隔长短一般没有直接关系，如某单位年末在册职工人数不一定比年内某个月的在册职工人数多。

第三，时期指标的数值一般是通过连续登记而取得的，而时点指标不可能也没有必要进行连续性登记，一般只在需要时或现象发生变化时才加以统计。

（三）按总量指标所采用计量单位不同，可分为实物指标、价值指标和劳动量指标

实物指标是用实物单位计量的总量指标。实物单位是根据事物的属性和特点而采用的计量单位，主要有自然单位、度量衡单位和标准实物单位。自然单位是按照被研究现象的自然状况来度量其数量的一种计量单位，如人口以“人”为单位，汽车以“辆”为单位，牲畜以“头”为单位等。度量衡单位是按照统一的度量衡制度的规定来度量其数量的一种计量单位，如煤炭以“吨”为单位，棉布以“米”为单位，运输里程以“公里”为单位等。标准实物单位是按照统一折算标准来度量被研究现象数量的一种计量单位，如将各种不同发热量的煤统一折合成29.3千焦/公斤的标准煤单位计算其总量等。在统计中为了准确地反映某些事物的具体数量和相应的效能，有时用一种复合单位将两种计量单位结合在一起以乘积形式来表示事物的数量，如货物周转量以“吨公里”、发电量以“千瓦时”表示等。

价值指标是用货币单位计量的总量指标。货币单位是用货币“元”“美元”等来度量社会劳动成果或劳动消耗的计量单位，如国内生产总值、社会商品零售额、产品总成本等。相对于实物指标而言，价值指标具有广泛的综合能力。

价值指标从原则上说应是反映商品价值量的指标，而实际上是货币量指标。因为价值量不能计算，只能通过价格来体现，而价格围绕价值波动并不一定等于价值，价格只是价值的一种货币表现。因此，价值指标又称货币指标。

劳动量指标是用劳动量单位计量的总量指标。劳动量单位是用劳动时间表示的计量单位，如“工日”“工时”等。劳动时间是衡量劳动量的尺度。劳动量指标通常只限于企业内部或同行业之间使用。

知识拓展

度量衡：度—计量长短的用的器具称为度；量—测定计算容积的器皿称为量；衡—测量物体轻重的工具称为衡。度量衡的发展大约始于父系氏族社会末期。秦始皇统一全国后，推行“一法度衡石丈尺，车同轨，书同文字”，颁发统一度量衡诏书，制定了一套严格的管理制度，商代牙尺为中国2000多年封建社会的度量衡制奠定了基础。

三、总量指标的计算方法

（一）直接计算法

直接计算法是指对所研究的对象采用直接计量、点数等方法，登记各单位的具体数值并加以汇总，得到总量指标。如统计报表或普查中的总量指标，基本上都是采用直接计算法计算出来的。

（二）间接推算法

间接推算法是指采用社会经济现象之间的平衡关系、因果关系、比例关系或利用非全面调查资料对总量指标进行推算的方法。如利用样本资料推断某种农产品的产量、利用平衡关系推算某种商品的库存量等。

四、计算和应用总量指标应注意的问题

（一）明确规定每项指标的含义和范围

正确统计总量指标的首要问题是明确规定每项总量指标的含义和范围。如计算国民生产总值、国内生产总值、工业增加值等总量指标，首先应清楚这些指标的涵义、性质，才能据以确定统计范围、统计方法。要解决好这个问题，必须正确理解被研究现象的性质、含义，同时要熟悉党的方针政策和现行统计制度的有关规定，才能统一计算口径，正确计算出它们的总量。

（二）注意现象的同质性

总量指标的计算要注意现象的同质性，只有同质现象才能进行总量计算。同质性是由事物的性质或用途决定的。例如，我们可以把早稻、晚稻等看作一类产品来计算它们的总量，但不能把彩电、粮食与钢铁等混合起来计算。否则，即使能得出汇总结果，也无任何意义。在实际工作中，我们不要片面地要求现象的同质性，有些现象如计算货物运输工作量时，因为只统计所运货物的重量和距离，至于所运为何物，并不影响承运部门的工作成果等。

（三）正确确定总量指标的计量单位

具体核算总量指标时，究竟采用哪一种计量单位，应根据被研究现象的性质、特点以及统计研究的目的而定，应注意与国家统一规定的计量单位一致，以便于汇总并保证统计资料的准确性、可比性；同时还要注意保持与国际间的对比。

课堂讨论： 为什么说“对一个确定的总体而言，总体单位总量是惟一的，而总体标志总量则可以有许多个”？

第二节 相对指标

一、相对指标的意义和表现形式

（一）相对指标的意义

相对指标又称统计相对数，是指两个有相互联系的指标的比值，表明相关经济现象之间的数量对比关系。相对指标把用来对比的两个具体指标的数值加以概括或抽象化了，可以更深刻地说明现象间的联系，提供现象间共同比较的基础，在许多情况下，比总量指标说明的问题更深刻、更突出。相对指标在国民经济统计、计划和管理工作中以及国际间的对比中被广泛应用。

1. 相对指标便于进行对比分析

利用相对指标可以反映现象间的相互关联程度，进而对现象的相对水平、普遍程度、比例关系和内部结构等进行更深入的说明和分析。例如通过劳动者收入增长幅度的变化来研究其消费情况的变化，进而可以研究人们物质和文化生活水平的改善情况，见表4－1：

表4－1　城乡居民家庭人均收入及消费价格指数

年份	农村		城镇		
	人均年收入(元)	指数(1978＝100)	人均可支配收入(元)	指数(1978＝100)	居民消费价格总指数(％)
2008	4760.6	793.2	15780.8	607.4	98.5
2009	5153.2	860.6	17174.7	670.7	97.7
2010	5919.0	954.4	19109.4	752.5	98.6
2011	6977.3	1063.2	21809.8	815.7	100.0
2012	7916.6	1176.9	24564.7	895.4	101.9
2013	8895.9	1286.4	26955.1	965.2	102.7
2014	9892.0	1404.7	29381.0	1046.3	104.0
2015	10772.0	1510.1	31790.3	1146.7	105.1

资料来源：《中国统计年鉴2017》

2. 利用相对指标可以使不能直接对比分析的总量指标进行对比

例如，甲企业年利润1000万元，乙企业年利润100万元，能否得出甲企业的绩效一定比乙企业好的结论呢？不能。因为将该两企业的利润额直接比较，无法说明企业效益和效率问题，因为它们缺乏共同对比的基础。但如果采用资金利税率、劳动生产率等相对数据来比较，就能够说明企业效率的高低、效益的好坏等。

3. 相对指标是进行宏观经济管理和评价企业经济活动状况的重要指标

如经济适度增长率、产业结构、投资收益率等相对指标是国家对国民经济的速度、结构和效益进行监督、检查和管理的常用分析指标；产品合格率、劳动生产率、生产能力利用率、原材料消耗率等相对指标是企业评价生产经营状况的主要经济技术指标。

（二）相对指标的表现形式

相对指标的表现形式有两种：无名数和有名数。

无名数是一种抽象化的数值，一般以系数、倍数、成数、百分数等表示。系数和倍数是将对比的基数抽象化为 1 而计算的相对数。将两个指标数值进行对比计算时，若分子与分母的数值相差不大，则用系数表示，如积累系数、标准实物量折算系数等；若分子与分母的数值相差较大，则用倍数表示。成数是将对比的基数抽象化为 10 而计算的相对数，如今年的粮食产量比去年增长了 1 成，表示粮食产量增长了 1/10。百分数是将对比的基数抽象化为 100 而计算的相对数，它是相对指标中最常用的一种表现形式，用符号“%”表示。当对比的分母的数值很大时，一般要用千分数或万分数表示。如人口出生率、自然增长率等。

有名数主要用于部分强度相对指标，它将相对数中的分子与分母指标的计量单位同时保留，以表明事物的强度、密度和普遍程度等。例如人口密度用“人/平方公里”，人均粮食产量用“公斤/人”，产值利税率用“元/百元”等表示。可见，有名数通常是将两个对比指标的计量单位同时使用，以双重单位即复名数来表示。但有时也可用单名数表示，如商品流转次数用“次”。

二、相对指标的种类及计算方法

（一）计划完成相对数

计划完成相对数是指将总体在一定时期内某指标的实际完成数与相应的计划任务数相比，用以反映计划的完成情况的相对数。一般用百分数表示，故又称计划完成程度或计划完成百分比。其基本公式为：

$$计划完成相对数=\frac{实际完成数}{计划任务数}\times 100\% \qquad (4-1)$$

计划数是计划完成程度的基数，由于计划任务的下达或确定方式等不同，计划完成程度的计算方法也不同。

第一，当计划任务以绝对数形式出现，则可根据具体要求进行计算和分析。

（1）当计划执行期届满，检查计划是否达到预期目标时，可用计划期的实际完成数与同时期的计划任务数相比，直接代入公式 4-1 中进行计算，以说明当期计划执行情况的结果。

[**例 4-1**] 某企业计划年度实现利润 320 万元，实际实现利润 360 万元，则：

$$该企业利润的计划完成相对数=\frac{360}{320}\times 100\%=112.5\%$$

计算结果表明，该企业年度利润超额完成计划 12.5%（112.5% - 100%）。

（2）当计划执行至期内某一时间，看看计划是否均衡进行或按计划要求执行，以便及时发现问题，采取措施时，则应以计划期内的实际累计完成数与计划总任务数相比，计算计划执行进度来加以反映。

$$计划执行进度=\frac{自计划执行之日起至某一时间的实际完成累计数}{计划期计划任务累计数}\times 100\% \quad (4-2)$$

［例4-2］某企业计划年度实现利润320万元，1~9月份已实现利润256万元，则：

$$前三季度的计划执行进度=\frac{256}{320}\times 100\%=80\%$$

计算结果表明，该企业时间刚过四分之三，实际进度已完成计划的80%，从时间上讲，该企业实现全年计划利润的奋斗目标大有希望。如果全期计划任务已按期分解，则应以分解数字为对比标准加以说明。

第二，当计划任务以绝对数形式出现，且检查的是中长期计划执行情况时，由于计划的下达方式不同，检查计划执行情况的方法亦不同。

（1）水平法。当中长期计划的计划任务是以计划期末期应达到的水平来下达的，则应采用水平法计算和检查计划完成程度。其计划完成相对指标是将计划期最后一期（如五年计划的第五年）的实际完成数与计划期最后一期的计划任务数对比，计算公式为：

$$中长期计划完成相对数=\frac{计划期最后一期实际达到的水平}{计划期最后一期计划达到的水平}\times 100\% \quad (4-3)$$

［例4-3］某地区的“十三五”计划规定2020年的财政收入应达到500亿元，实际已达到550亿元，则：

$$财政收入五年计划完成相对数=\frac{550}{500}\times 100\%=110\%$$

说明该地区的财政收入超额10%完成“十三五”计划的任务。

检查中长期计划的完成情况，不仅要计算计划完成的程度，而且还要说明计划是否提前完成及提前完成的时间。

用水平法计算提前完成计划的时间，要分两种情况来考虑：一是当计划数为时期指标时，则以计划期内连续一年（可以跨年度）的实际完成数达到规定的末期计划任务数的时间为完成计划的时间，余下的时间即是提前完成计划的时间；二是当计划数为时点指标时，计划期内任一时点的实际数达到规定的计划数的时间为完成计划的时间，余下的时间则为提前完成计划的时间。前者如例4-3所示，若该地区的财政收入从2019年7月1日起到2020年6月底止即连续12个月的实际财政收入刚好达到计划规定的末期水平500亿元，则该地区财政收入的五年计划于2019年6月底完成，提前完成计划的时间为半年；后者如某银行计划规定居民存款余额在“十三五”计划末期要达到100亿元，而实际情况是2018年8月底该银行的居民存款余额就达到了100亿元，这说明该银行的居民存款任务提前两年零4个月就完成了。

（2）累计法。当中长期计划的计划任务是以整个计划期累计完成数下达的，则应采用累计法计算和检查计划完成程度。其计划完成相对数是将整个计划期内实际完成的累计数与计划任务累计数对比，计算公式为：

$$中长期计划完成相对数=\frac{计划期内实际完成累计数}{计划期内计划完成累计数}\times 100\% \quad (4-4)$$

［例4-4］某地区“十三五”计划规定五年内完成固定资产投资500亿元，五年内实际完成固定资产投资550亿元，则：

$$固定资产投资的五年计划完成相对数 = \frac{550}{500} \times 100\% = 110\%$$

说明该地区固定资产投资总额超额10%完成“十三五”计划。

用累计法计算提前完成计划的时间，是将计划期的全部时间减去自计划执行之日起至实际累计数达到计划累计任务数时止所剩余的时间。如例4-4所示，若该地区的固定资产投资计划自2016年1月份执行以来，累计到2020年6月底已投资了500亿元，则该地区固定资产投资总额的五年计划于2020年6月底完成，提前半年时间完成了“十三五”计划。

第三，当计划任务是以提高率、降低率等相对数形式出现时，则不能以实际的提高率或降低率直接除以计划的提高率或降低率，而应当包括原有的基数在内。其计算公式为：

$$计划完成相对数 = \frac{1 + 实际提高率}{1 + 计划提高率} \quad (4-5)$$

或 $$计划完成相对数 = \frac{1 - 实际降低率}{1 - 计划降低率} \quad (4-6)$$

[例4-5] 某厂生产A、B两种产品，计划单位生产成本分别较上期下降5%和1%。但由于原材料进价提高等原因的影响，A产品的实际单位生产成本较上期下降2%，B产品的实际单位生产成本较上期反而提高了1%，则：

$$A产品单位成本的计划完成相对数 = \frac{1-2\%}{1-5\%} = 103.16\%$$

$$B产品单位成本的计划完成相对数 = \frac{1+1\%}{1-1\%} = 102.02\%$$

计算结果说明，该厂A产品的单位生产成本较计划提高了3.16%，B产品也提高了2.02%，没有实现计划预定的目标。

第四，当计划任务以平均数形式出现时，则可根据下列公式计算：

$$计划完成相对数 = \frac{实际平均数}{计划平均数} \times 100\% \quad (4-7)$$

它适用于考核以平均数表示的技术经济指标的计划完成情况，如平均工资、单位生产成本等。如果知道了分子、分母的数值，就可直接代入公式4-7中进行计算。

无论是采用上述哪个公式，在计算和应用计划完成相对数时都应注意如下问题：

首先，计划完成相对数的分母必须是计划数，是期望值，而分子却是客观存在的数值，位置不能互换。同时，分子、分母要保持可比性，即分子、分母在指标涵义、计算口径、计算方法、计量单位及空间范围等方面应完全一致，否则无任何意义。

其次，要正确评价计划完成相对数。计划完成相对数不一定大于100%就好，要视计划指标本身的性质而定。如果计划指标是以最低限额指标规定下来的，如利润等成果性指标，计划完成相对数以大于100%为超额完成计划，等于100%为刚好完成计划，小于100%为未完成计划；如果计划指标是以最高限额指标规定下来的，如能耗等指标，在保证产品质量和性能的前提下，计划完成相对数应以小于100%为超额完成计划，等于100%表示正好完成计划，大于100%则表示未完成计划。

（二）结构相对数

1. 结构相对数的计算和应用

结构相对数是指在统计分组的基础上，将总体中的部分数值与总体总量对比而计算的相对数。它反映总体各组成部分在总体中所占的比重，通过比重来说明现象的内部结构。其计算公式为：

$$结构相对数 = \frac{总体中某部分的数值}{总体总量} \times 100\% \qquad (4-8)$$

[**例4-6**] 将2018年某省统计局城调队对全省10个城市高收入家庭抽样调查的有关资料整理见表4-2：

表4-2　　不同文化程度的人占高收入群体的比重

受教育程度	人　数（人）	比　重（%）
大学及以上	5235	53.07
中专、高中	3256	33.01
初中	1201	12.18
小学	172	1.74
合　计	9864	100.00

从学历角度看，具有大学及以上学历的高收入者占了城市高收入群体的50%以上，结合其他相关资料分析，硕士及以上学历者人均月收入已突破2万元，说明知识已经作为收入分配的一个要素在分配过程中发挥着重要的作用。从发展角度讲，高学历者在高收入群体中的比重将越来越大，人均收入也将越来越高。

结构相对数在统计研究中应用十分广泛，主要表现为以下三个方面：

（1）应用比重指标可以从现象的内部构成说明事物的性质和特征，如例4-6所示。

（2）反映现象总体内部构成的变化，说明现象的发展过程和发展趋势，甚至可以说明事物由量变到质变的过程，见表4-3：

表4-3　　我国国内生产总值产业比重变化表①

年　份	第一产业（%）	第二产业（%）	第三产业（%）
2011	9.4	46.4	44.2
2012	9.4	45.3	45.3
2013	9.3	44.0	46.7
2014	9.1	43.1	47.8
2015	8.8	40.9	50.2
2016	8.6	39.8	51.6
2017	7.9	40.5	51.6

资料来源：《中国统计年鉴2017》（按当年价格计算）、《中华人民共和国2017年国民经济和社会发展统计公报》

---

① 根据《国民经济行业分类》，三次产业范围划分如下：第一产业指农、林、牧、渔业；第二产业指采矿业，制造业，电力、燃气及水的生产和供应业，建筑业；第三产业包括交通运输、仓储和邮政业，信息传输、计算机服务和软件业，批发和零售业，住宿餐饮业，金融与房地产业，商业服务业，科技服务业，地质勘查业，水利、环保和公共设施保护业，居民服务和其他服务业，教育、卫生、社会保障和社会福利业，文化、体育和娱乐业，公共管理和社会组织，国际组织等。

表 4 - 3 的资料表明：我国第一产业创造的国内生产总值比重呈不断下降的趋势，而第二产业和第三产业创造的国内生产总值比重则呈不断上升的趋势，说明我国产业结构正朝良性方向发展，基本顺应了我国经济发展正处在工业化阶段的趋势。到 2013 年，我国第三产业国内生产总值所占比重首次超过了第二产业。

（3）用结构相对数可以反映人力、物力和财力的利用程度，判断事物的质量。如出勤率、设备利用率、产品合格率、商品损耗率和资金使用率等。

2. 计算和应用结构相对数应注意的问题

（1）必须根据统计研究的目的，对被研究总体进行科学的统计分组，才能正确计算结构相对数。

（2）结构相对数是在同质总体中计算的，其分子的数值必须是分母数值中的一部分，而不能是总体以外的其他资料。因结构相对数是在同一基数（总体总量）的基础上计算的，所以各部分的比重之和必定等于 1 或 100%。

（三）比例相对数

1. 比例相对数的计算和应用

比例相对数是指总体中的某一部分数值与另一部分同类现象的数值的比。它反映总体各部分之间的数量比例关系和协调平衡状况，一般用倍数或百分数表示。其计算公式为：

$$比例相对数 = \frac{总体中某一部分数值}{总体中另一部分数值} \tag{4-9}$$

［例 4 - 7］根据我国六次人口普查数据所计算的人口性别比例见表 4 - 4。

表 4 - 4　　我国六次人口普查性别比（以女性为 100）

	1953 年	1964 年	1982 年	1990 年	2000 年	2010 年
总人口（万人）	58260	69458	100818	113368	126583	133972
男	30190	35652	51944	58495	65355	68685
女	28070	33806	48874	54873	61228	65287
性别比	107.56	105.46	106.28	106.60	106.74	105.20

资料来源：《中国统计年鉴 2013》

应用比例相对数可以在同类现象之间进行比较，以判断总体中各部分之间的比例关系是否合理。例如正常的、合理的人口性别比例应该是 1∶1，与之对比就可判断出我国目前大陆人口的性别比例不太合理。同时，通过比例相对指标还可以调控宏观国民经济及微观企业管理中的各种比例关系，使各方面均能协调稳步地发展。如农轻重之间的比例、积累与消费之间的比例、生产人员、技术人员与管理人员之间的比例等。

2. 计算和应用比例相对数应注意的问题

（1）分子和分母必须是同一总体内同一时间同类现象不同部分的数值。

（2）如果要反映总体中若干部分之间的比例关系，也可以采用连比的形式。如根据表 4 - 3中 2017 年我国第一、第二、第三产业国内生产总值计算的比例相对数为 1∶5.12∶6.5。

（四）比较相对数

1. 比较相对数的计算和应用

比较相对数是指同一时间不同总体之间的同类指标数值的比值。它反映同类现象在不同空间、不同条件下的数量对比关系，一般用百分数或倍数表示。其计算公式为：

$$比较相对数 = \frac{某总体的某指标数值}{另一总体的同类指标数值} \tag{4-10}$$

一般来说，比较相对数应以指标数值小的作为对比的基数，但其分子和分母可以互换对比。

[例4－8] 2016年我国出口贸易额为20982亿美元，美国为14546亿美元，俄罗斯为2818亿美元[①]，

则：$中国与美国的比较相对数 = \frac{20982}{14546} = 144.25\%$

$中国与俄罗斯的比较相对数 = \frac{20982}{2818} = 7.44倍$

计算结果表明：2016年我国的出口贸易额为美国的144.25%，为俄罗斯的7.44倍；同样，比较相对数也可以用来反映不同地区或单位之间的差异程度。

[例4－9] 第六次人口普查资料显示，香港特别行政区人口为7097600人，澳门特别行政区人口为552300人[②]，则香港的人口是澳门的12.85倍，或者说澳门的人口是香港的7.78%。

2. 计算和应用比较相对数应注意的问题

（1）用来对比的指标可以是数量指标，也可以是质量指标。

（2）在实际工作过程中，对比的基数应根据不同的研究目的来决定。它可以是先进水平、落后水平，也可以是标准水平和主要观察水平等。

（五）强度相对数

强度相对数是指两个性质不同但又有联系的总量指标的比值，用来表明现象发展的强度、密度和普遍程度。一般用有名数表示，其计算公式为：

$$强度相对数 = \frac{某一总量指标数值}{另一性质不同但有联系的总量指标数值} \tag{4-11}$$

[例4－10] 2017年我国国内生产总值为827122亿元、粮食产量为61791万吨，[③] 当年年末人口数为139008万人，则：

$$人均国内生产总值 = \frac{国内生产总值}{人口数} = \frac{827122亿元}{139008万人} = 59501元/人$$

$$人均粮食产量 = \frac{粮食产量}{人口数} = \frac{61791万吨}{139008万人} = 444.51公斤/人$$

---

① 《中国统计年鉴2017》。

② 《第六次全国人口普查主要数据公报》（第1号）。

③ 《中华人民共和国2017年国民经济和社会发展统计公报》。

强度相对数常用复名数表示，如例4-10所示。但有时也用无名数表示，如商品流通费用率用百分数表示、人口出生率用千分数表示等。

有些强度相对数的分子与分母可以互换，因而强度相对数有正指标与逆指标之分。凡强度相对数的数值与现象的发展程度或密度成正比的，叫正指标；成反比的，叫逆指标。

［**例4-11**］2017年年末，我国共有卫生机构99.5万个，床位785万张，卫生技术人员891万人①。则：

$$卫生机构密度=\frac{卫生机构个数}{人口数}=\frac{99.5\text{ 万个}}{139008\text{ 万人}}=7.16\text{ 个/万人}$$

计算结果说明，每万人有7.16个卫生机构为其服务；同理可以计算出每千人有5.64张床位和6.41个卫生技术人员为其提供服务。该类指标数值越大，说明服务环境越好，是正指标。

$$卫生机构密度=\frac{人口数}{卫生机构个数}=\frac{139008\text{ 万人}}{99.5\text{ 万个}}=1400\text{ 人/个}$$

计算结果说明，每个卫生机构能为1400人服务；同理可以计算出每张床位能为177人、每位卫生技术人员能为156人服务。该指标数值越大，说明卫生服务环境和条件越差，是逆指标。

强度相对数具有“平均”的意义，但不是平均数。强度相对数的应用主要表现为以下三个方面：

（1）反映社会经济现象的分布密度、普遍程度或社会服务水平。如人口密度、商业网密度、医疗网密度等。

（2）分析一个国家或地区经济实力的强弱程度。如人均国民生产总值、人均主要产品产量等，这类指标已消除了人口规模的影响，表示按人口分摊后的平均水平，它能表明一个国家或地区经济实力的强弱程度。

（3）分析研究企业的经济效益。如资金利税率、商品流通费用率等。

知识拓展

综合国力（Comprehensive National Strength）是衡量一个国家基本国情和基本资源最重要的指标，也是衡量一个国家的经济、政治、军事、文化、科技、教育、人力资源等实力的综合性指标。

我们将国家战略资源划分为八类资源（国土面积、国土资源总量、人口总量和质量、经济总量、科技发展水平、国民生活水平、国防力量、人们受教育程度等）和23个指标（软指标还有：社会意识形态，国民觉悟等等），这些指标的总和构成了综合国力。如何界定和衡量一个国家综合国力或战略资源，国际上尚无统一的定义和计算方法。

（六）动态相对指标

动态相对指标是指现象的某一指标不同时期的数值之比，说明现象在时间上的发展方

① 《中华人民共和国2017年国民经济和社会发展统计公报》。

向和变化程度，又叫发展速度。通常把作为对比标准的时期叫基期，把同基期对比的时期叫报告期。计算结果一般用百分数表示，其计算公式为：

$$动态相对数=\frac{报告期指标数值}{基期指标数值}\times 100\% \qquad (4-12)$$

有关动态相对数的详细内容将在本教材第五章和第六章做专门介绍。

三、计算和应用相对指标的原则

（一）正确选择对比基数

相对指标的基数是进行对比的依据和标准，对比基数选择是否合理，直接影响着对比的结论。因此，在选择对比基数时，应从现象的性质、特点出发，并结合分析研究的目的来考虑所选择的对比基数的时期、范围、对象等。

例如，把我国有关人均GDP等指标与经济与社会发达的美国、日本等国家对比的结果和与欠发达的朝鲜、印度、非洲各国对比的结果的结论是不一样的。

（二）保证分子、分母的可比性

相对指标的可比性是指用来对比的分子与分母的内容、计算范围、计算方法、计量单位、计算价格以及资料所属时间等方面要保持一致。保证分子、分母的可比性，是计算相对指标的关键问题，是进行对比分析的前提条件。

例如，某企业年度计划生产A、B两种产品，后因市场变化的需要而增加了C产品的生产。此时，年度原计划数中尚未包括C产品，那么，在计算其计划完成相对数据时该C产品的有关数值能否直接纳入公式的分子中？这是我们必须要考虑的问题。

（三）相对指标与总量指标结合运用，且相对指标不能在较小基数上计算

由于总量指标与相对指标的作用不同，为了对现象总体有一个比较具体、完整的认识和深入的分析，我们应将两者结合起来应用，否则我们的结论是片面的，甚至有可能是错误的。

例如，某厂质检员抽查送检产品中的3件，结果有1件为不合格品，能否因此得出送检产品中有33.3%的为不合格品的结论呢？若抽查送检产品中的3件产品经检验均合格，又能否得出其送检产品或全部产品均合格的结论呢？答案是否定的。

（四）各种相对数要结合应用

不同的相对数都是从某一个侧面来说明现象间的数量对比关系的，而现象间及现象内部的相互关系往往是错综复杂的，而且这些关系随时都在发生变化。因此，在实际统计工作中，只利用某一种相对数对现象总体进行分析研究是不能满足需要的，必须根据所掌握的资料灵活应用各种相对数，从不同角度去观察和分析，才能对所研究的现象总体有一个比较全面、正确的认识。

例如，在研究企业的生产经营情况时，我们不仅关注其产品产量、销售收入、利税额

等总量指标，而且更关注其利税率、劳动生产率、资金周转速度等。同时，我们还需将这些指标结合起来应用，只有这样才能得出正确的分析结论。

> **课堂讨论：** 如何正确理解“保证相对数分子、分母的可比性”？对六种相对数而言，其具体要求是否一样？

第三节 平均指标

一、平均指标的概念和特点

（一）平均指标的概念

平均指标是指反映同类现象总体各单位某一数量标志在一定时间、地点条件下所达到的一般水平的综合指标，又称平均数。例如：平均价格、平均工资、单位成本、单产水平等。总体各单位的标志值往往参差不齐，有高有低。如某学习小组有 10 名学生，本学期《统计基础知识》期中考试的成绩分别为 97、72、68、70、71、71、70、71、68、70 分。由于每人的成绩有高有低，差别较大，我们既不能用最高分 97 分来代表该学习小组的一般水平，也不能用最低分 68 分来代表其一般水平，更不能用总成绩来反映，而只能采用其平均水平来反映，即将这 10 个同学《统计基础知识》的成绩进行平均，以平均成绩来反映该学习小组该课程期中考试的一般水平。

同质总体各单位的数量标志值参差不齐，这决定于许多因素。其中有些因素是起决定作用的基本因素，有些是起辅助作用的偶然因素。在统计研究中，为了排除偶然因素的影响，反映基本因素的作用，就需要计算平均指标以反映同质总体数量标志的一般水平。

在社会经济统计工作中，常用的平均指标有算术平均数、调和平均数、几何平均数、中位数和众数等。前三者是根据所有单位的标志值计算的，称为数值平均数；后两者主要是根据某些单位的标志值所处的位置来确定的，称为位置平均数。本章所讲述的这五种平均数，都是最常用的，但在不同的场合及因各种平均数的性质不同，在计算和应用这些平均数时要理解并掌握其特点和计算方法。

（二）平均指标的特点

1. 平均指标是一个抽象化数值

平均指标作为同类现象在一定时间、地点条件下所达到的一般水平，是以同质总体各单位的数量标志值为依据，并对它们的数量差异进行科学抽象而得出的。它能概括性地反映现象总体的一般水平。

2. 平均指标是一个代表性数值

平均指标是根据同质总体各单位某一数量标志的标志值计算的，代表总体各单位该数量标志表现的一般水平。其代表性的大小取决于被平均的标志值的差异程度的大小。

从绝大多数现象的分布来看，总体单位是以平均数为中心两边渐近均匀分布的，因而其标志值也是以平均数为中心左右波动的。在现象总体中，距离平均数越近，出现单位数越多；距离平均数越远，出现单位数越少，并且比平均数大的标志值和比平均数小的标志值的单位数大体相等，形成正负离差相互抵消。因而平均数能反映总体分布的集中趋势。

二、平均指标的作用

第一，利用平均指标可以对比同类现象在不同地区、不同单位间的一般水平，以表明现象水平的高低和效益的好坏。平均指标反映的是总体各单位某数量标志的一般水平，它不受总体单位多少的影响，适宜于同类现象在不同总体间的对比。例如，在研究甲、乙两相邻城市职工的收入水平和生活水平时，因两城市的职工人数不同，若比较职工工资总额，则无多大意义。如果将职工的平均工资进行对比，则可反映两城市职工的工资水平和生活差异，因为平均工资消除了人数规模的影响。

第二，利用平均指标反映同一总体在不同时间上发展变化的趋势或规律性。例如，我国人民生活水平不断提高的趋势，可以通过全国居民收支水平不断提高的变化反映出来，见表4－5：

表4－5　全国居民人均收支情况

年　份	人均可支配收入（元）	人均消费支出（元）
2013	18310.8	13220.4
2014	20167.1	14491.4
2015	21966.2	15712.4
2016	23821.0	17110.7
2017	25974.0	18322.0

资料来源：《中国统计年鉴2017》《中华人民共和国2017年国民经济和社会发展统计公报》

第三，利用平均指标可以分析现象之间的依存关系。例如，随着我国职工平均工资水平的提高，居民的生活水平也不断提高：人们在解决温饱问题后，逐渐向吃好方面发展，即人均粮食消费量呈下降趋势，肉、蛋、水产品等消费品的消费量呈上升趋势，见表4－6：

表4－6　职工平均工资与城镇居民家庭人均年主要商品购买量

年　份	1985	1990	1995	2000	2005	2010	2016
职工平均工资（元）	1148	2140	5348	9333	18200	36539	41206.7
粮食（千克）	134.76	130.72	97.00	82.31	76.98	81.53	132.8
牛羊肉（千克）	2.04	3.28	2.44	3.33	3.71	3.78	3.3
水产品（千克）	7.08	7.69	9.2	9.87	12.55	15.21	11.4
鲜蛋（千克）	6.84	7.25	9.74	11.21	10.40	10.00	9.7

资料来源：《中国统计年鉴2017》

第四，根据平均指标可以推断其他相关的统计指标。例如，利用某市职工的样本平均工资可以推断该市职工总体的平均工资和工资总额等。

三、平均指标的形式

各种平均数的基本涵义、计算方法和应用条件各不相同，在计算和应用时应视应用场合和各种平均数的性质而定。

（一）算术平均数

算术平均数是统计中最常用的一种平均指标。凡是总体各单位的标志值之和等于总体的标志总量的，均可使用算术平均数来反映总体的一般水平。算术平均数通常用“$\bar{x}$”表示，它的基本形式是：同一总体的某标志总量除以相应的总体单位总量。用公式表示为：

$$算术平均数=\frac{总体标志总量}{总体单位总量}=\frac{总体各单位某一数量标志值之和}{总体单位数}$$

上式中的分子、分母是同一总体中的两个指标，而且总体单位总量是计算总体标志总量的标志值的个数，两者存在严格的一一对应的数量依存关系，即分子的数值是对应分母上的数量标志表现，且分子、分母不能互换位置。这是平均指标与相对指标（特别是强度相对指标）的区别所在。

在具备同一总体（或各组）的标志总量和单位总量的情况下，可以直接利用上述基本公式计算平均数。如已知某企业职工的月工资总额和相应的职工人数，则直接用其月工资总额除以职工人数就可以得到该企业职工的月平均工资。

但在实际工作中，由于掌握的资料的不同，一般并不按算术平均数的基本公式直接计算，而是采用简单算术平均数和加权算术平均数两种形式分别计算。但无论采用哪种算式，均离不开算术平均数的基本公式。

1. 简单算术平均数

在总体单位数较少，而且已知各单位数量标志值的情况下，可将总体各单位的标志值简单加总得出总体标志总量，再除以总体单位数来计算平均数。这种计算平均数的方法，称为简单算术平均数。其计算公式为：

$$\bar{x}=\frac{x_1+x_2+x_3+\cdots+x_n}{n}=\frac{\sum x}{n} \qquad (4-13)$$

式中：x 为变量值，即各单位的标志值；

n 为总体单位的个数，即总体单位总量；

$\sum$ 为求和符号。

［**例 4-12**］为便于说明起见，假设某学习小组有 10 名学生，本学期《统计基础知识》期中考试的成绩分别为 97、72、68、70、71、71、70、71、68、70 分。则该学习小组 10 名学生的《统计基础知识》期中考试的平均成绩为：

$$\bar{x}=\frac{x_1+x_2+x_3+\cdots+x_n}{n}$$

$$=\frac{97+72+68+70+71+71+70+71+68+70}{10}=\frac{728}{10}=72.8\ （分）$$

不难看出，简单算术平均数只受变量值 x_i 的影响。由于它易受极端数值影响，在统计分析中为了正确地反映现象总体的一般水平，当现象总体出现极端数值时，有时需要剔除个别极端数值。如体育比赛、歌诵比赛等为了避免个别评委由于某种原因故意压低或抬高评分，通常采用去掉一个最高分和一个最低分，再来求平均值的办法，以便正确地反映参赛人员的成绩。本例中第一位同学的分数就对平均数的大小产生了明显的影响，因为其他同学中的最高分也只有72分，而平均分却达到72.8分。

2. 加权算术平均数

在实际工作中，由于总体单位数往往比较多，变量值的变动范围较大，其中某些单位的变量值又有重复出现的情况，我们所掌握的资料常常是已经分组的变量数列，如果采用简单算术平均数的方法来进行计算几乎不可能。因此，根据变量数列计算算术平均数就要采用加权方法。如果变量数列为单项式变量数列，该方法是将各组的标志值乘以相应的单位数求出各组标志总量，并加总各组标志总量得到总体标志总量，然后除以各组单位数之和的结果。其计算公式为：

$$\bar{x} = \frac{x_1f_1 + x_2f_2 + \cdots + x_{n-1}f_{n-1} + x_nf_n}{\sum f} = \frac{\sum xf}{\sum f} \tag{4-14}$$

式中：x 表示各组的变量值

f 表示各组的单位数（次数、频数）

[例4-13] 某汽车制造厂第五车间100名工人日产某零件的分配数列见表4-7。

表4-7

日产量（件）x	工人数（人）f	日总产量（件）xf
10	8	80
11	19	209
12	38	456
13	22	286
14	13	182
合　计	100	1213

根据表4-7的资料计算该厂第五车间工人日产某零件的平均数，应先将各组的日产量乘以相应的工人人数，得出各组工人的日产量，再将各组的日产量相加，得到该厂第五车间工人生产某零件的日总产量，然后除以生产该零件的工人总数。其计算过程如下：

$$\text{平均日产量：}\bar{x} = \frac{x_1f_1 + x_2f_2 + \cdots + x_{n-1}f_{n-1} + x_nf_n}{f_1 + f_2 + \cdots + f_{n-1} + f_n}$$

$$= \frac{10 \times 8 + 11 \times 19 + 12 \times 38 + 13 \times 22 + 14 \times 13}{8 + 19 + 38 + 22 + 13}$$

$$= \frac{1213}{100} = 12.13\ (\text{件})$$

从上述计算过程可以看出，加权算术平均数公式中的 f 就是数列中变量值（标志值）重复出现的个数或次数，我们称之为权数。之所以叫权数，是因为在变量值的变化范围和总次数一定的条件下，分布在变量值大的组的次数多，平均数的数值偏大，即平均数接近该变量值；分布在变量值小的组的次数多，平均数的数值偏小。可见次数的多少及其在总体中的分布对平均数的大小起着权衡轻重的作用。权数的大小直接影响着变量值在总量中的地位，从而影响变量值在平均数中所占的份额（后面的比重权数更确切地说明了这一点）。

需要注意的是，权数不是外来的、强加在各组标志值上面的，而是与各组标志值有着内在联系的因素，即标志值与其存在一一对应的数量依存关系。如果各组次数（权数）完全相等，即：$f_1=f_2=\cdots=f_{n-1}=f_n$，则各组的次数也就失去了权衡轻重的作用，加权算术平均数就转化为简单算术平均数了。即：

$$\bar{x}=\frac{\sum xf}{\sum f}=\frac{f\sum x}{\sum f}=\frac{f\sum x}{nf}=\frac{\sum x}{n}$$

可见，简单算术平均数其实就是权数相等时的加权算术平均数。当变量数列中各组次数相等时，可直接用简单算术平均数的形式计算平均数，即用各组标志值之和除以组数即可。严格讲，算术平均数没有不加权的，简单算术平均数实际上是权数为“1”的特殊算术平均数。

在实际生活中，权数可以是绝对数，也可以是相对数（即各组次数在总次数中所占的比重），且相对数权数更能体现权数的实质。现将公式 4-14 变形得：

$$\begin{aligned}\bar{x}&=\frac{x_1f_1+x_2f_2+x_3f_3+\cdots+x_nf_n}{\sum f}\\&=\frac{x_1f_1}{\sum f}+\frac{x_2f_2}{\sum f}+\frac{x_3f_3}{\sum f}+\cdots+\frac{x_nf_n}{\sum f}\\&=x_1\frac{f_1}{\sum f}+x_2\frac{f_2}{\sum f}+x_3\frac{f_3}{\sum f}+\cdots+x_n\frac{f_n}{\sum f}\\&=\sum\left(x\cdot\frac{f}{\sum f}\right)\end{aligned}\qquad(4-15)$$

式中：$\frac{f}{\sum f}$是权数，表示各组的单位数在总体中所占的比重。

[例 4-14] 承例 4-13，如果表 4-6 中的工人人数资料未知，而已知各组工人人数在工人总数中的比重，见表 4-8：

表 4-8

日产量（件）x	各组工人人数所占比重 $\left(\frac{f}{\sum f}\right)$	$x\cdot\frac{f}{\sum f}$
10	0.08	0.8
11	0.19	2.09
12	0.38	4.56
13	0.22	2.86
14	0.13	1.82
合　计	1.00	12.13

根据表4－8中的资料计算算术平均数，应先将各组变量值与相应比重权数相乘，得到这个变量值在平均数中的份额，然后把所有份额相加即可求得第五车间工人日产某零件的平均数。

$$\bar{x} = \sum x \cdot \frac{f}{\sum f}$$

$$= 10 \times 0.8 + 11 \times 0.19 + 12 \times 0.38 + 13 \times 0.22 + 14 \times 0.13 = 12.13 \text{（件）}$$

计算结果表明，对于同一资料，用绝对数权数和相对数权数计算出来的平均数，其结果完全一致。至于在什么情况下采用绝对数权数，在什么情况下采用相对数权数，要根据所掌握的具体资料来确定。

上述计算加权算术平均数的公式是在掌握单项式变量数列的条件下采用的。如果所掌握的资料是组距数列，则应先求出各组变量值的组中值，并用其代替各组变量值，然后按单项式数列求算术平均数的方法计算平均数。由单项式变量数列计算算术平均数，实际上是就各变量值本身计算的平均数，计算结果是准确的。由组距数列计算算术平均数，对每一具体变量值来说，其本身的数值大小在次数分配表上均已失去价值。因此，须假定任一组的所有数值，均位于组中值。这种假定实际上是设想各组数值在该组内形成均匀分布。

[例4－15] 某班本学期《统计基础知识》期中考试的成绩分组资料见表4－9。

表4－9

成绩（分）	人数（人）f	计算栏	
		组中值 x	xf
60以下	3	55	165
60～70	12	65	780
70～80	25	75	1875
80～90	15	85	1275
90以上	5	95	475
合　计	60	—	4570

因所掌握的资料是各组的上下限和对应的各组单位数，而未掌握具体的标志值，所以应根据表4－9中第一栏的资料先计算出各组的平均成绩（组中值），然后将组中值作为变量值 x 代入公式4－14中，则该班的平均成绩为：

$$\bar{x} = \frac{\sum xf}{\sum f} = \frac{4570}{60} = 76.17\text{（分）}$$

在组距数列中，是采用组中值代替各组标志值来计算算术平均数的，而代表各组标志值平均水平的组中值是假定各组标志值在组内呈均匀分布或对称分布的，此时各组变量值的平均值恰好等于各组的组中值。但这与客观实际往往存在一些偏差。因此，根据组距数列计算的平均数有一定的假定性，是一个近似值。

思考：在实际经济工作中，经常需要把一些品质标志的性质差别数量化，通过计算这些品质标志的一般水平来反映其质量水平。如同批次的产品往往因为自然条件、生产工人的技术和操控等原因导致产品出现质量上的差别，因而有必要将这些产品区分为不同的等级；一项工作、一个工程或一件产品等，其质量的优劣往往表现在许多方面，需要从不同的角度上进行评价（如小汽车的质量主要表现在其性能、价格、外观等方面；电源设备的精度、失真度、平衡度、转换时间、动态反应等）。在对现象进行具体评价时，其品质特征有的可以量化，有的却不能量化，这就需要我们进行综合评价。那么，诸如此类现象的品质标志的平均水平是如何计算的？

3. 算术平均数的数学性质

（1）总体各单位标志值与其算术平均数的离差之和等于零。即：

简单算术平均数：$\sum(x-\bar{x})=0$

加权算术平均数：$\sum(x-\bar{x})f=0$

即算术平均数用来代表个别单位的标志值固然存在误差，但用来代表总体或分布数列的一般水平，却是没有误差的，因为它与个别单位标志值的正、负离差恰好相互抵消，从而使得离差总和等于零，也就是说，所有单位的标志值都用算术平均数代替之后再加总起来，仍然等于原来的总体标志总量。

（2）总体各单位标志值与算术平均数的离差平方和为最小值。即：

简单算术平均数：$\sum(x-\bar{x})^2=$ 最小值

加权算术平均数：$\sum(x-\bar{x})^2f=$ 最小值

即各标志值与任意不为平均数的数值为中心计算的离差平方和总大于与平均数为中心计算的离差平方和，从这一角度看，它是总体最好的代表值。

上述两个基本性质是进行趋势预测、回归预测时建立数学模型的重要数学理论依据。

4. 算术平均数的简捷计算法

在计算算术平均数时，如果被平均的标志值和权数较大或有小数时，计算起来就比较繁杂。为简化计算过程起见，可采用简捷法来计算。下面介绍几种常用的简捷计算方法。

（1）总体中每一个被平均的标志值都加上或减去一个任意常数 x_0，那么其平均数也将加上或减去该常数 x_0，即：

简单算术平均数：

$$\frac{\sum(x\pm x_0)}{n}=\bar{x}\pm x_0,\qquad \bar{x}=\frac{\sum(x\pm x_0)}{n}\mp x_0 \tag{4-16}$$

加权算术平均数：

$$\frac{\sum(x\pm x_0)f}{\sum f}=\bar{x}\pm x_0,\qquad \bar{x}=\frac{\sum(x\pm x_0)f}{n}\mp x_0 \tag{4-17}$$

式中：x_0 一般为接近算术平均数的任意常数，在组距数列中通常为中间组的组中值。

[例 4-16] 承例 4-15，平均成绩的简捷计算法见表 4-10（$x_0=75$ 分）：

表 4－10

成绩（分）	人数（人）f	计算栏		
		组中值 x	$x-x_0$	$(x-x_0)\cdot f$
60以下	3	55	－20	－60
60～70	12	65	－10	－120
70～80	25	75	0	0
80～90	15	85	10	150
90以上	5	95	20	100
合　计	60	—	—	70

将表4－10中的资料代入公式4－17中计算的该班的平均成绩为：

$$\bar{x}=\frac{\sum(x-x_0)f}{n}+x_0=\frac{70}{60}+75=76.17(\text{分/人})$$

可见，采用公式4－17与4－14计算的平均数的结果是一致的，但此方法并非最简单。在实际应用时，还须将计算过程进一步简化。

（2）总体中每一个被平均的标志值都乘以或除以某任意常数 d，则其平均数也要乘以或除以该常数 d，即：

简单算术平均数：

$$\frac{\sum x\cdot d}{n}=\bar{x}\cdot d,\qquad \bar{x}=\frac{\sum x\cdot d}{n}\div d \tag{4-18}$$

$$\frac{\sum\frac{x}{d}}{n}=\frac{\bar{x}}{d},\qquad \bar{x}=\frac{\sum\frac{x}{d}}{n}\times d \tag{4-19}$$

加权算术平均数：

$$\frac{\sum x\cdot d\cdot f}{\sum f}=\bar{x}\cdot d,\qquad \bar{x}=\frac{\sum x\cdot d\cdot f}{\sum f}\div d \tag{4-20}$$

$$\frac{\sum\frac{x}{d}\cdot f}{\sum f}=\frac{\bar{x}}{d}\qquad \bar{x}=\frac{\sum\frac{x}{d}\cdot f}{\sum f}\times d \tag{4-21}$$

式中，d 一般为标志值 x 的公倍数或公约数。

现将前两种简捷计算法结合起来，可得如下一般简捷计算公式：

$$\bar{x}=\frac{\sum\frac{(x-x_0)}{d}\cdot f}{\sum f}\times d+x_0 \tag{4-22}$$

以上公式看起来复杂，用起来却很简单，现举例说明。

［**例4－17**］承例4－15，平均成绩一般简捷计算法见表4－11：

表 4－11

成绩（分）	人数（人）f	计算栏			
		组中值 x	$x-x_0$	$\frac{x-x_0}{d}$	$\frac{x-x_0}{d}\cdot f$
60 以下	3	55	－20	－2	－6
60～70	12	65	－10	－1	－12
70～80	25	75	0	0	0
80～90	15	85	10	1	15
90 以上	5	95	20	2	10
合　计	60	—	—	—	7

注：x_0 取组中值最中间位置上的数值，d 一般为等距数列的组距。

将表 4－11 中的有关资料代入公式 4－22 中所计算的该班学生的平均成绩为：

$$\bar{x}=\frac{\sum\frac{(x-x_0)}{d}\cdot f}{\sum f}\times d+x_0$$

$$=\frac{7}{60}\times 10+75=76.17\text{（分）}$$

可见，根据同一资料采用公式 4－14、4－17 与 4－22 的计算结果完全是一致的，但采用公式 4－22 的计算过程最为简单。需要说明的是，在有计算器等现代计算工具条件下，用简捷计算公式来计算平均数的方法只要求学生作一般了解就可以了，反而要求学生在老师的指导下学会使用多功能计算器等来计算平均数。

拓展应用

如何使用多功能计算器（TRULY 信利牌）计算平均数

操作程序：

1. 清空记忆（连续计算平均数时，须按“0”再按 x→M 键，以清空已记忆数字）

2. 按 2ndF 和 on/c 键，此时“0”上端显示“STAT”，表示进入平均数计算状态；

3. 根据表 4－9 的资料，依次输入：

55×3 M＋

65×12 M＋

75×25 M＋

85×15 M＋

95×5 M＋

4. 数据输入完毕，显示屏上显示“60”，即总次数（或直接按 n 键，亦可得到 $\sum f=60$）；

5. 直接按 $\boxed{\bar{x}}$ 键，可得到 $\bar{x}=76.17$；

6. 先按 $\boxed{2ndF}$ 键，再按 $\boxed{\sum x}$ 键，可得到 $\sum xf=4570$；

7. 先按 $\boxed{2ndF}$ 键，再按 $\boxed{\sigma}$ 键，可得到下一节内容的标准差：$\sigma=9.85$。

（二）调和平均数

调和平均数是统计中常用的另一种平均指标，它是总体中各个标志值倒数的算术平均数的倒数，因此，又称倒数平均数。同算术平均数一样，由于给定资料的具体内容不同，它可分为简单调和平均数与加权调和平均数。

1. 简单调和平均数

$$\bar{x}_H=\frac{1}{\dfrac{\dfrac{1}{x_1}+\dfrac{1}{x_2}+\cdots+\dfrac{1}{x_n}}{n}}=\frac{n}{\dfrac{1}{x_1}+\dfrac{1}{x_2}+\cdots+\dfrac{1}{x_n}}$$

$$=\frac{n}{\sum\dfrac{1}{x}} \qquad (4-23)$$

式中：$\bar{x}_H$ 代表调和平均数；

x 代表各单位标志值；

n 代表标志值的项数。

［**例 4－18**］假设市场上某种蔬菜早市每斤 2.5 元，午市每斤 2 元，晚市每斤 1.6 元，若早、中、晚各买 1 斤，则平均每斤价格应按简单算术平均数计算。

$$\bar{x}=\frac{\sum x}{n}=\frac{2.5+2+1.6}{3}=2.03(\text{元/斤})$$

如果早、中、晚各花 10 元钱买该种蔬菜，那么平均每斤价格又是多少？

在这种情况下，作为我们计算平均指标基础的总体单位数不是 3 斤，而是 15.25 斤，即 $\frac{10}{2.5}+\frac{10}{2}+\frac{10}{1.6}=4+5+6.25=15.25$，要计算这 15.25 斤蔬菜的平均价格，就必须采取简单调和平均数形式计算。

$$\bar{x}_H=\frac{n}{\sum\dfrac{1}{x}}=\frac{n}{\dfrac{1}{x_1}+\dfrac{1}{x_2}+\cdots+\dfrac{1}{x_n}}$$

$$=\frac{10+10+10}{\dfrac{10}{2.5}+\dfrac{10}{2}+\dfrac{10}{1.6}}=\frac{1+1+1}{\dfrac{1}{2.5}+\dfrac{1}{2}+\dfrac{1}{1.6}}=\frac{3}{1.525}=1.97(\text{元/斤})$$

在实际生活中，应用简单调和平均数公式来计算现象的平均水平的情况极少。

2. 加权调和平均数

加权调和平均数是各组变量值倒数的加权算术平均数的倒数。在资料已分组的情况下使用，其计算公式为：

$$\bar{x}_H=\frac{1}{\dfrac{\dfrac{1}{x_1}m_1+\dfrac{1}{x_2}m_2+\cdots+\dfrac{1}{x_n}m_n}{m_1+m_2+\cdots+m_n}}=\frac{m_1+m_2+\cdots+m_n}{\dfrac{1}{x_1}m_1+\dfrac{1}{x_2}m_2+\cdots+\dfrac{1}{x_n}m_n}=\frac{\sum m}{\sum \dfrac{1}{x}m} \qquad (4-24)$$

式中：m 为各组的标志总量。

m 对平均数的计算也起权衡轻重的作用，因此，这里的“m”也是权数。

[**例 4－19**] 某企业生产甲产品的有关资料见表 4－12。

根据表 4－12 的资料并按调和平均法计算的该企业工人生产甲产品的平均劳动生产率水平为：

表 4－12

按工人劳动生产率分组（件/人）	产量（件）m	计算栏	
		组中值 x	人数（人）m/x
60 以下	165	55	3
60～70	780	65	12
70～80	1875	75	25
80～90	1275	85	15
90 以上	475	95	5
合　计	4570	—	60

$$\bar{x}_H=\frac{\sum m}{\sum \dfrac{m}{x}}=\frac{4570}{60}=76.17(\text{件}/\text{人})$$

m 是标志总量，是各组标志值与次数的乘积，即 $m=xf$，将其代入加权调和平均数的计算公式可得之，调和平均数实质上就是算术平均数的变形：

$$\bar{x}_H=\frac{\sum m}{\sum \dfrac{m}{x}}=\frac{\sum xf}{\sum \dfrac{xf}{x}}=\frac{\sum xf}{\sum f}=\bar{x}$$

调和平均数作为算术平均数的变形使用，主要是由相对数和平均数计算平均数时，因为受统计资料的限制，不能直接使用算术平均法计算平均数，才求助于调和平均数。

由此可见，当各组标志值和各组标志总量已知而各组的总体单位数未知时，要采用加权调和平均数计算公式来计算平均指标；当各组标志值和各组次数已知时，则要采用加权算术平均数计算公式来计算平均指标。

（三）几何平均数

在社会经济现象中，有些现象是按照类似于几何级数的形式变动的，如人口的自然变动；有些现象是按一定的比率变动的，如复利条件下的本利和的变动等。在计算这些现象的平均水平时，不能采用算术平均法或调和平均法，而应用几何平均法。

几何平均数是 n 个变量值乘积的 n 次方根。几何平均数适用于计算平均比率或计算平均速度等指标，这是因为几何平均数的数学性质与现象发展的平均比率和平均速度形成的客观过程是一致的。几何平均数通常用“$\bar{x}_G$”表示。根据所掌握的资料不同，几何平均数可分为简单几何平均数和加权几何平均数。

1. 简单几何平均数

简单几何平均数适用于根据未分组资料来计算平均比率或平均速度等。其计算公式为：

$$\bar{x}_G = \sqrt[n]{x_1 \cdot x_2 \cdot x_3 \cdot \cdots \cdot x_n} = \sqrt[n]{\Pi x} \tag{4-25}$$

式中：Π 为连乘积的符号。

［**例 4-20**］某机械厂有4个连续性作业的车间：铸造车间、粗加工车间、精加工车间、装配车间。本年各车间制品的合格率分别为95%、90%、92%、98%，试求四个车间的平均产品合格率。

对于这个问题不能采用算术平均数或调和平均数的方法。因为各车间产品合格率的总和并不等于全厂产品的总合格率。由于第二车间的产品合格率是在第一车间合格产品的基础上计算的，第三车间的产品合格率是在第一、二车间合格产品的基础上计算的，其他依此类推。因而，全厂产品的总合格率应等于各车间合格率的连乘积，所以应用几何平均法进行计算。即：

$$\begin{aligned}\bar{x}_G &= \sqrt[n]{x_1 \cdot x_2 \cdot x_3 \cdot \cdots \cdot x_n} \\ &= \sqrt[4]{95\% \times 90\% \times 92\% \times 98\%} \\ &= \sqrt[4]{77.09\%} = 93.7\%\end{aligned}$$

计算几何平均数，往往需要开多次方，比较繁琐。在实际工作中处理此问题的方法有三种：用计算器直接开 n 次方；查“平均增长速度查对表”；采用对数方法进行计算。但最方便、最简单的方法是前者。

2. 加权几何平均数

加权几何平均数适用于根据已分组资料来计算平均比率或平均速度等。其计算公式为：

$$\bar{x}_G = \sqrt[\sum f]{x_1^{f_1} \cdot x_2^{f_2} \cdot \cdots \cdot x_n^{f_n}} = \sqrt[\sum f]{\pi x^f} \tag{4-26}$$

［**例 4-21**］投资银行的某笔投资是按复利计算的，近10年间的年利率分配情况是：有2年为3%，有5年为4%，有3年为6%。试求其平均年利率。

计算平均年利率，必须先将各年的利率加上100%，还原为各年的本利率，然后按加权几何平均数的方法，计算平均年本利率；再减去100%，得出平均年利率。

$$\begin{aligned}\bar{x}_G &= \sqrt[\sum f]{\pi x^f} \\ &= \sqrt[10]{1.03^2 \times 1.04^5 \times 1.06^3} \\ &= \sqrt[10]{1.5373} = 104.39\%\end{aligned}$$

这就是说，该投资银行该笔投资10年间的年平均本利率为104.39%，所以其年平均利率为4.39%。

关于几何平均数在计算平均速度中的应用将在第五章做详细介绍。

（四）中位数

中位数是在标志值按大小顺序排列的变量数列中处于中间位置的标志值，用“M_e”表示。由于其位置居中，不易受极端数值的影响，因而常用它来代表现象的一般水平。在现象明显存在极端数值的情况下，用中位数代表总体的一般水平较平均数更好。

中位数的确定方法根据所掌握的资料不同也相应有所不同。

1. 根据未分组资料确定中位数

先将总体各单位的标志值按从小到大的顺序排列，然后确定中位数所处的位置，处于数列中间位置的标志值即为中位数。

确定中位数位置的方法是：中位数位置 $=\dfrac{n+1}{2}$。 (4－27)

当 n 为奇数时，处于数列最中间位置的标志值即为中位数；当 n 为偶数时，处于数列中间位置的两个标志值的简单算术平均数即为中位数。

［**例 4－22**］ 某学习小组 9 位同学某学科的考试成绩按由低到高的顺序排列，依次为：25、76、76、78、81、83、84、85、86 分，试求其中位数。

就本例而言，利用中位数代表该学习小组成绩的一般水平比利用算术平均数代表其一般水平要好一些。因为中位数不受极端数值的影响，数值适中；而算术平均数受极端数值的影响，数值偏低（本例的算术平均数为 75 分，不足以代表后 8 位同学的实际水平因为后 8 位同学的最低分数也较 75 分高）。

中位数位置 ＝ (9＋1)/2＝5

即第 5 位同学的成绩 81 分为中位数。在此，81 分较 75 分更具有代表性。

若该学习小组有 10 位同学，第 10 位同学的成绩为 87 分，则：

中位数位置 ＝ (10＋1)/2＝5.5

即第 5 位与第 6 位同学的成绩的算术平均数才是中位数。

即：$M_e=\dfrac{81+83}{2}=82$（分）

2. 根据分组资料确定中位数

由分组资料确定中位数，中位数的位置的确定方法与前者相同：

$$中位数的位置=\frac{\sum f}{2} \qquad (4-28)$$

公式中 $\sum f$ 相当于 n，因为由分组资料确定中位数一般要通过累计次数进行计算，而累计次数有向上累计和向下累计两种计算方法，如果按 $\dfrac{\sum f+1}{2}$ 来确定中位数的位置，在组距数列中，根据两种不同累计次数的方法计算的中位数不一致，而中位数只有一个，因而确定中位数的位置应采用公式 4－28。

由组距数列计算中位数的具体步骤是：先计算累计次数，并按公式 4－28 确定中位数所在组的位置，然后再按比例推算中位数的具体数值。

因为中位数组对应的不是一个单一的数值，而有若干个标志值，因此，我们需利用下列公式来计算中位数的近似值。其计算公式为：

$$下限公式：M_e = L + \frac{\frac{\sum f}{2} - S_{m-1}}{f_m} \times d \quad (4-29)$$

$$上限公式：M_e = U - \frac{\frac{\sum f}{2} - S_{m+1}}{f_m} \times d \quad (4-30)$$

式中：L 表示中位数所在组的下限；U 表示中位数所在组的上限；

S_{m-1} 表示中位数所在组以下的累计次数；

S_{m+1} 表示中位数所在组以上的累计次数；

f_m 表示中位数所在组的次数；

d 表示中位数组的组距。

［**例 4－23**］ 某厂工人生产某零件的有关资料见表 4－13，试据此计算中位数。

第一步：计算累计次数，即累计工人人数。

第二步：确定中位数的位置和中位数所在的组。

$$中位数位置 = \frac{\sum f}{2} = \frac{80}{2} = 40(人)$$

表 4－13

按生产的零件数分组（件）	组中值 x	工人人数（人）f	累计工人人数（人）	
			向上累计	向下累计
600 以下	500	8	8	80
600～800	700	12	20	72
800～1000	900	30	50	60
1000～1200	1100	25	75	30
1200 以上	1300	5	80	5
合　计	—	80	—	—

根据向上累计次数，第 40 个工人包含在累计次数 50 中，说明中位数在累计工人人数为 50 人的组，即变量值为 800～1000 件的组；根据向下累计次数，第 40 个工人包含在累计次数 60 中，说明中位数在累计工人数为 60 人的组，该组对应的变量值亦为 800～1000 件。这说明 800～1000 件就是中位数所在组。

第三步：根据公式计算中位数的近似值。

根据公式 4－29 计算：

$$M_e = L + \frac{\frac{\sum f}{2} - S_{m-1}}{f_m} \times d$$

$$= 800 + \frac{\frac{80}{2} - 20}{30} \times 200 = 933.33\ (件)$$

根据公式 4－30 计算：

$$M_e = U - \frac{\frac{\sum f}{2} - S_{m+1}}{f_m} \times d$$

$$= 1000 - \frac{\frac{80}{2} - 30}{30} \times 200 = 933.33 \text{（件）}$$

可见，不论是按上限公式还是下限公式，根据同一资料所计算的中位数的结果是一致的。

知识拓展

算术平均数适用于正态分布或近似正态分布资料，平均数位于分布的中心，能反映全部观察值的平均水平。中位数是将一组观察值按从小到大的顺序排列，位置居中的变量值，适用于非正态分布资料。中位数是一个位置平均数，以中位数为界，将观察值分为左右两半。当观察值呈现明显的偏态分布、资料一端或两端无确定数值和资料的分布情况不清楚时，宜用中位数来反映现象的平均水平。

（五）众数

众数是现象总体中出现次数最多的标志值，即出现最为普遍、最为常见的数值。用“M_0”表示。众数具有计量快速、方便，且不易受极端数值影响的优势。在实际工作中，如果只要求掌握一般常见的数据作为研究问题、安排工作或生产的参考，就可采用众数代替算术平均数来说明现象的一般水平。例如，为了解某种大米的价格水平，只要以集市上最普遍的成交价格来代表该种大米的一般价格水平，而不必根据大米的全部成交量和成交额来计算其平均价格；又如，购买男式皮鞋有多种尺码和样式可借助选择，若其中的某种尺码（如 41 码）的某样式的皮鞋销售最多、最快，则它就是众数，它可代表男式皮鞋尺码的一般水平。

根据所掌握的资料不同，众数的确定方法也有所不同。

1. 根据未分组资料或单项数列确定众数

当掌握的资料为未分组的原始资料或已整理成单项数列的资料时，可通过直接观察找出出现次数最多的标志值，该标志值即为众数。

［**例 4－24**］某企业 70 名工人日产某零件的资料见表 4－14：

表 4－14

日产量（件）	工人人数（人）
14	2
15	12
16	34
17	18
18	4
合　计	70

从表4－14中可以看到，日产某零件16件的生产工人有34人，较其他组的生产工人人数明显多，所以，16件是工人每日平均生产某零件的众数，它能大致反映这70名工人每日平均生产该零件的一般水平。

2．根据组距数列确定众数

当掌握的资料为组距数列时，应先根据众数的定义来确定众数所在的组，然后再根据以下公式计算众数的近似值。其计算公式为：

下限公式：$$M_0 = L + \frac{\Delta_1}{\Delta_1 + \Delta_2} \times d \quad (4-31)$$

上限公式：$$M_0 = U - \frac{\Delta_2}{\Delta_1 + \Delta_2} \times d \quad (4-32)$$

式中：L 为众数组下限；

U 为众数组上限；

Δ_1 为众数所在组的次数与其前一组次数之差；

Δ_2 为众数所在组的次数与其后一组次数之差；

d 为众数组的组距。

众数只有在总体单位数比较多而且变量值又有明显的集中趋势的条件下，才能应用它来分析说明问题，否则，众数的代表性差，从而失去反映现象一般水平的意义。

［**例4－25**］根据表4－13的资料来确定众数。

第一步：确定众数所在的组。

表中800～1000件组的工人数最多，为30人，所以，该组为众数所在组。

第二步：计算众数的近似值。

根据公式4－31计算众数：

$$\begin{aligned} M_0 &= L + \frac{\Delta_1}{\Delta_1 + \Delta_2} \times d \\ &= 800 + \frac{30-12}{(30-12)+(30-25)} \times 200 \\ &= 956.52 \text{（件）} \end{aligned}$$

根据公式4－32计算众数：

$$\begin{aligned} M_0 &= U - \frac{\Delta_2}{\Delta_1 + \Delta_2} \times d \\ &= 1000 - \frac{30-25}{(30-12)+(30-25)} \times 200 \\ &= 956.52 \text{（件）} \end{aligned}$$

可见，根据同一资料按上限公式与按下限公式计算的众数的结果是一致的。

思考：观察或调查：本专业男、女同学鞋码的众数各是多少？本年级同学年龄的众数又是多少？

（六）算术平均数与中位数、众数的关系

算术平均数、中位数和众数都是反映社会经济现象一般水平的代表值，三者之间存在着一定的数量依存关系。当变量的次数分布完全对称时，即变量的次数分布是以平均数为

对称轴，两边的次数分布完全相等时，则三者的数值相等：$M_0 = M_e = \bar{x}$，如图 4－1 所示。如果次数分布不对称时，三者的数值不相等，即当次数分布出现右偏时，则：$M_0 < M_e < \bar{x}$，当次数分布出现左偏时，则 $\bar{x} < M_e < M_0$，如图 4－2 所示：

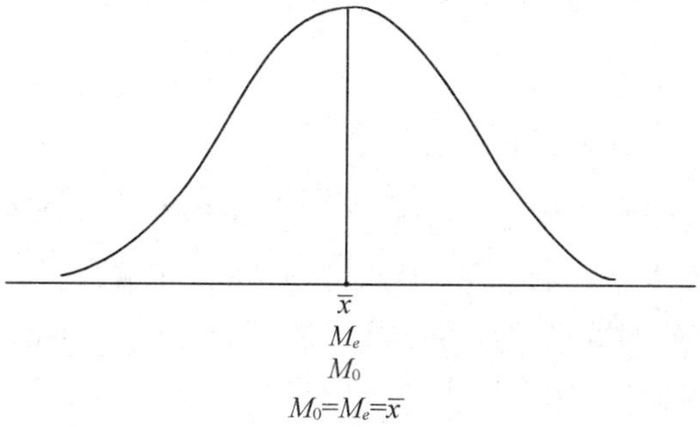

图 4－1　对称的钟型分配

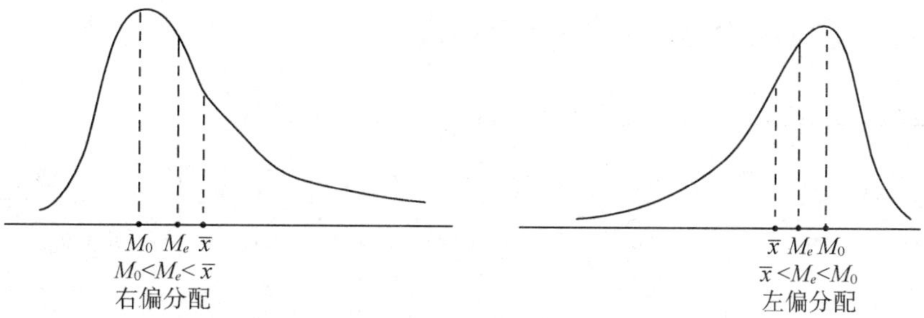

图 4－2　非对称的钟型分配

思考与分析

算术平均数、众数和中位数，是从不同的角度来描述一组数据的平均水平。算术平均数的大小既受总体中的每一个变量值大小的影响，又受权数分布的影响，说明的是整体的平均水平，是经济工作中最为重要，应用最广的平均数；众数着眼于对总体中各数据重复出现次数的考察，其大小只与观察值的部分数据有关，即与各组数据出现的频数有关，不受极值数据的影响，它既适用于品质数据，也适用于数值型数据，有时是我们最为关心的数据；中位数则与数据的排列位置有关，有时某些数据的变化对中位数没有影响，它主要用于顺序数据，也适用于数值型数据，但不适用于分类数据。一组数据的算术平均数和中位数是惟一的，而众数则不一定是惟一的。

四、计算和应用平均指标的原则

（一）平均指标必须在同质总体中计算

社会经济现象是复杂的、多变的，其中可能包含着一些性质不同的单位。在计算和分析现象的平均水平时要特别注意被研究对象的同质性，即统计总体的各单位在被平均标志上的同类性。这是计算和应用平均指标的一项基本原则。例如，我们不能把公司投资人的收入与普通工人的收入混合在一起来计算其平均收入；我们也不能把大学生与小学生混和在一起来计算他们的平均智商等。因为把性质不同的现象混同一起计算平均数，会掩盖现象的本质区别，造成虚构的假象，误导我们的认识，甚至得出错误的结论，给工作带来损失。

（二）要以组平均数补充说明总平均数

同质总体的各单位虽然在本质上是相同的，但往往存在一些属性上的差别。在统计分组的条件下，根据同质总体计算的总平均数，虽然可以正确反映现象总体的一般水平，但掩盖了总体内部各组成部分的数量差异，往往不能深入地说明现象总体一般水平变化的内部原因。因此，在对比分析两个或两个以上总体的平均水平或对比同一总体不同时期的平均水平变动时，不能只观察总平均数的变化，而必须结合组平均数来补充说明总平均数的不足。

［**例4-26**］甲、乙两村的粮食产量资料见表4-15，试用组平均数补充说明总平均数的原理和方法，比较分析两村粮食生产情况。

表4-15

	甲村			乙村		
	播种面积（亩）	总产量（斤）	单产水平（斤）	播种面积（亩）	总产量（斤）	单产水平（斤）
旱地	240	98400	410	180	68400	380
半旱地	130	72800	560	120	62400	520
水田	150	126000	840	210	170100	810
合计	520	297200	517.54	510	300900	590

如果仅从表4-15的总平均数来看，就会得出乙村的平均单产水平要高于甲村的平均单产水平的结论。但实际并非如此，因为无论从哪种自然状态看，甲村的单产水平都比乙村高。为何会得出如此相矛盾或相反的结论呢？这是因为总平均数除了受各组平均数的影响外，还受总体结构的影响（甲村低产水平的旱地面积比重过大，占了其总播种面积的46.15%）。因此，在分析和对比现象总平均水平时，必须结合组平均数来分析，以避免认识上的片面性。

（三）要以分配数列补充说明总平均数

平均指标是根据总体各单位的标志值计算的抽象化数值。仅有平均指标看不出总体各单位标志值的具体变动情况。只有将平均指标与分配数列结合起来，才能从数列的具体数据中看到取得的成绩，发现存在的问题，了解先进与后进的转化情况等。

［**例4-27**］某工业集团下属50个企业的利润计划完成资料见表4-16。

表4-16　　某工业集团所属企业利润计划完成情况表

计划完成程度（%）	企业数（个）	实际利润额（万元）	频率（%）	累计频率（%）	
				向上累计	向下累计
90以下	1	340	2	2	100
90~100	4	760	8	10	98

续表

计划完成程度（%）	企业数（个）	实际利润额（万元）	频率（%）	累计频率（%）	
				向上累计	向下累计
100～110	5	1050	10	20	90
110～120	20	9200	40	60	80
120～130	15	3750	30	90	40
130 以上	5	2700	10	100	10
合 计	50	17800	100	—	—

根据表 4－16 的资料可计算出该工业集团利润的平均计划完成程度为 117.11%。结果表明该集团公司的利润超额 17.11% 完成了计划。至于各下属企业的完成情况如何，还需结合分配数列来分析。从表 4－16 中的分配数列可以看出：该集团公司还有 10% 的企业未完成利润计划，其中有一个企业完成最差，在 90% 以下；有 90% 的企业超额完成了利润计划，其中有 10% 的企业超额完成利润计划的 30% 以上。如果再结合典型调查了解利润计划完成最差和最好的几个企业，就可对该集团公司的利润完成情况有一个较全面的认识。平均数反映现象总体在一定时间、地点条件下的共性，掩盖了其中的个性。统计研究要注意把一般和个别相结合，利用个别的先进典型或后进典型来补充说明总平均数。

（四）要以标志变异指标补充说明平均指标

标志变异指标是从另一侧面反映现象总体数量特征的综合指标，主要用于说明平均指标的代表性，生产经营的均衡性和产品质量的稳定性等。离开平均指标，标志变异指标就会失去应用的意义。其具体内容详见本章第四节。

课堂讨论：根据五种平均数的概念、计算公式，试述其各自的优缺点。

第四节 标志变异指标

一、标志变异指标的概念和作用

平均数把同质总体各单位的数量差异抽象化了，综合反映总体内部的共同倾向或集中趋势，但它不能反映总体各单位的差异，而这种差异是客观存在的，不可回避的。为了同时综合反映总体各单位数量标志值的差异性，还需要计算标志变异指标。标志变异指标是反映总体次数分布的离中趋势的。

（一）标志变异指标的概念

标志变异指标也叫标志变动度，是反映同质总体各单位标志值差异程度或现象内部的数量变动程度的综合指标。一般说来，标志变异指标数值大，说明总体各单位标志值之间的差异大，离中的趋势也大；相反，说明总体各单位标志值之间的差异小，离中趋势也小。

思考：某市A公司员工人数666人，去年公司员工的人均年收入达到18.5万元，但有427名员工的年收入不到6万元、42名员工的年收入不到5万元。该公司员工的人均年收入为18.5万元可能吗？为什么？

（二）标志变异指标的作用

1. 标志变异指标是衡量平均指标代表性大小的尺度

平均指标作为总体某一数量标志的代表性数值，其代表性取决于总体各单位标志值的差异程度即标志变异指标的大小。总体各单位标志值的差异大，据此计算的标志变异指标大，说明该总体的平均指标的代表性小；总体各单位标志值的差异小，据此计算的标志变异指标小，则说明该总体的平均指标的代表性大。若标志变异指标为零，即各单位的变量值相等，则每一个变量值都可以作为代表。

[**例4-28**] 设某厂有三个生产车间，各车间均有5名工人，其月工资如下（单位：元）：

甲车间：1000、1200、1400、1600、1800

乙车间：1200、1300、1400、1500、1600

丙车间：1300、1350、1400、1450、1500

显然，三个车间工人的月平均工资都是1400元，但各组工人工资的差别却不同。相比之下，甲车间差别最大，乙车间的差别较大，丙车间的差别较小。因此，丙车间工人的月平均工资的代表性最高，乙车间工人的月平均工资的代表性较高，而甲车间工人的月平均工资的代表性较低。可见，标志变异指标与平均指标是一对既相互联系、又有区别，更具有互补性的统计指标。

2. 标志变异指标可用来研究现象发展变化的稳定性和均衡性

标志变异指标数值越小，说明现象发展变化的稳定性和均衡性越好；标志变异指标数值越大，说明现象发展的稳定性和均衡性越差。例如：对某产品（如灯泡、汽车轮胎等）的使用寿命进行检测，如果各产品的使用寿命差异小，说明该产品的质量稳定；如果各产品的使用寿命差异大，说明该产品的质量不稳定，生产的技术水平有待提高。又如：对某企业的计划执行情况进行检查时，如果各期的计划完成指标变动程度较大，说明该企业执行计划的节奏性差，生产经营不均衡，有突击现象；如果各期的计划完成指标变动程度不大，则说明该企业的生产经营有条不紊，进展均衡。

知识拓展

身体健康的标准，一般应具备的条件：一是心肺功能好：健康的心脏，心肌发达，心容量大。健康的肺脏，肺活量大。二是生长发育良好：身材匀称，肌肉丰满，四肢有力。三是身体素质好：肌肉所表现出来的力量、速度、耐力、灵敏、柔韧等素质的差别，能够反应出人的神经系统和内脏的功能。四是神经系统的功能好：平时吃得香，睡得甜，不头痛，不失眠，工作效率高。五是对外界环境的适应和抗病能力强：天热了不易中暑，天冷了不易感冒。血液中的抗体多，在同样的环境中，不容易得传染病。

心理健康的标志主要表现为：一是情绪稳定，积极向上；二是心境轻松愉快；三是适应能力强；四人际关系和谐；五安全感较强；六是能正确地评价自己；七是行为表现与年龄、性别相称；八是团队意识强。

3. 标志变异指标是统计分析的一个基本指标

在统计分析过程中，进行相关分析、趋势分析、抽样推断和统计预测决策等，都需要利用标志变异指标。可见，它是统计分析中的一个重要基本指标。

二、标志变异指标的种类和计算方法

（一）极差

极差是数列中的最大标志值与最小标志值之差，也称全距，用“R”表示。极差能反映标志值变动的最大可能范围。极差小，反映次数分布较集中，标志值差异程度小，平均数的代表性大；反之，则说明次数分布较分散，标志值差异程度大，平均数的代表性小。极差是测定标志变动程度的一种粗略的方法，其计算方法简便，结果的含义明了。但它不能反映中间各项数值的变动情况，且容易受极端数值的影响，往往不能反映现象的实际离散程度。

用公式表示：

极差（R）=最大标志值－最小标志值　　（4－33）

[例 4－29] 承例 4－28，试计算该厂各车间工人月工资的极差。

甲车间的极差（R）=1800－1000=800（元）

乙车间的极差（R）=1600－1200=400（元）

丙车间的极差（R）=1500－1300=200（元）

三个车间工人的月平均工资都是 1400 元。因为丙车间的极差较小，则丙车间工人的月平均工资的代表性较大；乙车间工人月工资的极差较大，则乙车间工人月平均工资的代表性较小；甲车间工人月工资的极差最大，则甲车间工人月平均工资的代表性最差。

在实际工作中，极差常用于检查产品质量的稳定性和进行质量控制。

（二）平均差

平均差是总体各单位标志值对其算术平均数的平均离差。因离差之和恒等于零 [$\sum(x-\bar{x})=0$]，因而各项离差的平均数也恒等于零。为此，在计算平均差时，必须将离差取绝对值，以消除离差的正负号。平均差是总体各单位标志值与其算术平均数的离差的绝对值的算术平均数，反映各标志值与算术平均数之间的平均差异。平均差越大，表明各标志值与算术平均数的差异程度越大，该算术平均数的代表性就越小；平均差越小，表明各标志值与算术平均数的差异程度越小，该算术平均数的代表性就越大，平均差用“$A \cdot D$”表示。

由于所掌握的资料不同，平均差的计算方法有简单平均差和加权平均差之分。平均差是根据所有标志值来计算的，受极端数值的影响较小，比极差更能客观、准确地反映标志值的差异程度。

1. 简单平均差

根据未分组资料计算的平均差就是简单平均差。其计算公式为：

$$A \cdot D = \frac{\sum |x - \bar{x}|}{n} \tag{4-34}$$

［例4－30］承例4－28，以乙车间为例说明平均差的计算方法：

月平均工资为：

$$\bar{x} = \frac{\sum x}{n} = \frac{1200 + 1300 + 1400 + 1500 + 1600}{5} = 1400(\text{元})$$

其平均差为：

$$A \cdot D = \frac{\sum |x - \bar{x}|}{n}$$

$$= \frac{|1200-1400| + |1300-1400| + |1400-1400| + |1500-1400| + |1600-1400|}{5}$$

$$= \frac{600}{5} = 120\ (\text{元})$$

同理，可以计算出甲、丙的平均差分别为240元和60元。结果说明，三者平均数相等，甲的平均差最大，其平均数的代表性最弱；丙的平均差最小，其平均数的代表性最强；乙居中。

2. 加权平均差

根据分组资料形成的变量数列计算的平均差就是加权平均差。其计算公式为：

$$A \cdot D = \frac{\sum |x - \bar{x}| \cdot f}{\sum f} \tag{4-35}$$

［例4－31］承例4－15，所计算的加权平均差见表4－17。

表4－17

成绩（分）	人数（人）f	计算栏		
		组中值 x	$\|x-\bar{x}\|$	$\|x-\bar{x}\| \cdot f$
60以下	3	55	21.17	63.51
60～70	12	65	11.17	134.04
70～80	25	75	1.17	29.25
80～90	15	85	8.83	132.45
90以上	5	95	18.83	94.15
合　计	60	—	—	453.40

前面已计算出该班的平均成绩为76.17分。

成绩的平均差为：

$$A \cdot D = \frac{\sum |x - \bar{x}| \cdot f}{\sum f} = \frac{453.40}{60} = 7.56(\text{分})$$

计算结果表明，全班每个同学的成绩与班上的平均成绩平均相差7.56分。如与同类资料对比，平均差愈大，则平均数的代表性愈小。

（三）标准差

标准差是测定标志变异程度最常用的综合指标。标准差是总体各单位标志值与其算术平均数的离差平方的算术平均数的平方根，亦称均方差，用“σ”表示。标准差的平方称为方差，用“σ^2”表示。标准差的实质与平均差基本相同，也是各标志值对其算术平均数的平均离差，但在具体的计算过程中，对离差的数学处理方法有所不同。平均差是采用取绝对值的方式来消除离差的正负号，而标准差是采用先平方后开方还原的方式来消除离差的正负号。就计算方法而言，标准差比平均差更科学。因此，标准差是测定标志值差异程度更标准的尺度，是最常用的标志变异指标。

根据所掌握的资料不同，标准差的计算方法也有两种：即简单标准差和加权标准差。

1. 简单标准差

根据未分组资料计算的标准差就是简单标准差。其计算公式为：

$$\sigma = \sqrt{\frac{\sum (x - \bar{x})^2}{n}} \tag{4-36}$$

［**例4－32**］ 承例4－28，以乙车间为例说明标准差的计算方法：

月工资的标准差为：

$$\sigma = \sqrt{\frac{\sum (x - \bar{x})^2}{n}}$$

$$= \sqrt{\frac{(1200-1400)^2 + (1300-1400)^2 + (1400-1400)^2 + (1500-1400)^2 + (1600-1400)^2}{5}}$$

$$= \sqrt{\frac{100000}{5}} = 141.42(\text{元})$$

同理可以计算出甲、丙的标准差分别为282.84元和70.71元。标准差越小，平均数的代表性越强。

2. 加权标准差

根据变量数列计算的标准差就是加权标准差。其计算公式为：

$$\sigma = \sqrt{\frac{\sum (x - \bar{x})^2 \cdot f}{\sum f}} \tag{4-37}$$

［**例4－33**］ 承例4－15，所计算的加权标准差见表4－18。

表4－18

成绩（分）	人数（人）f	计算栏			
		组中值 x	$x-\bar{x}$	$(x-\bar{x})^2$	$(x-\bar{x})^2 f$
60以下	3	55	－21.17	448.17	1344.51
60～70	12	65	－11.17	124.77	1497.23
70～80	25	75	－1.17	1.37	34.22
80～90	15	85	8.83	77.97	1169.53
90以上	5	95	18.83	354.57	1772.84
合　计	60	—	—	—	5818.33

前面已计算出该班的平均成绩为76.17分。

成绩的标准差为：

$$\sigma = \sqrt{\frac{\sum (x-\bar{x})^2 \cdot f}{\sum f}} = \sqrt{\frac{5818.33}{60}} = 9.85(\text{分})$$

（四）离散系数

平均差和标准差的大小，不仅取决于各标志值差异程度的大小，而且取决于现象总体平均数的大小，同时它们具有与标志值相同的计量单位。对于具有不同平均水平、不同性质、不同计量单位的变量数列，它们的离中趋势不能用全距、平均差和标准差的大小来加以比较和说明。要使它们可比，就要消除总体平均数的影响。为此，要通过计算离散系数即采用相对数形式来测定平均指标代表性的强弱。

离散系数是消除总体平均数影响后的标志变异指标，是用全距、平均差和标准差等标志变异指标分别除以其算术平均数所得的商，是一个以相对数形式出现的标志变异指标。通常用“V”表示。

离散系数主要有平均差系数和标准差系数。其计算公式分别为：

平均差系数：$V_{A \cdot D} = \dfrac{A \cdot D}{\bar{x}} \times 100\%$ （4-38）

标准差系数：$V_{\sigma} = \dfrac{\sigma}{\bar{x}} \times 100\%$ （4-39）

[**例4-34**] 已知甲厂职工月产A零件为1750件，其标准差为180件；乙厂职工有关工资情况见表4-19。试计算说明哪个工厂职工月产量的代表性强。

表4-19

按月产量分组（件）	组中值（件）	职工人数（人）
1500以下	1450	32
1500~1600	1550	45
1600~1700	1650	83
1700~1800	1750	158
1800~1900	1850	68
1900~2000	1950	46
2000以上	2050	18
合　计	—	450

将表4-19的资料代入公式4-14中得出：

$$\bar{x} = \frac{\sum xf}{\sum f} = 1737.78(\text{元})$$

根据公式4-37计算的标准差为：

$$\sigma = \sqrt{\frac{\sum (x-\bar{x})^2 \cdot f}{\sum f}}$$

$$=\sqrt{\frac{(1450-1737.78)^2\times 32+(1550-1737.78)^2\times 45+\cdots+(2050-1737.78)^2\times 18}{450}}$$

$=145.93$（件）

因甲厂职工月产量为1750件，标准差为180件；乙厂职工的月产量为1737.78件，标准差为145.93件。两者的平均数不相等，不能直接用标准差的大小来说明其月产量代表性的大小，而要计算出各自的标准差系数，然后加以比较说明。

乙厂职工月产量的标准差系数为：

$$V_\sigma=\frac{\sigma}{\bar{x}}\times 100\%=\frac{145.93}{1737.78}\times 100\%=8.4\%$$

甲厂职工月产量标准差系数为：

$$V_\sigma=\frac{\sigma}{\bar{x}}\times 100\%=\frac{180}{1750}\times 100\%=10.28\%$$

通过计算可知，甲厂职工的月产量略高于乙厂，但其标准差系数却比乙厂大，说明其职工月产量的差别比较大，平均月产量的代表性较小。

试一试： 试根据本校教职工（或学校所在地的某企业职工）基本情况的调查资料或汇总整理结果，计算有关的总量指标和相对指标；计算说明教师与职工（或企业男、女职工）平均工资的代表性强弱。

小　结

总量指标是反映现象总体在一定时间、空间条件下的总规模、总水平或工作总量的统计指标。总量指标是认识客观现象的起点，是进行宏观调控、编制发展计划和实施经营管理的基本依据，也是计算其他统计指标的基础。按总量指标所反映的现象的内容不同，可分为：总体单位总量和总体标志总量；按总量指标所反映的现象的时间状况不同，可分为：时期指标和时点指标。总量指标的计量单位都是有名数，其表现形式有：实物单位、货币单位和劳动单位。使用时要区分各类指标，特别要注意时期指标与时点指标的不同特点。总量指标的计算方法有直接计算法和间接计算法两种。

相对指标是指两个有相互联系的指标的比值。它能揭示总体内的结构、比例、比重等数量关系，确定相关事物之间的数量关系程度。其表现形式有两种：有名数和无名数；常用的相对数有：计划完成相对数、结构相对数、比例相对数、比较相对数、强度相对数和动态相对数等。

计划完成相对数是指总体在一定时期内某指标的实际完成数与相应的计划任务数的比值，用来说明现象在一定时期内的计划完成程度。由于所掌握的资料不同，计划完成相对数的计算方法有较大的差别。

结构相对数是指在统计分组的基础上，将总体的部分数值与总体总量对比而计算的相对数，用以反映总体各部分在总体中所占的比重。总体中各部分的比重之和等于1或100%。

比例相对数是指总体中的某一部分数值与另一部分同类现象的数值的比。它反映总体各部分之间的数量比例关系和协调平衡状况。

比较相对数是指同一时间不同总体之间同类指标数值的比值。它反映的是同类现象在不同空间、不同条件下的数量对比关系。

强度相对数是指两个性质不同但又有相互联系的总量指标的比值，用来表明现象发展的强度、密度和普遍程度。一般用有名数表示，也可用无名数表示。

动态相对数是指现象总体的某一指标在不同时期的数值之比，说明现象在时间上的发展方向和变化程度，又称发展速度。

相对数的应用条件是：正确选择对比基数；保持相对数的可比性。正确运用相对数应注意的问题是：统计分组与相对指标结合应用；相对指标与总量指标结合应用；多种相对数结合应用。

平均数是说明同质总体各单位某一数量标志在具体时间、地点条件下达到的一般水平的综合指标。其特点是具有总体同质性、数量抽象性和一般代表性。常用的平均指标有数值平均数（算术平均数、调和平均数、几何平均数）和位置平均数（中位数和众数）。

算术平均数是总体各单位某一数量标志值之和与相应的总体单位数之商。由于掌握的资料不同，算术平均数又分为简单算术平均数和加权算术平均数两种形式。算术平均数有两个重要的数学性质：一是各标志值与其算术平均数的离差之和等于零；另一个是各标志值与其算术平均数的离差平方和为最小值。

调和平均数是总体中各变量值倒数的算术平均数的倒数，又称倒数平均数。

几何平均数是 n 个变量值的乘积的 n 次方根。

中位数是标志值按大小顺序排列的变量数列中位于中间位置的标志值。

众数是总体中出现次数最多的标志值。

平均数各有其特点和适用的条件，计算方法不同，对同一资料的计算结果也不同。因此，必须根据研究的具体目的和数据分布的特征正确选择计算方法。应用平均指标时必须注意几个原则：平均数只能在同质总体内才能计算；用组平均数补充说明总平均数；用分配数列补充说明平均数；以标志变异指标补充说明平均数。

标志变异指标反映总体分布的离散趋势，是与平均数相匹配的重要特征值。标志变异指标主要有极差、平均差、标准差和离散系数等。其中，标准差是最重要、应用最广泛的标志变异指标，它与抽样推断、相关与回归分析等有着密切的联系。

复习思考题

1. 简述总量指标的种类。
2. 简述时期指标、时点指标及其特点。
3. 相对指标的可比性原则包括哪几个方面的内容？
4. 计算和运用平均指标的原则。
5. 某农贸公司四个收购点收购某种土特产品的有关资料见表4－20：

表 4-20

收购点	收购单价（元/公斤）	收购金额（元）	收购点	收购单价（元/公斤）	收购金额（元）
甲	1.20	50000	丙	1.00	60000
乙	1.00	54000	丁	1.15	48000

要求：计算该种土特产品的平均收购价格。

6. 某厂加工产品需依次经过四道工序，有关资料见表 4-21：

表 4-21

工 序	1	2	3	4
投入数（件）	200	198	197	197
产品合格品数（件）	198	197	197	195

试计算四道工序的平均合格率。

7. 某工厂工人日产某产品的分组资料见表 4-22：

表 4-22

日产量（件）	各组工人所占比重（%）
12	8
13	10
14	22
15	25
16	15
17	10
18	10
合 计	100

要求：计算该厂工人日产该产品产量的平均差、标准差。

8. 某公司所属甲、乙两企业职工的月平均工资有关资料见表 4-23：

表 4-23

月平均工资（元）	甲企业	乙企业
	工人人数（人）	工人比重（%）
5000 以下	100	8
5000～6000	150	14
6000～7000	170	25
7000～8000	190	38
8000～9000	120	11
9000 以上	80	4
合 计	810	100

要求：（1）分别计算两企业职工的月平均工资。

（2）计算有关指标，比较说明两企业职工月平均工资的代表性。

第五章 动态数列

学习目标

通过本章的学习，要求了解动态数列的概念、构成及编制时应注意的问题，了解长期趋势的概念及测定方法，了解循环波动与无规则波动；理解发展水平、平均发展水平的概念，理解增长量、平均增长量的概念与计算，理解最小二乘法与季节变动的测定方法；掌握水平指标与速度指标的计算方法。

本章重点：由时点数列和相对数动态数列计算序时平均数，增长量、发展速度、增长速度和平均速度的计算。

第一节 动态数列概述

一、动态数列的概念及其构成

所谓动态，是指现象在时间上的发展变化和运动的过程。动态数列是指将说明现象总体的指标按时间（如按年、季、月等）先后顺序排列而形成的一种数列，又称时间数列，见表 5 - 1。

表 5 - 1　　某市“十三五”期间的财政收入

年　份	2016	2017	2018	2019	2020
财政收入（万元）	16386	18903	21715	26396	31649

由表 5 - 1 可知，动态数列由两个基本要素构成：一个是现象所属的时间，如上例中的 2016、2019 等年份；一个是反映现象在不同时间上的指标数值，如上例中各年的财政收入。

通过编制动态数列，可以描述社会经济现象的发展过程，计算动态分析指标，研究现象的发展方向、发展速度及其变化规律，并可利用它对现象的未来情况进行预测。

二、动态数列的种类

动态数列按指标的表现形式分为：绝对数动态数列、相对数动态数列、平均数动态数列。绝对数动态数列是动态数列最基本的表现形式，相对数动态数列和平均数动态数列是其派生数列。

（一）绝对数动态数列

绝对数动态数列是指将说明现象总体的总量指标按时间先后顺序排列而形成的数列，它反映了现象在不同时间上所达到的规模或水平的变化情况。绝对数动态数列按其反映现象所属时间状态，可分为时期指标动态数列和时点指标动态数列，简称为时期数列和时点数列。

1. 时期数列

当绝对数动态数列中每项指标反映的是某种现象在一定时期内的发展过程的总量时，这种数列就称为时期数列。在时期数列中，每个指标所涉及的时间长度称为时期，见表 5－1。

2. 时点数列

当绝对数动态数列中每项指标反映的是某种现象在某一时点状态上所达到的规模或水平时，这种数列就称为时点数列。在时点数列中，两个时点之间的间距称为间隔，见表 5－2。

表 5－2　我国 2010－2017 年年末人口数　单位：万人

年　份	2010	2011	2012	2013	2014	2015	2016	2017
总人口	134091	134735	135404	136072	136782	137462	138271	139008
其中：男性	68748	69068	69395	69728	70079	70414	70815	71137

资料来源：《中国统计年鉴 2017》《中华人民共和国 2017 年国民经济和社会发展统计公报》

（二）相对数动态数列

相对数动态数列是指将说明总体的相对指标按时间先后顺序排列起来而形成的数列，它反映了现象间的数量对比关系和发展变化情况等，见表 5－3。

表 5－3　我国男性人口占总人数的比重

年　份	2010	2011	2012	2013	2014	2015	2016	2017
男性人口所占比重（%）	51.27	51.26	51.25	51.24	51.23	51.22	51.21	51.20

资料来源：《中国统计年鉴 2017》《中华人民共和国 2017 年国民经济和社会发展统计公报》

（三）平均数动态数列

平均数动态数列是指将说明总体的平均数指标按时间先后顺序排列起来而形成的数列，它反映了现象总体各单位某一标志一般水平的发展变化趋势，见表 5－4。

表5-4　　我国城镇单位就业人员平均工资

年　份	2010	2011	2012	2013	2014	2015	2016
平均工资（元）	36539	41799	46769	51483	56360	62029	67569

资料来源：《中国统计年鉴2017》

时期指标和时点指标的有关特点我们已在第四章中作了介绍。这里需要注意的是，在相对数动态数列和平均数动态数列中，各项指标的数值是不能相加的，因为相加后的数值是没有实际意义的。

三、编制动态数列的原则

编制动态数列的基本原则是保持数列中各项指标具有可比性。

（一）数列中各项指标时期长短应力求一致

因时期数列中各项指标数值的大小与时期长短密切相关，为便于对比分析，一般要求数列中各项指标的时期长短应当一致。时点数列中各项指标的数值虽然不是间隔期内各时点上的数值之和，它们之间的间隔可以不一致，但为了更清楚地说明现象变动的规律性，间隔仍应力求一致，特别是对那些变动有规律性的现象的研究更应如此。

（二）数列中各项指标的性质和内容应可比

将现象总体不同时期的同类指标编制成动态数列，必须注意现象的同质性。有些指标虽然名称没有变，但其计算内容已发生变化，若把这些指标编制成动态数列，加以对比分析，即使能得出有关结论，该结论也未必正确。因现象的历史条件是不断变化的，这将引起指标的性质和内容发生相应变化，特别是重大政治经济改革时期更应注意这一问题，如“营改增”前后的增值税问题。

（三）总体范围应可比

总体范围是指研究对象的所属范围，这是编制动态数列时经常遇到的问题。动态数列中的各项指标，即使经济性质一致而范围不一致，也是不可比的。例如把四川省第五次人口普查的有关人口资料（如人口总数等）与第四次人口普查的相应资料相比就不可比，因为第五次人口普查时重庆市已从原四川省划分出来，必须将对比资料作相应的调整，才能进行动态分析。

（四）数列中各项指标的计算方法和计量单位应一致

动态数列中各时期的指标在计算口径、计算价格、计量单位、计算方法上应保持一致。如2016年，我国国内生产总值按当年价格计算为744127.2亿元，比上年增长7.99%；按不变价格计算为62872.2亿元，比上年增长3.3%①。这就是说，GDP既可按

① 《中国统计年鉴2017》。

当年价格计算，也可按不变价格计算，还可按现行汇率计算；既可用“元”作计量单位，也可以用“美元”等作计量单位。可见，当所研究的现象在计算方法、计量单位的度量上不一致时，应寻找适当的方法进行换算及调整。

课堂讨论：动态数列与变量数列的构成要素有何区别？

第二节　动态数列的水平指标

动态分析指标有两大类：一类是水平指标，即发展水平、平均发展水平、增长量、平均增长量等指标；另一类是速度指标，即发展速度、平均发展速度、增长速度和平均增长速度；另外，还有一类是水平指标与速度指标相结合的指标，即增长1%的绝对值等指标，它应用于把现象的发展水平与发展速度结合起来进行分析与研究。

一、发展水平

发展水平是指现象总体在一定时期或时点上所达到的规模或水平。发展水平可以是总量指标，也可以是相对指标或平均指标。

发展水平按其在动态数列中的位置和作用不同可分为最初水平、最末水平、中间水平，报告期水平和基期水平。最初水平是数列中的第一期的指标数值，最末水平是数列中的最后一期的指标数值，其余各项指标数值都叫中间水平。在动态分析中，我们还将所研究的那一时期（或时点）的发展水平称为报告期水平或计算期水平，把用来作为对比基础的时期（或时点）的发展水平叫基期水平。如用符号表示数列中各个时期的发展水平，则：a_0代表最初水平，$a_1 \to a_{n-1}$为中间水平，a_n代表最末水平。见上文表5－1，$a_0=16386$，$a_n=31649$，其余为中间水平。若研究2020年的财政收入情况，且与2019年对比，则2019年为基期，2020年为报告期。数列中的最初水平和最末水平、报告期水平和基期水平不是固定不变的，而是根据时间及研究目的的变化而变化的。统计上用文字说明发展水平时，习惯上用“增加到”或“降低到”等表示，在说明上“到”字不能漏掉。

二、平均发展水平

平均发展水平是指将动态数列中不同时期或时点上的发展水平加以平均而得到的平均数，又称序时平均数。将同质总体各单位某一数量标志值的和除以相应的总体单位数所计算的平均数，称为一般平均数。

序时平均数与一般平均数既有联系，又有区别。它们的联系是：两者都将所研究现象的个别数量差异抽象化，概括地反映现象的一般水平。但两者也有区别：序时平均数所抽象的是某一现象在不同时间上的数量差异，是根据动态数列计算的，从动态上说明现象在一定时期内发展的一般水平；一般平均数是将总体各单位某一数量标志值在同一时间上的数量差异抽象化，是根据变量数列来计算的，从静态上说明现象在具体历史条件下的一般水平。在动态分析中，利用序时平均数可以反映现象总体在一定时期内的一般水平；可以消除现象在短期内波动的影响，以观察现象的发展趋势；可以对不同单位、不同地区等某一时期内同类事物的一般水平进行比较。

序时平均数可以根据绝对数动态数列计算，也可以根据相对数动态数列或平均数动态数列来计算。从方法角度讲，绝对数动态数列计算序时平均数的方法是相对数动态数列和平均数动态数列计算序时平均数的基础。

（一）由绝对数动态数列计算序时平均数

绝对数动态数列分为时期数列和时点数列，两者计算序时平均数的方法有所不同。

1．由时期数列计算序时平均数

由于时期数列中各项指标所属时期长短一般都相等，且具有可加性，因此可直接采用算术平均法来计算其序时平均数。

设 a_1、a_2、……、a_n 为时期数列中各期的发展水平，则序时平均数的计算公式为：

$$\bar{a} = \frac{a_1 + a_2 + a_3 + \cdots\cdots + a_{n-1} + a_n}{n} = \frac{\sum a}{n} \tag{5-1}$$

式中：$\bar{a}$ 为序时平均数；a_i 为各期时期指标；n 为时期指标的项数。

［例5－1］ 试根据表5－1的资料计算“十三五”期间该市财政收入的年平均水平。

将表5－1的资料代入公式5－1中，得：

$$\bar{a} = \frac{\sum a}{n} = \frac{16386 + 18903 + 21715 + 26396 + 31649}{5} = 23009.8(\text{万元})$$

即：该市“十三·五”期间平均每年的财政收入为23009.8万元。

2．由时点数列计算序时平均数

根据时点数列计算序时平均数的方法比较复杂，由于掌握的资料不同，计算方法也不一样。

（1）由连续时点数列计算序时平均数。

因时点数列中两个时点间一般都有一定间隔，因此，时点数列一般都是不连续的。但如果掌握了计算期内每一时点上的统计资料，那么这个时点数列就可以看成是连续时点数列。严格讲，时点是指某一瞬间，但在现实生活中，人们把时点的概念扩大化了，习惯以日作为时点，如月末职工人数、年末职工人数等，都是指月末或年末最后一天的职工人数。

①由间隔相等的连续时点数列计算序时平均数。其计算公式为：

$$\bar{a} = \frac{\sum a}{n} \tag{5-2}$$

式中：a 为各期时点指标；n 为时点指标的项数。

［例5－2］ 若已知某工业企业2018年12月份每天的在册职工人数，要计算该企业12月份的平均在册职工人数，可直接将该月每天的职工人数相加，再除以31天即可。

②由间隔不等的连续时点数列计算序时平均数。如果现象只在其变动时才加以统计，则以相应的时间间隔长度（f）为权数对相应时点水平（a）进行加权计算，计算公式为：

$$\bar{a}=\frac{\sum af}{\sum f} \tag{5-3}$$

［例 5－3］ 某企业 2018 年 12 月 1 日至 12 月 18 日每日的在册职工人数为 146 人，12 月 19 日到月底为 158 人，则该企业 12 月份的平均在册职工人数为：

$$\bar{a}=\frac{\sum af}{\sum f}=\frac{146\times18+158\times13}{18+13}=\frac{4682}{31}=151\text{（人）}$$

（2）由间断时点数列计算序时平均数。

①如果掌握了间隔相等的各期期初或期末资料，则用简单算术平均法分层计算序时平均数。根据我国现行统计报表制度，对一些重要现象如商品库存量、银行存款余额、职工人数等时点指标，均可从报表中取得期末资料。

［例 5－4］ 某企业 2018 年第一季度职工人数资料见表 5－5。

表 5－5　　某企业 2014 年第一季度职工人数

日期	上年年底	2 月 1 日	3 月 1 日	4 月 1 日
职工人数（人）	156	158	164	168

根据上述资料，先计算各月的职工平均人数，然后计算第一季度职工平均人数：

$$1\text{ 月份平均职工人数}=\frac{156+158}{2}=157\text{（人）}$$

$$2\text{ 月份平均职工人数}=\frac{158+164}{2}=161\text{（人）}$$

$$3\text{ 月份平均职工人数}=\frac{164+168}{2}=166\text{（人）}$$

$$\text{第一季度平均职工人数}=\frac{157+161+166}{3}=161.33\text{（人）}$$

上述计算过程可合并为：

$$\text{第一季度平均职工人数}=\frac{\frac{156+158}{2}+\frac{158+164}{2}+\frac{164+168}{2}}{3}$$

$$=\frac{\frac{156}{2}+158+164+\frac{168}{2}}{4-1}=161.33\text{（人）}$$

此方法须假定上期期末水平为本期期初水平，且现象在两相邻时点间的变化是均匀的，因此将两相邻时点指标相加后除以 2，得两时点间的序时平均数，然后据此求得整个研究期的序时平均数。

由此可见，根据间隔相等的间断时点数列计算序时平均数，是将首末两项水平折半再加上中间各项水平，然后除以项数减 1 求得。用公式表示为：

$$\bar{a}=\frac{\frac{a_1}{2}+a_2+a_3+\cdots\cdots+a_{n-1}+\frac{a_n}{2}}{n-1} \tag{5-4}$$

式中：n 代表时间数列的项数；

$n-1$ 代表间隔数目。

②如果掌握了间隔不等的各期期末或期初的资料，则用间隔的长度（f）作为权数，用加权算术平均法分层计算序时平均数。由间隔不等的时点数列计算序时平均数时，假定条件与前者相同，但实际并非如此，故由此计算的序时平均数为一近似值。为使计算结果接近于实际，时点间隔不宜过长。计算公式如下：

$$\bar{a}=\frac{\frac{a_1+a_2}{2}\cdot f_1+\frac{a_2+a_3}{2}\cdot f_2+\cdots\cdots+\frac{a_{n-1}+a_n}{2}\cdot f_{n-1}}{f_1+f_2+\cdots\cdots+f_{n-1}} \tag{5-5}$$

[例 5－5] 某企业 2018 年职工人数资料见表 5－6。

表 5－6

	上年年底	3 月 1 日	7 月 1 日	10 月 1 日	12 月月底
职工人数（人）	100	128	126	130	136

$$该企业 2018 年的平均职工人数=\frac{\frac{100+128}{2}\times 2+\frac{128+126}{2}\times 4+\frac{126+130}{2}\times 3+\frac{130+136}{2}\times 3}{2+4+3+3}$$

$$=126.6（人）$$

（二）由相对数动态数列计算序时平均数

由相对数动态数列计算序时平均数时，应按数列的性质，分别用绝对数动态数列计算序时平均数的方法，先求出该相对数分子、分母数列的序时平均数，然后再相除。这是因为相对数动态数列是由两个相互联系的绝对数动态数列对比所形成，在其后面隐藏着与之相适应的绝对数，不能直接用绝对数动态数列求序时平均数的方法，而只能以其为基础来计算。基本计算公式为：

$$\bar{c}=\frac{\bar{a}}{\bar{b}} \tag{5-6}$$

式中：$\bar{a}$ 表示分子数列的序时平均数；

$\bar{b}$ 表示分母数列的序时平均数；

$\bar{c}$ 表示相对数动态数列的序时平均数。

我们学过的六种相对数中，除动态相对数外，其余都是静态相对数。这里讲的是由静态相对数组成的动态数列计算序时平均数的方法，若由动态相对数组成的动态数列计算序时平均数则要用几何平均法或方程式法。

1. 由两个时期数列相应项对比而形成的相对数动态数列计算序时平均数

计算公式为：

$$\bar{c}=\frac{\bar{a}}{\bar{b}}=\frac{\sum a}{n}\div\frac{\sum b}{n}=\frac{\sum a}{\sum b} \tag{5-7}$$

[例 5－6] 某企业 2018 年第一季度某种产品产量计划完成情况见表 5－7：

表 5－7

	1 月份	2 月份	3 月份
（a）实际完成数（个）	500	520	600
（b）计划数（个）	450	500	550
（c＝a/b）计划完成程度（%）	111.11	104	109.09

试计算 2018 年该企业第一季度某产品产量的平均计划完成程度。

将表 5－7 的资料代入公式 5－7 中得：$\bar{c}=\dfrac{500+520+600}{450+500+550}\times100\%=108\%$

由于 $c=a/b$，$a=cb$，将其代入公式 5－7 中得：

$$\bar{c}=\frac{\sum cb}{\sum b} \tag{5-8}$$

公式 5－8 从形式上看是一个以 c 为变量值，以 b 为权数的加权算术平均数公式。

即　$\bar{c}=\dfrac{\sum cb}{\sum b}=\dfrac{1.1111\times450+1.04\times500+1.0909\times550}{450+500+550}\times100\%=108\%$

可见，若掌握了 a、b、c 三个要素中的任意两个要素的系统资料，则可以进行相互推算。

2. 由两个时点数列相应项对比而形成的相对数动态数列计算序时平均数

由于时点数列情况复杂、形式多样，计算序时平均数的方法也不尽相同。但基本计算原则仍然是先分别求分子和分母两个时点数列的序时平均数，然后再相除求得相对数动态数列的序时平均数。

［例 5－7］ 某乡镇有关从业人员（年末）与该乡镇人口总数（年末）的资料见表 5－8。试计算 2013—2018 年期间该乡镇从业人员占该乡镇人口总数的平均比重。

表 5－8

年　份	2013	2014	2015	2016	2017	2018
总人口（人）（b）	126743	127627	128453	129227	129988	130756
从业人数（人）（a）	72085	73025	73740	74432	75200	75825

因分子、分母数列均为间断时点数列，且间隔相等。因此，运用公式 5－4 可建立如下公式：

$$\bar{c}=\frac{\bar{a}}{\bar{b}}=\frac{\dfrac{a_0}{2}+a_1+a_2+\cdots\cdots+a_{n-1}+\dfrac{a_n}{2}}{n}\div\frac{\dfrac{b_0}{2}+b_1+b_2+\cdots\cdots+b_{n-1}+\dfrac{b_n}{2}}{n}$$

$$=\frac{\dfrac{a_0}{2}+a_1+a_2+\cdots\cdots+a_{n-1}+\dfrac{a_n}{2}}{\dfrac{b_0}{2}+b_1+b_2+\cdots\cdots+b_{n-1}+\dfrac{b_n}{2}} \tag{5-9}$$

将表 5－8 资料代入公式 5－9 得：

$$\bar{c}=\frac{\frac{72085}{2}+73025+73740+74432+75200+\frac{75825}{2}}{\frac{126743}{2}+127627+128453+129227+129988+\frac{130756}{2}}=57.5\%$$

即2014年—2018年期间该乡镇从业人员占人口总数的平均比重为57.5%。

3. 由时期数列和时点数列相应项对比所形成的相对数动态数列计算序时平均数

凡此类问题，均须先计算出分子、分母数列的序时平均数，然后将求出的两个序时平均数相比即可求得相对数动态数列的序时平均数。

计算公式如下：

$$\bar{c}=\frac{\sum a/n_1}{\frac{\frac{b_1}{2}+b_2+\cdots\cdots+b_{n_2-1}+\frac{b_{n_2}}{2}}{n_2-1}} \tag{5-10}$$

式中：n_1为时期数列的项数；n_2为时点数列的项数。

[例5-8] 某公司2019年第一季度有关资料见表5-9，试计算该公司第一季度人均月销售利润是多少？

表5-9

	一月	二月	三月	四月
销售利润（万元）(a)	2000	2100	2500	2700
月初职工人数（人）(b)	1200	1220	1280	1310

因表5-9中第一行数字是时期指标，第二行数字是间隔相等的时点指标，所以可根据公式5-10进行计算，即：

$$\bar{c}=\frac{\frac{2000+2100+2500}{3}}{\frac{\frac{1200}{2}+1220+1280+\frac{1310}{2}}{4-1}}=\frac{2200}{1251.67}=1.76\text{（万元/人）}$$

如果所掌握的资料是间隔不相等的时间数列，则公式5-10应根据具体情况做相应调整，以满足实际情况的需要。

（三）由平均数动态数列计算序时平均数

由一般平均数所组成的动态数列计算序时平均数与相对数动态数列计算序时平均数的方法相同。即先求分子数列和分母数列的序时平均数，然后将两个序时平均数相除求得。

平均数动态数列可由一般平均数组成，也可由序时平均数组成，因两者各有不同的特点，因此，由它们组成的动态数列计算序时平均数的方法也不一样。如果数列本身是序时平均数，且各项指标数值间隔长度相等，则可直接用公式5-1进行计算。

[例5-9] 某公司2019年1月份职工平均工资为3900元，2月份为3800元，3月份为4000元，则该公司第一季度职工平均工资额为：

$$\bar{c}=\frac{\sum a}{n}=\frac{3900+3800+4000}{3}=3900(\text{元})$$

如果数列中各项指标数值的间隔长度不相等，则应以间隔长度作为权数，用公式 5－3 进行计算。

［例 5－10］ 承例 5－9，如果 2019 年 1 月份职工的平均工资为 3900 元，2、3 月份均为 4000元，则第一季度该公司职工平均工资为：$\bar{c}=\frac{\sum af}{\sum f}=\frac{3900\times 1+4000\times 2}{1+2}=3966.67$（元）

需要指出的是，此条件下公式中的 a 不是时期指标或时点指标，而是一个一般平均数。

三、增长量

增长量是指现象总体某指标数值的报告期水平与基期水平之差，说明现象经过一定时期的发展所增加或减少的绝对量。即：

增长量＝报告期水平－基期水平

统计上用文字说明增长量时，习惯上用“增加了”“降低了”或“多了”“少了”等表示，在说明时“了”字不能漏掉。

由于选择的基期不同，增长量可分为：逐期增长量和累计增长量。

（一）逐期增长量

逐期增长量是指报告期水平与其前一期水平之差，说明现象相邻时期所增减变化的绝对值量，用公式表示为：

逐期增长量 $=a_i-a_{i-1}\rightarrow a_1-a_0,\ a_2-a_1,\ \cdots,\ a_n-a_{n-1}$　　（5－11）

（二）累计增长量

累计增长量是指报告期水平与某一固定基期水平之差，说明现象经过较长时间的发展所增减变化的总量，又叫总增长量，用公式表示为：

累计增长量 $=a_i-a_0\rightarrow a_1-a_0,\ a_2-a_0,\ \cdots,\ a_n-a_0$　　（5－12）

［例 5－11］ 某地区“十三五”期间固定资产投资总额增长量计算表见表 5－10：

表 5－10　固定资产投资总额增长量计算表　　单位：万元

年　份	2015	2016	2017	2018	2019	2020
发展水平（投资总额）	20019.3	22913.5	24941.1	28406.2	29854.7	32917.7
逐期增长量	—	2894.2	2027.6	3465.1	1448.5	3063
累计增长量	—	2894.2	4921.8	8386.9	9835.4	12898.4

（三）逐期增长量与累计增长量之间的关系

1. 各逐期增长量之和等于相应的累计增长量：

$$(a_1-a_0)+(a_2-a_1)+\cdots+(a_n-a_{n-1})=a_n-a_0$$

根据表 5－10 的有关资料有：

$$2894.2+2027.6+3465.1+1448.5+3063=12898.4 \text{（万元）}$$

2. 两个相邻的累计增长量之差等于相应的逐期增长量：

$$(a_n-a_0)-(a_{n-1}-a_0)=a_n-a_{n-1}$$

根据表5－10的有关资料有：

$$12898.4-9835.4=3063 \text{（万元）}$$

四、平均增长量

平均增长量是指动态数列中各逐期增长量的序时平均数，它表明现象在一定时期内每期平均增长（或减少）的数量。即：

$$\text{平均增长量}=\text{逐期增长量之和}\div\text{逐期增长量的项数}$$

$$=\frac{(a_1-a_0)+(a_2-a_1)+\cdots+(a_n-a_{n-1})}{n}=\frac{a_n-a_0}{n} \qquad (5-13)$$

[例5－12] 承例5－11，某地区“十三·五”期间固定资产投资额的年均增长量

$$=\frac{2894.2+2027.6+3465.1+1448.5+3063}{5}=\frac{12898.4}{5}$$

$$=2579.7 \text{（万元）}$$

课堂讨论：序时平均数与算术平均数有何联系与区别？

第三节　动态数列的速度指标

一、发展速度

发展速度是指现象总体某指标报告期水平与基期水平之比，反映两个不同时期发展水平变化情况的动态相对数。发展速度通常用百分数表示，当比值较大时，也可用倍数表示。

$$\text{发展速度}=\frac{\text{报告期发展水平}}{\text{基期发展水平}}\times100\%$$

由于采用的基期不同，发展速度可分为环比发展速度和定基发展速度两种。

（一）环比发展速度

环比发展速度是报告期水平与其前一期发展水平之比，说明相邻时期现象发展变化的程度。用公式表式为：

$$\text{环比发展速度}=\frac{a_i}{a_{i-1}}\rightarrow\frac{a_1}{a_0},\ \frac{a_2}{a_1},\ \cdots,\ \frac{a_n}{a_{n-1}} \qquad (5-14)$$

（二）定基发展速度

定基发展速度是报告期水平与某一固定基期水平（通常是最初水平）之比，说明现象在一较长时期内总的发展变化的程度，又叫总速度。用公式表示为：

$$定基发展速度 = \frac{a_i}{a_0} \rightarrow \frac{a_1}{a_0}, \frac{a_2}{a_0}, \cdots, \frac{a_n}{a_0} \tag{5-15}$$

[例 5－13] 某地区“十三·五”期间固定资产投资总额发展速度计算表见表 5－11：

表 5－11　　固定资产投资总额发展速度计算表

年　份	2015	2016	2017	2018	2019	2020
发展水平（万元）	20019.3	22913.5	24941.1	28406.2	29854.7	32917.7
环比发展速度（%）	—	114.46	108.85	113.89	105.10	110.26
定基发展速度（%）	100.00	114.46	124.59	141.89	149.13	164.43

（三）环比发展速度与定基发展速度的关系

1. 定基发展速度等于相应的各期环比发展速度的连乘积。即：

$$\frac{a_n}{a_0} = \frac{a_1}{a_0} \times \frac{a_2}{a_1} \times \cdots \times \frac{a_n}{a_{n-1}} \tag{5-16}$$

根据表 5－11 资料，则有：

164.43% ＝114.46% ×108.85% ×113.89% ×105.1% ×110.26%

2. 两个相邻时期的定基发展速度之商，等于相应的环比发展速度。即：

$$\frac{a_i}{a_{i-1}} = \frac{a_i}{a_0} \div \frac{a_{i-1}}{a_0} \tag{5-17}$$

根据表 5－11 资料，则有：

110.26% ＝164.43% ÷149.13% ×100%

根据以上换算关系，可以进行定基发展速度和环比发展速度的相互换算。

> **知识拓展**
>
> 增长量大小比较口诀：报告期数值大，增长率大，则增长量一定大（大大则大）；增长率相差不大的情况下，报告期水平起决定性作用。一大一小看倍数。

二、增长速度

增长速度是指现象总体某指标报告期的增长量与基期发展水平之比，用来说明现象在一定时期提高或降低的程度。发展速度是报告期水平与基期水平之比，它包括了基期水平；增长速度是报告期水平比基期水平增长或降低了百分之几，它不包括基期水平。即：

$$增长速度 = \frac{增长量}{基期水平} = \frac{报告期水平 - 基期水平}{基期水平} = 发展速度 - 1（或 100\%）$$

发展速度一般没有正负数值之分，而增长速度有正负数值之分。当增长速度为正值时，为增长率；为负值时，即为降低率。与发展速度一样，增长速度由于采用的基期不同，也可分为环比增长速度和定基增长速度两种。

（一）环比增长速度

环比增长速度是现象总体的逐期增长量与其前一期发展水平之比，说明相邻时期现象总体某指标增长的程度。计算公式如下：

$$环比增长速度=\frac{a_n-a_{n-1}}{a_{n-1}}=\frac{a_n}{a_{n-1}}-1=环比发展速度-1（或100\%） \qquad (5-18)$$

（二）定基增长速度

定基增长速度是现象总体的累计增长量与某一固定时期水平之比，说明现象在较长时期内总的增长程度。计算公式如下：

$$定基增长速度=\frac{a_n-a_0}{a_0}=\frac{a_n}{a_0}-1=定基发展速度-1（或100\%） \qquad (5-19)$$

环比增长速度与定基增长速度并无直接的换算关系，只能间接推算而求之。所以，只要掌握了环比发展速度或定基发展速度，将其减1或减100%，就可得到环比增长速度或定基增长速度；相反，若知环比增长速度或定基增长速度，分别将它们加1或加100%，也可得到环比发展速度或定基发展速度。

[例5-14] 某地区“十三·五”期间固定资产投资总额增长速度计算表见表5-12。

表5-12　　固定资产投资总额增长速度计算表

年　份	2010	2011	2012	2013	2014	2015
发展水平（万元）	20019.3	22913.5	24941.1	28406.2	29854.7	32917.7
环比增长速度（%）	—	14.46	8.85	13.89	5.1	10.26
定基增长速度（%）	0	14.46	24.59	41.89	49.13	64.43

三、增长1%的绝对值

发展速度和增长速度均为相对指标，它们只能表明现象发展或增长的程度，而不能说明现象增加的绝对量。增长1%的绝对值是指现象在以前时期水平的基础上，报告期每增长1%所增加的绝对量。由于相对指标具有抽象化的作用，因而在低水平基础上计算的增长速度与在高水平基础上计算的增长速度即使其数值相同，但其意义是不同的。例如，根据表4-4的数据可知，1953年第一次人口普查时，我国大陆人口为58260万人，而2010年第六次人口普查时，我国大陆人口已增加到133972万人。两个时期人口每增长1%的绝对数显然是不同的。因此，在动态分析中，既要研究现象的增长速度，又要研究现象每增长1%时所包含的绝对值。其计算公式为：

$$增长1\%的绝对值=\frac{逐期（或累计）增长量}{环比（或定基）增长速度}\times1\%$$

$$=\frac{前一期（或基期）水平}{100} \qquad (5-20)$$

由公式 5－20 可知，1954 年的人口在 1953 年的基础上每增长 1%，意味着增加 582.6 万人，而 2011 年在 2010 年的基础上每增长 1%，则意味着增加 1399.72 万人。两者同样都是增长 1%，但其相应增长的绝对值却相差较大。

四、平均速度

平均速度包括平均发展速度和平均增长速度。平均发展速度是各期环比发展速度的序时平均数，说明现象在一定时期内逐期平均发展变化的程度。平均增长速度是各期环比增长速度的序时平均数，表明现象在一定时期内逐期平均增长的程度。但平均增长速度不能直接根据各期环比增长速度来计算，而只能先将各期的环比增长速度加 1 或 100% 还原为相应的环比发展速度，然后据此计算平均发展速度，再将平均发展速度减 1 或 100% 求得平均增长速度。

平均发展速度的计算方法。由于环比发展速度是根据同一现象不同时期发展水平对比得到的动态相对数，它不能用一般平均数动态数列计算序时平均数的方法来计算，而要采用几何平均法或方程式法计算。

（一）几何平均法

由于定基发展速度等于各期环比发展速度的连乘积，而不等于各期环比发展速度之和，因此，求环比发展速度的平均数，应用几何平均法，而不用算术平均法。

几何平均法的基本原理是：现象从最初水平（a_0）出发，每期按照各期的环比发展速度发展，经过 n 期后就可以达到最末水平（a_n）。同理，现象从最初水平（a_0）出发，如果每年按平均发展速度发展，经过 n 期后也可以达到最末水平（a_n）。用平均发展速度代替各期的环比发展速度也能得到相同的结果，故该方法又叫水平法。

假设：$\bar{x}$ 为平均发展速度；a_0 代表最初水平；a_n 代表最末水平；n 代表间隔期；x_1，x_2，x_3，…，x_n 代表各期的环比发展速度。

则：$a_0 \cdot x_1 \cdot x_2 \cdot x_3 \cdot \cdots \cdot x_n = a_n$　用 $\bar{x}$ 代替 x_1、x_2、x_3、…、x_n，得：

$$a_0 \cdot \bar{x} \cdot \bar{x} \cdot \cdots \cdot \bar{x} = a_n \rightarrow a_0 \cdot (\bar{x})^n = a_n \rightarrow (\bar{x})^n = \frac{a_n}{a_0}$$

$$\bar{x} = \sqrt[n]{\frac{a_n}{a_0}} \tag{5-21}$$

公式中 $\frac{a_n}{a_0}$ 为最末时期的定基发展速度，又称总速度，若用 R 表示总速度，则：

$$\bar{x} = \sqrt[n]{R} \tag{5-22}$$

因定基发展速度等于相应的环比发展速度的连乘积，所以，公式 5－21 可写成：

$$\begin{aligned} \bar{x} &= \sqrt[n]{\frac{a_n}{a_0}} = \sqrt[n]{\frac{a_1}{a_0} \times \frac{a_2}{a_1} \times \frac{a_3}{a_2} \times \cdots \times \frac{a_n}{a_{n-1}}} \\ &= \sqrt[n]{x_1 \cdot x_2 \cdot x_3 \cdots \cdot x_n} = \sqrt[n]{\pi x} \end{aligned} \tag{5-23}$$

平均发展速度实质上就是 n 期环比发展速度的连乘积的 n 次方根。因此，根据掌握的资料不同，可以选用不同的公式进行计算。

[例5－15] 试分别用表5－11的资料计算平均发展速度：

(1) 根据最末水平和最初水平采用公式5－21计算。

已知：$a_n=32917.7$　$a_0=20019.3$　$n=5$

则：$\bar{x}=\sqrt[n]{\dfrac{a_n}{a_0}}=\sqrt[5]{\dfrac{32917.7}{20019.3}}=1.1046$（或110.46%）

(2) 根据动态数列中最后一期的定基发展速度，用公式5－22计算。

已知：$R=1.6443$　$n=5$

则：$\bar{x}=\sqrt[n]{R}=\sqrt[5]{1.6443}=1.1046$（或110.46%）

(3) 根据动态数列中各期的环比发展速度，用公式5－23计算。

已知：$n=5$，各期的环比发展速度分别为1.1446、1.0885、1.1389、1.051、1.1026

则：$\bar{x}=\sqrt[n]{x_1\cdot x_2\cdot x_3\cdot\cdots\cdot x_n}$

$=\sqrt[5]{1.1446\times1.0885\times1.1389\times1.051\times1.1026}=1.1046$（或110.46%）

可见，无论采用哪种计算公式，计算结果都是相同的。

如果将现象发展的过程划分为几个时期，并掌握了各个不同时期的平均发展速度指标，要对全过程求平均发展速度，则要以各时期的时间长度为权数，按加权几何平均法计算。计算公式为：

$$\bar{x}=\sqrt[\sum f]{x_1^{f_1}\cdot x_2^{f_2}\cdot\cdots\cdot x_n^{f_n}}=\sqrt[\sum f]{\pi x^f} \tag{5-24}$$

[例5－16] 某市财政收入2007—2011年平均每年增长7%，2012—2014年平均每年增长10%，2015—2018年平均每年增长8%，问该市财政收入2003—2018年间平均每年增长百分之几？

解：先将各期的年增长速度还原为年发展速度，然后代入公式5－24中计算。

平均发展速度 $\bar{x}=\sqrt[12]{1.07^5\times1.1^3\times1.08^4}=1.0808$（或108.08%）

即该市12年来的财政收入年平均发展速度为108.08%，年平均增长8.08%。

（二）方程式法

方程式法计算平均发展速度的出发点是：从最初水平（a_0）出发，各期均按某一平均速度发展，经过n期后，计算出的各期水平之和，应等于实际的各期水平之和，与同期按环比发展速度发展的各期实际水平之和一致，故此法又称累计法。

设：a_0为基期水平，$\bar{x}$为累计法计算的平均发展速度，a_1、a_2、…、a_n为各期发展水平。则有：

$$a_1=a_0\bar{x},\ a_2=a_1\bar{x}=a_0(\bar{x})^2,\ a_3=a_2\bar{x}=a_0(\bar{x})^3,\ \cdots,\ a_n=a_{n-1}\bar{x}=a_0(\bar{x})^n$$

把上述各等式两边相加得：

$$a_1+a_2+a_3+\cdots+a_n=a_0\bar{x}+a_0(\bar{x})^2+a_0(\bar{x})^3+\cdots+a_0(\bar{x})^n$$

$$\sum a=a_0[\bar{x}+(\bar{x})^2+(\bar{x})^3+\cdots+(\bar{x})^n]$$

$$\sum a/a_0=\bar{x}+(\bar{x})^2+(\bar{x})^3+\cdots+(\bar{x})^n \tag{5-25}$$

公式5－25是关于$\bar{x}$的一个高次方程式，其中，$\sum a/a_0$称累计法的总速度，它是各期发展水平之和(不包括 a_0) 与基期水平的比。

解这个方程式，所求 $\bar{x}$ 的正根就是用方程式法计算的平均发展速度。但求解这个高次方程式是比较复杂的，为了简便起见，在实际工作中，是根据“平均增长速度查对表”来查出的。查对表分“水平法查对表”和“累计法查对表”。表 5-13 是累计法递增速度查对表的部分摘录。

具体步骤是：

(1) 计算 $\sum a/a_0$ 的值，并将其除以期内年数，即 $\sum a/a_0 \div n$。

表 5-13　五年间年平均增长速度累计法查对简表(部分)

平均年增长速度(%)	五年发展水平总和为基期的 %	平均年增长速度(%)	五年发展水平总和为基期的 %
1	515.20	8	633.59
2	530.80	9	652.33
3	546.84	10	671.56
4	563.31	11	691.27
5	580.19	12	711.51
6	597.54	13	732.28
7	615.33	14	753.53

(2) 判断：若 $\sum a/a_0 \div n > 1$，则所得结果为递增速度，可在查对表的递增部分查找 $\sum a/a_0$ 的值，与之对应的百分比就是平均增长速度；若 $\sum a/a_0 \div n < 1$，则所得结果为递减速度，可在查对表的递减部分查找 $\sum a/a_0$ 的值，与之对应的百分比就是平均递减速度。

(3) 将平均增长速度转化为平均发展速度。

[例 5-17] 根据表 5-12 的资料，试采用累计法计算该地区“十三五”期间固定资产投资总额的年平均增长速度。

解：(1) 计算五年的投资额之和与基年 (2015 年) 投资额 (a_0) 之比：

$$\frac{\sum a}{a_0} = \frac{22913.5 + 24941.1 + 28406.2 + 29854.7 + 32917.7}{20019.3} = 6.945\ (\text{或 } 694.5\%)$$

(2) 判断是递增速度还是递减速度。

因为：$\dfrac{\sum a/a_0}{n} = \dfrac{694.5\%}{5} = 138.9\% > 100\%$

计算结果大于 100%，说明为递增速度，故在查对表中的递增部分查 $\bar{x}$。

(3) 查表。在表中 694.5% 介于 691.27%～711.51% 之间，则 $\bar{x}$ 必在 111%～112% 之间。其确切的数值可用插值法求得，即：

$$\bar{x} = 111\% + \frac{(694.5\% - 691.27\%) \times (112\% - 111\%)}{711.51\% - 691.27\%} = 111.16\%$$

计算结果表明，该地区“十三五”期间固定资产投资总额年平均发展速度为 111.16%。平均每年较上年增长 11.16%。

以上计算说明，根据同一资料采用两种方法计算的平均发展速度不一致。因为水平法侧重于考察现象的期末水平，中间起伏变动情况未加反映，而累计法则侧重于考察事物发展过程中各期的水平。两种计算方法的出发点不同，其计算结果就略有不同。

在计算和应用平均发展速度指标时应注意以下问题：第一，要结合具体研究目的选择基期。当现象呈波浪型发展时，基期水平的高低直接影响平均发展速度的大小。例如，在研究五年计划内的平均发展速度时，应该以该五年计划的前一期为基期。第二，要注意研究期内速度的发展方向基本保持一致。如果研究期内现象起伏波动较大，由此计算的平均发展速度就缺乏现实意义。第三，应计算分段平均发展速度来补充说明全期的总平均发展速度。因为在一个较长的历史时期，现象在各不同历史阶段的变化较大，除了计算总平均速度外，还要计算各不同阶段的平均速度来加以补充说明。

知识拓展

正确看待经济增长速度，首先必须要辩证地看，既不唯GDP，也不能无GDP。经济增长必须保持一定的速度，这是保障经济持续发展、社会稳定、人民生活质量提高的基础。

正确看待经济增长速度，更为重要的是把握好经济发展的内涵，即发展经济必须是遵循经济规律的科学发展，必须是遵循自然规律的可持续发展，必须是遵循社会规律的包容性发展。

遵循经济规律的科学发展是强调经济发展的质量，不是盲目的不加选择的增长，而是有质量、有效益、去除水分的发展。

遵循自然规律的可持续发展，是强调经济发展必须考虑环境承载力和资源的高效合理利用，避免对自然资源的滥用、浪费等短视行为。

遵循社会规律的包容性发展，强调经济发展的公平和效率。必须牢固树立开放发展、共享发展的理念。发展既是经济问题，也是社会问题，社会运行同样有其规律。发展的主体是人，发展的目的还是人。

课堂讨论：如何评价速度指标？

第四节　现象变动的趋势分析

动态分析的任务除了编制动态数列，计算增长量、发展速度、增长速度、平均速度等分析指标，并通过这些指标来研究现象的发展规律外，还要消除一些非本质的偶然因素的影响，研究现象的长期变动趋势和季节变动趋势，即用数学模型来表明客观现象的长期趋势和季节变动的具体情况，并用以对现象未来的数量特征进行预测。

一、长期趋势的测定

长期趋势是指现象在相当长的时期内发展过程表现为不断增长或下降的总趋势。现象的发展变化，是由许多因素共同作用的结果，其中有些属于基本因素，有些属于次要的、偶然的因素。基本因素对事物的发展起着普遍的、长期的、决定性的作用，它使现象发展的水平沿着某一方向持续向上或向下发展。次要的、偶然的因素只起局部的、临时的、非决定性的作用，而且它的大小、方向是不确定的。但从长期来看，某些个别偶然因素的影响可以相互抵消。如我国改革开放以来，随着人民群众生活水平的提高和医疗卫生事业的迅速发展，人口死亡率呈下降的趋势，人均寿命呈上升的趋势等。这些现象所呈现的上升或下降趋势，就是长期趋势。

在统计工作中，为了研究现象发展的长期趋势，常把原来不易看出变动趋势的动态数列进行加工修匀，这种分析方法叫做动态数列的修匀。修匀的方法主要有：时距扩大法、动态平均法、移动平均法和最小二乘法等。

（一）时距扩大法

有些经济现象，因受偶然因素的影响，在时距较短的动态数列中，它的指标数值有起伏，发展趋势表现不明显。为此，需要把时距加以扩大，使其固有规律性呈现出来。

[例 5－18] 某企业 2018 年各月工业增加值见表 5－14：

表 5－14　　某企业 2018 年各月工业增加值完成情况　　单位：万元

月　份	工业增加值	月　份	工业增加值
1	50.5	7	53.0
2	45.0	8	58.4
3	52.0	9	57.0
4	55.5	10	59.2
5	50.4	11	58.0
6	55.5	12	60.5

从表 5－14 可知，该企业各月增加值有多有少，起伏不定，若将时期由月扩大到季，则起伏不定的变化情况不明显了，呈现出来的是不断增长的长期趋势。修匀后的结果见表5－15。

表 5－15　　某企业 2018 年各季工业增加值完成情况

	第一季度	第二季度	第三季度	第四季度
工业增加值（万元）	147.5	161.4	168.4	177.7

运用时距扩大法来修匀动态数列，要求所扩大的各个时期的时距相等，这样才能相互比较，看出现象的变动趋势。在确定时距时，以能显示社会经济现象的发展趋势为度，不能过于扩大。时距过大，会掩盖现象的本质，反而显示不出发展趋势来。时距过短，又难以消除偶然因素的影响，达不到预期的目的。

（二）动态平均法

由于时点数列中各项水平相加无意义，因此，时点数列不能直接用时距扩大法修匀，只能利用动态平均法消除偶然因素的影响，才能反映出现象发展变化的趋势。

[例 5－19] 某商场 2018 年各月月初售货员人数见表 5－16：

表5－16　　某商场2018年各月月初售货员人数　　单位：人

月份	1	2	3	4	5	6	7	8	9	10	11	12	2019年1月
人数	85	75	81	101	97	93	99	95	105	99	103	107	110

该动态数列的变化趋势不够明显，若按季求序时平均数，可得下表5－17的资料。

表5－17　　某商场2018年各季平均售货员人数

季　度	1	2	3	4
季平均售货员人数（人）	83.0	96.7	99.7	104.8

这样，该商场2018年职工人数各季呈递增的趋势就很明显了。

（三）移动平均法

移动平均法是在扩大时距后，采用逐期递推移动的方法来计算扩大时距的序时平均数，构成一个新的序时平均数的动态数列，以削弱原来数列中短期不规则的变动的影响，显示出动态数列的基本趋势。

［例5－20］ 根据近年来某地区粮食产量统计资料计算的移动平均数见表5－18。

表5－18　　单位：吨

年　份	粮食产量	三项移动平均	五项移动平均
2008	44624	—	—
2009	43529	44139.6	—
2010	44265.8	44481.2	44515.5
2011	45648.8	44808.2	44923.1
2012	44510.1	45606.9	46308.0
2013	46661.8	47208.4	47338.3
2014	50453.5	48844.1	48454.4
2015	49417.1	50366.7	49720.1
2016	51229.5	50495.1	49631.2
2017	50838.6	49428.5	—
2018	46217.5	—	—

表5－18中的粮食产量是原动态数列，其中有些年份的发展水平受偶然因素的影响较大，较其上年下降了，因而现象的变化趋势欠明朗。表中另外两个移动平均数动态数列，是作了修匀的，从修匀结果可以看出，该地区十年来年平均粮食产量的发展趋势明显是上升了。现说明三项移动平均数的计算方法。本例中，三项移动的第一个移动平均数＝（44624＋43529＋44265.8）÷3＝44139.6（吨），且将该数对准第二项（三项移动的中间项）位置；第二个移动平均数＝（43529＋44265.8＋45648.8）÷3＝44481.2（吨），且将该数对准第三项位置；其余各项数值依次逐期类推计算，所得的移动平均数均写在时距最中间那一期的位置上。五项移动平均方法与三项移动平均法相同，只是移动的时距更大

些。当然还可作七项、九项等移动平均。移动平均包括的项数越多，移动平均后新动态数列的项数比原动态数列的项数越少，究竟作几项移动平均为好，要根据数列及现象的具体情况而定。修匀后的动态数列项数 = 原动态数列项数 - 时距项数 + 1。如上例三项移动平均数列的项数 = 11 - 3 + 1 = 9 项。原动态数列为年度资料，时距一般确定为奇数项为宜；原动态数列为月份或季度资料，而且现象又有季节变动，时距确定为 2 项或 4 项为宜。因为只有这样，才便于将季度变动的影响削弱并呈现出现象的长期趋势。但时距项数为偶数时，所得各移动平均数仍然放在 2 项或 4 项等的中间位置上，然后再作一次二项或四项等移动平均，以矫正其位置。

（四）最小二乘法

最小二乘法又称最小平方法，是统计学中估计数学模型参数使用的传统方法，也是测定长期趋势的较好方法。最小二乘法可用于配合直线，也可用于配合曲线。根据现象发展变化的情况和数列反映出来的现象变动的特征，经分析后才能确定是配合直线还是配合曲线的形式。此方法的理论要求是：①实际值与趋势值离差平方和为最小值；②实际值与趋势值离差总和等于零，用公式表示为：

$$\sum (y - y_c)^2 = \text{最小值} \qquad \sum (y - y_c) = 0$$

式中：y 为实际值；y_c 为趋势值。

当时间数列的逐期增减量大致相等时，说明现象的发展趋势呈直线状态，就可配合相应的直线模型来预测未来。若时间数列的二级增长量（即增长量的二次差）大体相等时，可以拟合二次曲线来预测未来；当现象的长期趋势每期大体按相同的增长速度递增或递减变化时，可拟合指数曲线方程。本节只介绍直线模型的拟合方法。直线模型的一般形式为：

$$y_c = a + bt$$

式中：t 代表动态数列的时间；a、b 为两个特定参数。

将 $y_c = a + bt$ 代入 $\sum (y - y_c)^2 = \text{最小值}$ 中，有 $\sum (y - a - bt)^2 = \text{最小值}$，分别对 a、b 求偏导数，则可求出直线趋势方程中 a、b 两个参数的两个标准方程：

$$\begin{cases} \sum y = na + b\sum t & (1) \\ \sum ty = a\sum t + b\sum t^2 & (2) \end{cases}$$

解上述方程可得公式：

$$\begin{cases} b = \dfrac{n\sum ty - \sum t\sum y}{n\sum t^2 - (\sum t)^2} & (5-26) \\ a = \dfrac{\sum y}{n} - b\dfrac{\sum t}{n} = \bar{y} - b\bar{t} & (5-27) \end{cases}$$

［例 5 - 21］ 某企业 2018 年生产某产品的有关资料见表 5 - 19，试分析该资料所反映的趋势特征，拟配合适当的趋势模型，并预测 2019 年 1 月份的产品产量。

表 5－19　　某企业 2018 年某产品产量趋势直线计算表

月　份	顺序号 t	产品产量（千件）y	计算栏			
			逐期增长量	t^2	ty	y_c
1	1	34	—	1	34	31.68
2	2	38	4	4	76	37.98
3	3	44	6	9	132	44.28
4	4	50	6	16	200	50.58
5	5	55	5	25	275	56.88
6	6	63	8	36	378	63.18
7	7	69	6	49	483	69.48
8	8	74	5	64	592	75.78
9	9	83	9	81	747	82.08
10	10	90	7	100	900	88.38
11	11	94	4	121	1034	94.68
12	12	102	8	144	1224	100.98
合　计	78	796	—	650	6075	—

根据表 5－19 中有关资料计算的某产品产量的逐期增长量大体相等，由此可以判断该产品产量的发展趋势呈直线型，趋势方程为：$y_c = a + bt$

将表 5－19 中的资料，代入公式 5－26 与 5－27 中，求参数的值：

$$b = \frac{n\sum ty - \sum t\sum y}{n\sum t^2 - (\sum t)^2} = \frac{12 \times 6075 - 78 \times 796}{12 \times 650 - 78^2} = 6.3$$

$$a = \frac{\sum y}{n} - b\frac{\sum t}{n} = \frac{796}{12} - 6.3 \times \frac{78}{12} = 25.38$$

故建立的趋势直线方程为：$y_c = 25.38 + 6.3t$

将 t 代表的时间顺序值分别代入上述方程式中，即可求得各月的趋势值。如果要预测 2019 年 1 月份的产量，其时间顺序值应为 13，则 2019 年 1 月份该产品产量的预测值为：

$$y_{c(t=13)} = 25.38 + 6.3 \times 13 = 107.28 \text{（千件）}$$

知识拓展

我国农村地区互联网普及率提升迅速，农村电商的推广，使得近 80% 的被调查县域创业者增加，且从事网络销售以后家庭收入增加或显著增加的占 50% 以上。

据前瞻产业研究院《中国农村电商市场前瞻预测与投资规划分析报告》数据显示，2017 年全国农村实物类产品网络零售额 7826.6 亿元人民币，同比增长 35.1%，占全国实物商品网上零售额的比重为 14.28%。以农村网络销售为例，报告显示，县级农村网络销售的商务生态正在形成，2016 年全部定点调查县域的网络销售额近 520 亿元。其中，开展网络销售的农户约为调查数的 11.14%。网络销售产品中，农产品约占 47.26%，非农产品约占 51%；农户网络销售产品主要来源于本地，占 83.76%。

资料来源：前瞻网 2018－07－01

二、季节变动的测定

季节这个词好像与一年的季节有关，其实它是指一种周期性的变动，而且它的反复循环周期是比较短暂的。一般以一年为变动周期，并且现象的数量表现在每年的相应时期重复出现。

季节变动是指某些现象由于受自然因素和社会因素的影响，在一年之内比较有规律地变动。季节变动是诸如气候、节假日、商业活动或人们的风俗习惯等季节因素影响的结果。研究季节变动的目的，在于认识季节变动的趋势，以便正确地指导生产、组织货源、安排市场供应，以满足社会经济发展的需要。

统计中用以反映季节变动的指标是季节比率等，季节比率又称为季节指数，它是将现象月（或季）的发展水平与全期的平均发展水平相比而得到的一种相对数。但季节比率指标不能根据某一年的资料来计算，因为个别年份的资料受偶然因素的影响大，必须用三年以上各月（或季）的完整资料来计算。

测定季节变动的方法很多，现以同期平均法为例加以说明。

[例 5－22] 某商场有关凉鞋销售额的资料及计算的季节比率如表 5－20 所示。

这种方法的具体计算步骤如下：

第一步，将三年以上各月（或季）的资料排列成平行数列。

第二步，计算同月（或同季）的合计数及平均数，如表 5－20 中的第 6 行、第 7 行，计算年度的合计数及其平均数，见表 5－20 中的第（6）栏、第（7）栏。

第三步，计算全期月（或季）的总平均数，如表 5－20 中 5 年 20 个季度的季平均数为 75.5 万元。

第四步，将各同月（或同季）的平均数，分别与全期月（或季）的总平均数对比，即为季节比率。如第一季度的季节比率为：55.8÷75.5×100%＝73.91%，第二季度的季节比率为：79.6÷75.5×100%＝105.43%，余者依此类推，列于表中第 8 行。

四个季度季节比率之和应等于 400，十二个月的季节比率之和应等于 1200。如果不等，应当进行调整。调整的具体方法是计算修正系数。本例修正系数为 400.01÷400＝1.000025，然后将其分别除未调整的季节指数，便得到校正后的季节指数，此例中见表 5－20 序号为 9 的那行。

表 5－20　　**某商场凉鞋销售额**　　单位：万元

序　号	年份	一季度	二季度	三季度	四季度	合计	季平均数
	(1)	(2)	(3)	(4)	(5)	(6)	(7)
1	2014	46	63	90	51	250	62.50
2	2015	50	70	93	57	270	67.50
3	2016	60	78	104	63	305	76.25
4	2017	57	89	115	60	321	80.25
5	2018	66	98	130	70	364	91.00
6	合　计	279	398	532	301	1510	377.50
7	同季平均	55.80	79.60	106.40	60.20	302	75.50
8	季节比率（%）	73.91	105.43	140.93	79.74	400.01	100.00
9	调整后季节比率（%）	73.91	105.42	140.93	79.74	400	100.00

表5－20中的这些季节比率说明：该商场凉鞋的销售额从第二季度开始上升，旺季在第三季度，随后，销售量下降，渐渐进入淡季。

若将表5－20的季节指数资料，绘成季节变动曲线图，可更清楚地看出季节变动的规律性，如图5－1所示。

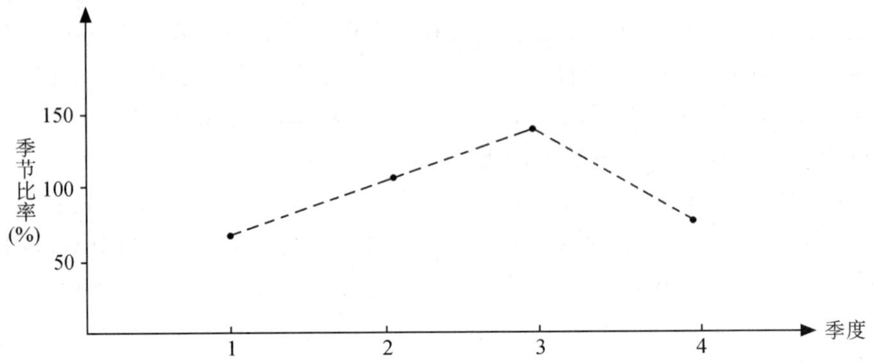

图5－1　季节变动曲线

三、循环波动

循环波动是指现象变动中发生周期比较长的涨落起伏的变动。它不同于长期趋势，因它不是朝单一方向变动，它也不同于季节变动，其变动周期短则一年，长则几年或几十年，因而不大可能对循环波动作出预测。某些周期性的经济危机一般要经历危机→萧条→复苏→高涨等过程。如某些经济现象以8～10年为一个周期的循环，这种循环通常称为商业循环。

四、无规则变动

无规则变动是指现象没有什么规则的变动。这种变动细分为两种类型：一是严格的随机变动，它是由许多细小的原因综合引起的，以一种纯随机的方式使动态数列产生上下波动；二是偶然性变动，它是不经常出现的某些孤立的或不规则的，但却是强有力的突发性的预见不到的因素影响所产生的较明显的变动，如政治动荡、战争、大的自然灾害产生的影响等。例如："911"事件导致美国财产损失1000亿美元，使2001年世界经济损失3500亿美元，直接冲击航空、保险和旅游等行业，而美国军工工业却因此"生意兴隆"；又如，2014年3月8日马航MH370失联、4月16日韩国"岁月号"客轮沉没、乌克兰政局动荡；2018年多国发生的森林火灾、多国出现长时间罕见高温等事件，均为典型的无规则变动。

试一试：试将学校或学校所在地的某企业近5年的在册职工人数、工资性收入等调查资料或汇总整理结果编制成动态数列，计算有关的水平指标和速度指标，并进行简要的动态分析。

小 结

动态数列是指将说明现象总体的某一指标按时间先后顺序排列而形成的一种数列，又称时间数列。编制动态数列可以分析现象总体随时间的推移而发生变化的过程和特点，可以研究和探索现象发展变化的趋势和规律性，可以对现象总体未来的发展状态进行科学预测。

按指标的表现形式不同，动态数列可分为绝对数动态数列、相对数动态数列和平均数动态数列。

绝对数动态数列是指将说明现象总体的总量指标按时间先后顺序排列而形成的数列。按其反映现象所属时间状态不同可分为时期数列和时点数列。相对数动态数列是指将说明现象总体的相对指标按时间先后顺序排列而形成的数列。平均数动态数列是指将说明现象总体的平均指标按时间先后顺序排列而形成的数列。编制这些动态数列的基本原则是保持这些数列中各项指标具有可比性。

动态数列的水平分析指标有：发展水平、平均发展水平、增长量、平均增长量等。

发展水平是指现象总体在一定时期或时点上所达到的规模或水平。平均发展水平又称序时平均数，它是将动态数列中不同时期或时点上的发展水平加以平均而得到的平均数。增长量是指现象总体某指标数值的报告期水平与基期水平之差，它可分为逐期增长量和累计增长量。平均增长量是指动态数列中各逐期增长量的序时平均数。

动态数列的速度分析指标有：发展速度、增长速度、平均发展速度和平均增长速度等。

发展速度是指现象总体某指标的报告期水平与基期水平之比，它可分为环比发展速度和定基发展速度。增长速度是指现象总体某指标报告期的增长量与基期水平之比，它可分为环比增长速度和定基增长速度。

还有一类动态水平和速度相结合的指标：增长1%的绝对值，它应用于把现象的发展水平和发展速度结合起来的分析。

平均发展速度是动态数列中各期环比发展速度的序时平均数；平均增长速度是各期环比增长速度的序时平均数。计算平均发展速度的方法有几何平均法和方程式法等。平均增长速度 = 平均发展速度 − 1（或100%）。

影响动态数列的因素可归纳为长期趋势、季节性变动、循环波动和无规则变动，对其进行测定可以更具体地认识时间数列的特征，便于选择预测模型。

长期趋势指现象在一段较长的时期内，由于普遍的、持续的、决定性的基本因素的作用，使发展水平沿着一个方向逐渐向上或向下变动的趋势。测定长期趋势的方法有：时距扩大法、动态平均法、移动平均法和最小二乘法等。季节性变动是指客观现象因受自然因素或社会因素的影响，在一年或更短的时间内随着时序的更换而发生的有规律的周期性变动。循环波动是指现象变动中发生周期性比较长的涨落起伏的变动。无规则变动是指没有什么规则的变动，又称随机变动或意外变动。

复习思考题

1. 编制动态数列应遵循什么原则？
2. 序时平均数与一般平均数有何异同？
3. 计算平均发展速度的几何平均法与方程式法有何区别？
4. 什么是季节变动？季节变动分析的基本方法和步骤是什么？
5. 某商场今年的有关资料见表 5－21：

表 5－21 单位：亿元

月份	3 月	4 月	5 月	6 月
月末商品库存额	24	（ ）	（ ）	（ ）
平均商品库存额	37	28	30	31
商品纯销售额	23	24	26	27

要求：（1）填充表中空格；

（2）计算第二季度的平均商品纯销售额；

（3）计算第二季度的平均商品库存额和商品流转次数。

6. 某公司有关资料见表 5－22，试计算并填充表中空缺数字。

表 5－22

年份	利润（万元）	与上年比较的动态指标				定基发展速度（%）
		增长量（万元）	发展速度（%）	增长速度（%）	增长 1% 的绝对值（万元）	
2013	500	（ ）	（ ）	（ ）	（ ）	（ ）
2014	（ ）	50	（ ）	（ ）	（ ）	（ ）
2015	（ ）	（ ）	118	（ ）	（ ）	（ ）
2016	（ ）	（ ）	（ ）	10	（ ）	（ ）
2017	（ ）	（ ）	（ ）	（ ）	（ ）	（ ）
2018	（ ）	80	（ ）	（ ）	8	（ ）

第六章
统 计 指 数

学习目标

通过本章的学习，要求了解总量指标的多因素分析方法、平均指标的因素分析方法，零售价格总指数、工业生产指数和股票价格指数的编制方法；理解统计指数的概念、作用和种类；掌握综合指数、平均法指数的编制原理，掌握指数体系与总量指标的两因素分析法。

本章的重点是：综合指数的含义和编制方法、指数体系及因素分析办法。

第一节　统计指数概述

一、统计指数的概念、作用和性质

（一）统计指数的概念

统计指数有广义和狭义之分。广义上的统计指数是指一切反映社会经济现象数量变动的相对数。前面介绍的发展速度、比较相对数、计划完成相对数等都可称为指数。如 2017 年我国粮食产量、国内生产总值分别为 2016 年的 100.3% 和 106.9%[①]，就是说我国的粮食产量、国内生产总值以上年为基期计算的发展速度分别为 100.3% 和 106.9%，也可以说是我国的粮食产量、国内生产总值的指数分别为 100.3% 和 106.9%。

狭义上的指数是指专门用来反映那些不能直接相加和对比的社会经济现象（即复杂现象总体）综合变动的相对数。比如，要反映多种工业产品产量的变化，因不同使用价值和不同计量单位的工业产品的实物量、单位产品原材料消耗、单位成本、价格等是不能直接相加的，即我们不能把 6000 吨水泥、4000 辆汽车与 9000 台彩色电视机等的数量、单价、单位成本等直接相加，也不能直接计算它们的平均价格和平均单位成本等，其在不

① 《中华人民共和国 2017 年国民经济与社会发展统计公报》

同时间或不同空间上的比值无法用通常的方法求得，这就要求借助于一种专门的、特殊的相对数——狭义上的指数来反映它们的变化。从指数理论和方法上讲，本章主要讨论狭义指数的编制原理、方法及其应用。

知识拓展

1650年英国人沃汉（R. Voughan）首创物价指数，距今已有400多年的历史。但当时的物价指数，只限于观察单一商品的价格变动情况。1764年意大利人卡利（G. R. Carli）亦曾编制了一种物价指数，这是早期的统计指数。到18世纪中叶，产生了反映多种商品价格变动程度的物价总指数。到20世纪，指数不仅用来反映价格的变动，而且用来反映事物数量的变动。我国于晚清时期才开始编制指数，主要因袭西方的统计指数理论，并只编制少数经济指数。统计指数理论发展到今天，已经不仅仅是反映事物在时间上的发展变化，而且已推广到反映事物在不同空间上的对比关系。

（二）统计指数的作用

1. 可用来说明复杂现象总体综合变动的方向和程度

复杂现象总体由多种因素构成，而这些因素往往在数量上不能直接综合（如各种商品的使用价值不同，我们不能将其数量进行简单相加来进行动态分析），为了分析其变动情况，必须利用指数这一方法才能实现。

2. 可用来分析现象总变动中受各因素变动影响的方向和程度，并进行因素分析

社会经济现象的变动，受多种因素变动的共同影响。如商品销售额的变动受销售量和销售价格两个因素的影响；职工平均工资的变动受工资水平与职工人数构成两个因素的变动影响等。这种影响可通过建立指数体系，从相对数和绝对数两个方面进行因素分析。

3. 可用来研究社会经济现象在较长时期内的变动趋势

由于指数是用相对数表示的综合指标，用它来对比分析性质不同而又有密切联系的时间数列之间的变动关系，可以消除不同性质数列之间不能对比的矛盾。因此，通过编制指数数列，可以反映社会经济现象在较长时期内发展变化的趋势。

4. 对社会经济现象进行综合评价和测定

在统计实践中，统计指数的应用越来越广泛。绝大多数经济现象都可以运用统计指数进行综合评价与分析，通过这种评价与分析，可以对现象发展变化情况进行综合的数量判断。

（三）统计指数的性质

1. 相对性

指数是总体各因素在不同条件下对比形成的相对数，它能表明现象发展变化的程度。同时它又可以度量一个因素在不同时间或空间条件下的相对变化，它是一种特殊的相对数。总体现象在不同时间上对比形成的相对数称为时间性指数，例如，今天某上市公司的股票价格较昨天上涨了3%，说明该股票今天的股价相对于昨天来讲，上升了3个百分点。总体现象在不同空间上对比形成的指数称为区域性指数，例如，甲地区的GDP是乙地区的 120%，说明甲地区的 GDP 是乙地区的 1.2 倍，如果知道了乙地区的 GDP 绝对额，就可以据此推算出甲地区的 GDP 绝对额，并且还能求出甲的 GDP 较乙多多少。本章内容均以时间性指数为例加以说明。

2. 综合性

日常生活中使用的指数（如商品零售价格指数、居民消费价格指数、农副产品收购价格指数等）都是反映总体各因素在不同场合下的综合变动水平，这是就狭义指数而言的，也是指数理论和方法的核心问题。实际工作中所计算的指数主要就是这种指数。没有综合性，指数就不可能发展成为一种独立的理论和方法体系。

3. 代表性

指数具有综合的性质，但我们所编制的各种指数并非将研究对象的所有项目都一一列入了计算范围，实际上只能选择其中的部分重要项目为代表，以“代表项目”的变动方向和变动程度来反映现象总体的变化程度和变化趋势。例如，市场上的商品琳琅满目，数不胜数，编制商品零售价格指数时不可能面面俱到，无所不包，只能从中选择成交量大、代表性强的商品作为样本来编制。至于某一具体项目的变化程度和变动方向是否与现象总体的变动程度和变化方向一致，那就不一定了。

4. 平均性

总指数本身带有平均变动的含义，它是总体水平的一个代表性量值。其平均性的含义表现在两个方面：一是指数进行对比的综合变量是作为个别量的代表，这本身就具有平均的性质；二是两个综合变量值对比形成的指数反映了个别量的平均变动水平，比如物价指数反映了多种商品和服务项目价格的平均变动水平。

二、统计指数的种类

（一）按统计指数所反映的现象范围的不同可分为个体指数和总指数

1. 个体指数

个体指数是反映单个要素或个别事物数量变动的相对数，等于个别事物的报告期水平与基期水平的比值。如反映某一种商品价格变动的指数称为个体价格指数；反映某一种产品产量变动的指数称为个体产量指数；反映某一种产品单位成本变动的指数称为个体成本指数。其计算公式分别为：

个体价格指数：$k_p = \dfrac{p_1}{p_0}$ (6-1)

个体产量指数：$k_q = \dfrac{q_1}{q_0}$ (6-2)

个体成本指数：$k_z = \dfrac{z_1}{z_0}$ (6-3)

式中：k 代表个体指数，q 代表产量，p 代表价格，z 代表单位成本；下标 1 代表报告期，下标 0 代表基期，以下均同。

2. 总指数

总指数是综合反映复杂现象总体变动情况的相对数，即狭义指数，用“$\bar{k}$”表示。如综合反映多种商品价格变动的价格总指数，用“$\overline{k}_p$”表示；综合反映多种产品产量变动的产量总指数，用“$\overline{k}_q$”表示等。

总指数的计算方法比较复杂，按其计算形式的不同又可分为综合指数、平均法指数和平均指标指数。

在计算总指数时，可在总体分组的条件下，计算组（类）指数，用来反映现象总体内各组成部分的总动态。类指数是介于总指数与个体指数之间的指数，其范围比个体指数大，比总指数小，但其计算原理与总指数相同。类指数实质上是总指数，但在计算总指数的过程中，它却起着个体指数的作用。如粮食价格指数、油料价格指数和棉花价格指数等都属于农作物价格总指数中的类指数；重工业生产指数、轻工业生产指数都是工业生产总指数的类指数。

（二）按统计指数所反映的指标性质不同可分为数量指标指数和质量指标指数

1. 数量指标指数

数量指标指数是用来反映现象数量指标变动的相对数，反映总体在外延或规模上的相对变动程度。如产量或销售量指数、职工人数指数、股票交易量指数等。

2. 质量指标指数

质量指标指数是用来测定现象质量指标变动的相对数，反映总体内涵量的相对变动程度。如物价指数、成本指数、劳动生产率指数、股票交易价格指数等。

（三）按指数数列中统计指数所采用的基期不同可分为定基指数和环比指数

指数数列是指按时间顺序将不同时期的同类指数排列起来所形成的数列。在指数数列中，若以某一固定时期为基期计算的指数称为定基指数；若以报告期前一期为基期计算的指数称为环比指数。

课堂讨论：从计算范围和编制方法两个角度考虑，销售额指数究竟是总指数还是个体指数？你能给予适当解释吗？

第二节　总指数的编制

总指数反映的是复杂现象总体综合变动的相对数。复杂现象总体的数量往往不能直接相加或对比。如商品总体中有以“公斤”为单位的食品销售量，有以“台”为单位的电器销售量，有以“件”为单位的成衣销售量等，因其实际内容不同，反映的使用价值不同，它们的销售量相加没有任何意义；再如商品价格，虽然都是用货币来表现的，但一斤糖果的价格、一件衣服的价格和一台冰箱的价格等，也是不能直接相加对比的。要反映这些复杂现象总体的综合变动就应当编制总指数。现以销售量总指数和价格总指数为例加以说明。

［例6-1］ 某商场销售的三种商品的销售量和价格资料见表6-1。

表 6－1

商品名称	计量单位	销售量		价格（元）		k_q（%）	k_p（%）
		基 期	报告期	基 期	报告期		
甲	台	20	35	80	60.0	175	75
乙	公斤	400	500	12	9.6	125	80
丙	件	100	80	6	7.5	80	125

表 6－1 中最后两栏是根据公式 6－2 和公式 6－1 分别计算的各种商品的个体销售量指数和个体价格指数。显然，求个体指数很简单，只需要将各种商品的报告期水平与基期水平直接对比即可求得。

可现在要了解的是该商场三种商品销售量和价格的综合变动情况。也就是说，以上三种商品的销售量和价格各不相同，怎样才能用一个特殊的相对数综合说明这三种商品销售量或价格的变动程度呢？这就要求把这三种商品看作一个复杂的现象总体来编制其销售量总指数和商品价格总指数来解决。这里的总指数能否用这三种商品的报告期销售量或价格直接相加，然后分别与基期的销售量之和或价格之和进行对比计算呢？回答是否定的。因为这三种商品的使用价值不同，计量单位不一，它们的销售量、价格直接相加没有意义，因此，也无法直接将其进行对比计算总指数。那么，能否用这三种商品的个体销售量指数和个体价格指数相加除以 3 来计算总指数呢？也不能。因为各个体指数说明的现象不同，而且各百分数的对比基数也不同，它们相加更没意义，因此也不能用个体指数的简单平均数来计算总指数。

一般来讲，总指数的计算形式有三种，即综合指数、平均法指数和平均指标指数。本节分别介绍综合指数、平均法指数的编制原理。

一、综合指数

（一）综合指数的含义

综合指数是将两个或两个以上不同时期的不能同度量的指标数值通过同度量因素过渡到能够同度量的总量指标，然后进行对比计算所得的相对数。当一个总量指标可以分解为两个或两个以上的因素指标时，将其中一个或一个以上因素指标固定起来，仅研究另一个因素指标的变动程度，由这种总量指标对比而形成的总指数就是综合指数。这个被研究的因素指标就是指数化指标，被固定下来的因素指标就是同度量因素。综合指数是总指数的基本形式。

（二）综合指数的编制方法

编制综合指数要解决两个问题：一个是复杂总体中各因素不可相加或不能直接对比的问题；另一个是同度量因素所属时期的确定问题。现以商品销售量综合指数和商品价格综合指数为例加以说明。

第一，正确选择同度量因素，使不能直接相加或对比的因素指标过渡到能够相加或对比的总量指标。为了把不能直接相加或对比的各种商品的数量表现过渡到能够相加或对比的现象总量，就需要借助于同度量因素。

同度量因素是指把不能直接相加或对比的因素指标过渡到另一能够相加或对比的总量指标的因素指标。例如，上述商品销售量就可以通过商品价格这一同度量因素过渡到能够相加或对比的商品销售额；同样，商品价格也可通过商品销售量这一同度量因素过渡到可以相加或对比的商品销售额。可见，这里的销售量与价格可以互为同度量因素。

同度量因素不是任意确定的，而是根据被研究现象总体内部的经济联系来确定的。同度量因素有两个作用：一是起同度量的作用，即作为一种媒介，使原来不能直接相加或对比的因素指标过渡到能够直接相加或对比的现象总量；二是起权数的作用，即同度量因素大的变量值对总指数的影响力也大，否则影响力就小。例如：

商品销售量×商品价格=商品销售额

产品产量×单位成本=总成本

股票交易量×股票成交价格=股票成交金额

这些关系式的右边都是可以同度量的总量指标，而左边的两个指标都是影响总量指标变动的因素指标，并且一个是数量指标，另一个必定是质量指标，它们之间可以互为同度量因素。没有经济联系的指标是不能互为同度量因素的。因此，分析数量指标变动时，应采用相应的质量指标为同度量因素；分析质量指标变动时，应采用相应的数量指标为同度量因素。

第二，确定同度量因素所属的时期。要综合反映商品销售量和商品价格的变动程度，同度量因素必须固定在某一个时期，即假定两个时期的商品销售额是按某一固定时期的价格或销售量计算的，用公式表示为：

$$商品销售量指数：\bar{k}_q = \frac{\sum q_1 p_n}{\sum q_0 p_n}$$

$$商品价格指数：\bar{k}_p = \frac{\sum q_n p_1}{\sum q_n p_0}$$

式中：p_n 表示某一固定时期的价格；

q_n 表示某一固定时期的销售量。

同度量因素所属的时期是可以选择的。它可以是基期，也可以是报告期。1864 年德国统计学家拉斯贝尔主张将同度量因素固定在基期，编制了综合物量指数和综合物价指数，即拉氏指数。其计算公式为：

$$拉氏物量指数：\bar{k}_q = \frac{\sum q_1 p_0}{\sum q_0 p_0}$$

$$拉氏物价指数：\bar{k}_p = \frac{\sum q_0 p_1}{\sum q_0 p_0}$$

1874 年，另一德国统计学家派许主张将同度量因素固定在报告期，也编制了综合物量指数和综合物价指数，即派氏指数。其计算公式为：

派氏物量指数：$\bar{k}_q = \dfrac{\sum q_1p_1}{\sum q_0p_1}$

派氏物价指数：$\bar{k}_p = \dfrac{\sum q_1p_1}{\sum q_1p_0}$

这两种指数各有一定的经济意义，曾在统计工作中广泛应用，但它们各有不足。

公式中，$\sum q_0p_0$ 与 $\sum q_1p_1$ 有明确的经济意义，分别代表基期和报告期的销售额。$\sum q_0p_1$ 的含义是基期销售的商品按报告期的价格计算的销售额。从现实来讲，把已销售出去甚至已被消费了的商品全部重新按报告期的价格来计算，无论价格涨跌，无论对生产者、销售者还是消费者来讲，均于事无补，因而无实际经济意义，何况这样做的可能性太小。$\sum q_1p_0$ 的含义是假若物价水平保持不变的情况下报告期实现的销售额。虽然市场物价不可能不变，但相对来讲，在较短时期内，绝大多数商品的价格是相对不变的，尤其是与国计民生密切相关的商品、大件商品和信誉好的企业的商品。因此，在我国的统计实践中通常采用拉氏物量指数来综合反映商品销售量的总动态，说明商品价格保持在基期不变的情况下，商品销售量的综合变动情况。采用派氏物价指数来综合反映商品价格的总动态，说明报告期的销售额因价格的变动而增减变化的情况。

因为销售量指数是数量指标指数，价格指数是质量指标指数，因此上述编制销售量指数和价格指数的基本原理也适用于其他数量指标指数和质量指标指数。这就可以概括出编制综合指数的一般原则：编制数量指标指数时，应以基期的质量指标为同度量因素；编制质量指标指数时，应以报告期的数量指标为同度量因素。

第三，列出综合指数的一般公式，并进行计算和分析。

数量指标综合指数：$\bar{k}_q = \dfrac{\sum q_1p_0}{\sum q_0p_0}$　　(6－4)

质量指标综合指数：$\bar{k}_p = \dfrac{\sum q_1p_1}{\sum q_1p_0}$　　(6－5)

数量指标的增减率 $=\bar{k}_q-100\%$，据此可分析数量指标的变动程度和方向；由于质量指标的变动而引起总量指标变动的增减额 $= \sum q_1p_0 - \sum q_0p_0$。

质量指标的增减率 $=\bar{k}_p-100\%$，据此可分析质量指标的变动程度和方向；由于质量指标的变动而引起总量指标变动的增减额 $= \sum q_1p_1 - \sum q_1p_0$。

[例 6－2]　以表 6－1 的资料为例说明数量指标综合指数和质量指标综合指数的计算和分析方法，见表 6－2。

将表 6－2 中有关数字分别代入公式 6－4 和公式 6－5 中，则：

销售量指数：$\bar{k}_q = \dfrac{\sum q_1p_0}{\sum q_0p_0} = \dfrac{9280}{7000} = 132.57\%$

$\bar{k}_q - 100\% = 32.57\%$

表6-2　　综合指数计算表

商品名称	计量单位	销售量		价格(元)		计算栏		
		q_0	q_1	p_0	p_1	q_0p_0	q_1p_1	q_1p_0
甲	台	20	35	80	60.0	1600	2100	2800
乙	公斤	400	500	12	9.6	4800	4800	6000
丙	件	100	80	6	7.5	600	600	480
合计	—	—	—	—	—	7000	7500	9280

$$\sum q_1p_0 - \sum q_0p_0 = 9280 - 7000 = 2280(\text{元})$$

计算结果表明：该商场三种商品的销售量指数为132.57%，说明该商场三种商品的销售量报告期比基期平均增长了32.57%；由于销售量增长使该商场的销售额相应增加了2280元。

$$\text{价格指数：}\bar{k}_p = \frac{\sum q_1p_1}{\sum q_1p_0} = \frac{7500}{9280} = 80.82\%$$

$$\bar{k}_p - 100\% = -19.18\%$$

$$\sum q_1p_1 - \sum q_1p_0 = 7500 - 9280 = -1780(\text{元})$$

计算结果表明：该商场三种商品的价格指数为80.82%，说明这三种商品的销售价格报告期比基期平均降低了19.18%；由于三种商品价格的下跌，使该商场的销售额相应减少了1780元。

综上所述，综合指数编制方法的特点是：①先综合后对比。即先从被研究现象总体的内部联系出发，正确选择一个同度量因素，把不能直接相加或对比的因素指标过渡到能够相加的总量指标，然后综合求得两个总量指标进行对比，以说明不能直接相加或对比的复杂现象的总动态；同时计算分子、分母两个总量指标的差额，来说明复杂现象总变动的绝对影响程度。②必须确定一同度量因素，并固定其所属时期。③必须根据全面资料来计算。

以上从理论上介绍了综合指数的编制原理和方法，但在实际工作中，问题并非如此简单，编制指数时还应注意如下问题：

1. 样本的选择

总指数用于描述现象的综合性变化程度，从理论上讲，总指数应以总体的全部数据资料作为计算依据。但将总体的全部数据（如一定时期内所有商品的价格或销售量）都计算在内，几乎是不可能的，也是不必要的。在实际应用中，编制总指数所依据的几乎均为样本数据。因此，样本选择的科学与合理，是决定总指数准确性的重要前提。一般而言，除样本本身的准确性外，样本还应具备以下要求：

（1）代表性。如统计指数的性质所述，要求所选择的样本项目能充分反映总体的性质。在选择样本项目时，要求所选的每一项目与所代表的实际项目在性质上应保持一致，而样本项目之间在性质上应存在差异。比如编制物价指数时，首先应对商品项目进行科学的分类，使类内同质、类间异质，然后在各类中选择能代表价格变动趋势的商品作为代表性商品。

（2）大量性。即要求样本容量应足够大。若总体包括的项目多，而样本容量很小，往往不能代表总体的性质。如上例所示，编制价格指数，若仅选此三种商品来代表该商场或社会全部商品的价格变动情况，是没有说服力的，至少应选择几十、上百种乃至上千种的有代表性的商品，才能使价格指数较准确地反映价格变动的真实水平。本例所示仅仅是为了说明指数的编制原理和方法而已。

（3）可比性。即要求在不同时间或空间上，用于进行对比的各样本项目在定义、计算口径、计算方法、计量单位等方面保持一致。否则，即使从数学计算上能得出有关结论，但没有实际经济意义。

2. 基准点的确定

编制指数遇到的另一个问题是如何确定比较的基准点或基期问题。基准点或基期的选择通常是由指数的预期目的和用途来决定的。就本章所讲指数而言，基期的选择应注意以下两点：

（1）选择一个正常时期或典型时期作为基期，非正常的波动时期通常不具有代表性，不宜选作基期。

（2）基期距报告期的远近应根据所研究现象的特点和研究目的而定。一般来说，对于发展变化较快的现象，基期和报告期的间隔不宜过长。基期距报告期的时间越长，指数的代表性就越差。一般而言，应选择离报告期较近的时期作为基期。

二、平均法指数

平均法指数是指采用平均数的计算形式来计算的指数，是个体指数的加权平均数。它的基本方法是：先对比计算出各种数量指标或质量指标的个体指数，然后根据研究目的，采用不同的总量指标进行加权平均，用来综合反映社会经济现象的总动态。

常用的平均法指数有：加权算术平均法指数和加权调和平均法指数。

（一）加权算术平均法指数

加权算术平均法指数是指对个体指数进行加权算术平均所得的指数。它是综合指数的变形，在经济意义上与综合指数没有区别，只是形式不同而已。其计算公式由综合指数公式演变而来：

数量指标总指数：

$$\bar{k}_q = \frac{\sum q_1 p_0}{\sum q_0 p_0} \xrightarrow{k_q = \frac{q_1}{q_0}, q_1 = k_q \cdot q_0} \bar{k}_q = \frac{\sum k_q \cdot q_0 p_0}{\sum q_0 p_0} \qquad (6-6)$$

（综合指数）　　　　（加权算术平均法指数）

质量指标总指数：

$$\bar{k}_p = \frac{\sum q_1 p_1}{\sum q_1 p_0} \xrightarrow{k_p = \frac{p_1}{p_0}, p_1 = k_p \cdot p_0} \bar{k}_p = \frac{\sum k_p \cdot q_1 p_0}{\sum q_1 p_0} \qquad (6-7)$$

（综合指数）　　　　（加权算术平均法指数）

由上述公式可知：加权算术平均法指数是以综合指数的分母资料为权数，以个体指数为变量计算的加权算术平均数。若已知数量指标个体指数和基期总量指标（q_0p_0），就可用公式6－6来计算数量指标总指数；若已知质量指标的个体指数和假定的总量指标（q_1p_0），也可采用公式6－7来计算质量指标的总指数。但由于q_1p_0的资料不容易搜集，因此，公式6－7很少应用。由此可知，加权算术平均法指数主要用来计算数量指标的总指数。

[例6－3] 以表6－1和表6－2的有关资料为例说明用加权算术平均法指数计算数量指标总指数的方法，见表6－3。

表6－3　　加权算术平均法指数计算表

商品名称	计量单位	个体销售量指数	基期销售额（元）	计算栏
		$k_q=q_1\div q_0$（%）	q_0p_0	$k_q\cdot q_0p_0$
甲	台	175	1600	2800
乙	公斤	125	4800	6000
丙	件	80	600	480
合计	—	—	7000	9280

因表6－3已知资料中没有q_1p_0的资料，因此不能直接用综合指数计算销售量总指数，而应该采用加权算术平均法指数来计算。

将表6－3中的有关资料代入公式6－6中，即可求得三种商品的销售量总指数，即：

$$\bar{k}_q=\frac{\sum k_q\cdot q_0p_0}{\sum q_0p_0}=\frac{9280}{7000}=132.57\%$$

$$\bar{k}_q-1=32.57\%$$

结果表明：三种商品的销售量报告期比基期平均增长了32.57%；由于商品销售量的增长而增加的销售额为：

$$\sum k_q\cdot q_0p_0-\sum q_0p_0=9280-7000=2280(\text{元})$$

上述计算结果与采用数量指标综合指数公式6－4的计算结果完全相同，其经济意义也完全一致。只是因为利用的资料不同，在计算形式、计算方法上有所不同而已。

（二）加权调和平均法指数

加权调和平均法指数是对个体指数进行加权调和平均所得的指数。它是综合指数的变形，其经济意义亦与综合指数相同。其计算公式也由综合指数演变而来。

数量指标总指数：

$$\bar{k}_q=\frac{\sum q_1p_0}{\sum q_0p_0}\xrightarrow{k_q=\frac{q_1}{q_0},\,q_0=\frac{q_1}{k_q}}\bar{k}_q=\frac{\sum q_1p_0}{\sum\frac{q_1}{k_q}\cdot p_0}=\frac{\sum q_1p_0}{\sum\frac{1}{k_q}\cdot q_1p_0}\qquad(6-8)$$

（综合指数）　　　　（加权调和平均法指数）

质量指标总指数：

$$\bar{k}_p = \frac{\sum q_1 p_1}{\sum q_1 p_0} \xrightarrow{k_p = \frac{p_1}{p_0}, p_0 = \frac{p_1}{k_p}} \bar{k}_p = \frac{\sum q_1 p_1}{\sum q_1 \cdot \frac{p_1}{k_p}} = \frac{\sum q_1 p_1}{\sum \frac{1}{k_p} \cdot q_1 p_1} \tag{6-9}$$

（综合指数）　　　　　　　　（加权调和平均法指数）

由上述公式可知：加权调和平均法指数是以综合指数的分子资料为权数，以个体指数为变量计算的加权调和平均数。若已知数量指标的个体指数和假定总量指标（q_1p_0），可采用公式6－8来计算数量指标总指数；若已知质量指标的个体指数和报告期总量指标（q_1p_1），可采用公式6－9来计算质量指标总指数。但由于假定总量指标q_1p_0不容易搜集，因此公式6－8的应用往往受到限制。也正因如此，加权调和平均法指数主要用来计算质量指标的总指数。

［例6－4］ 仍以表6－1和表6－2的有关资料为例，说明加权调和平均法指数的计算方法（见表6－4）。

表6－4的已知资料中没有资料q_1p_0，因此不能直接采用综合指数形式来计算价格总指数，而应该采用加权调和平均法指数来计算。在编制质量指标总指数时，如果缺乏综合指数的分母资料，而知其个体指数和综合指数的分子资料，则应采用加权调和平均法指数来编制总指数。

将表6－4的有关资料代入公式6－9，就可求得三种商品的物价总指数，即：

表6－4　　　　加权调和平均法指数计算表

商品名称	计量单位	个体价格指数	报告期销售额（元）	计算栏
		$k_p = \frac{p_1}{p_0}$（%）	q_1p_1	$\frac{1}{k_p} \cdot q_1p_1$
甲	台	75	2100	2800
乙	公斤	80	4800	6000
丙	件	125	600	480
合计	—	—	7500	9280

$$\bar{k}_p = \frac{\sum q_1 p_1}{\sum \frac{1}{k_p} \cdot q_1 p_1} = \frac{7500}{9280} = 80.82\%$$

$$\bar{k}_p - 1 = -19.18\%$$

结果表明：三种商品的价格报告期比基期平均降低了19.18%。

由于物价下跌而影响的销售额为：

$$\sum q_1 p_1 - \sum \frac{1}{k_p} \cdot q_1 p_1 = 7500 - 9280 = -1780(\text{元})$$

上述计算结果与采用公式6－5计算的结果完全一致，意义也完全相同。

纵观综合指数和平均法指数，两者既有联系又有区别。两者的联系在于：都是总指数的一种计算形式，在特定权数条件下，两者之间有变形关系。两者的区别在于：①计算形式不同，平均法指数使用的是平均数的计算公式，而综合指数使用的是相对数的计算公式；②计算方法不同，综合指数是先综合后对比，而平均法指数是先对比后综合；③对资料的要求不同，综合指数要求使用全面资料，而平均法指数既可以使用全面资料，也可以使用非全面资料；④选择的权数不同，平均法指数既可使用实际总量指标为权数，也可使用相对数（比重）为权数。而综合指数不能使用比重权数。

课堂讨论： 算术平均法指数与调和平均法指数有何区别？它们与综合指数有何联系？

第三节　指数体系与因素分析

一、指数体系

（一）指数体系的概念

社会经济现象不是孤立存在的，许多现象之间存在相互依存、相互制约的关系，有些现象在数量上存在着必然的经济联系，例如：

商品销售额 = 商品销售量 × 商品价格

总成本 = 产品产量 × 单位成本

原材料费用总额 = 产量 × 单位产品原材料消耗量 × 单位原材料价格

等式左边的总量指标受制于等式右边的各因素指标，这种客观存在的因素联系不仅表现在静态上，而且也反映在动态上，即这种客观的因素联系在动态中也是同样存在的：

商品销售额指数 = 商品销售量指数 × 商品价格指数

总成本指数 = 产品产量指数 × 单位成本指数

原材料费用总额指数 = 产量指数 × 单位原材料消耗量指数 × 单位原材料价格指数

在统计分析中，表明社会经济现象本身联系的、数量上有对等关系的三个或三个以上指数所形成的整体就是指数体系。

在上述指数体系中，等式左边的指数称为现象总变动指数，它是现象的报告期水平与基期水平之比；等式右边的指数称为因素指数，有数量指标指数，也有质量指标指数。

指数体系内部的数量对等关系，不仅表现在相对数上，即现象总变动指数等于各因素指数的连乘积；也表现在绝对数上，即现象总变动的增减额等于各因素变动影响的增减额之和。现以第一个指数体系为例，用公式表示为：

相对数形式：

$$\bar{k}_{qp} = \bar{k}_q \times \bar{k}_p$$

即：
$$\frac{\sum q_1p_1}{\sum q_0p_0} = \frac{\sum q_1p_0}{\sum q_0p_0} \times \frac{\sum q_1p_1}{\sum q_1p_0} \tag{6-10}$$

绝对数形式：

$$\sum q_1p_1 - \sum q_0p_0 = \left(\sum q_1p_0 - \sum q_0p_0\right) + \left(\sum q_1p_1 - \sum q_1p_0\right) \tag{6-11}$$

（二）指数体系的作用

（1）利用指数体系可以进行指数之间的相互推算。如在三个指数构成的指数体系中，只要已知其中任意两个指数，都可将第三个指数计算出来。

（2）利用指数体系可对现象的总变动进行因素分析。即从数量方面分析社会经济现象总变动中各因素变动影响的相对程度和绝对效果。由于现象的总变动有的表现为总量指标的变动，有的表现为平均指标的变动，因此因素分析有总量指标的因素分析和平均指标的因素分析之分。

二、总量指标的因素分析

总量指标因素分析的对象是总量指标的总变动指数。指数体系是指数因素分析的依据。只要某一经济总量指标能分解为两个或两个以上因素指标的乘积，根据这个总量指标所计算的总变动指数就能作为因素分析的对象。

总量指标的因素分析按其包含因素指标的多少，可分为总量指标的两因素分析和总量指标的多因素分析，其中两因素分析是基本的因素分析方法。

（一）总量指标的两因素分析

利用指数体系进行总量指标两因素分析时，总量指标是两个因素指标的乘积，利用综合指数从数量指标指数和质量指标指数的相互联系中组成的指数体系进行分析。

[例 6-5] 某商场有关资料见表 6-5。

表 6-5　　销售额的因素分析表

产品名称	计量单位	销售量		价格（元）		计算栏	
		基期 q_0	报告期 q_1	基期 p_0	报告期 p_1	q_0p_0	q_1p_1
甲	吨	10	12	1000	900	10000	10800
乙	千米	60	80	500	400	30000	32000
丙	件	20	22	800	810	16000	17820
合计	—	—	—	—	—	56000	60620

销售额是总量指标，它受销售量和价格两个因素的影响，进行因素分析的目的就是要测定销售量和价格变动对销售额变动的影响方向和程度。具体分析步骤如下：

第一步：计算销售额指数，分析该商场销售额变动的方向、相对程度和绝对程度。

$$\bar{k}_{qp} = \frac{\sum q_1p_1}{\sum q_0p_0} = \frac{60620}{56000} = 108.25\%$$

销售额增长率为：$\bar{k}_{qp} - 100\% = 108.25\% - 1 = 8.25\%$，表明该商场报告期的销售额比基期增长了 8.25%。

由于商品销售量的增加和销售价格下降两因素的共同影响，使报告期的销售额较基期增加了 $\sum q_1p_1 - \sum q_0p_0 = 60620 - 56000 = 4620$（元）

第二步：编制因素指数，分析销售额变动的具体原因。

（1）销售量指数。

$$\bar{k}_q=\frac{\sum q_1p_0}{\sum q_0p_0}=\frac{12\times1000+80\times500+22\times800}{56000}=\frac{69600}{56000}=124.29\%$$

销售量增长率为：$\bar{k}-100\%=124.29\%-100\%=24.29\%$，表明该商场报告期的销售量比基期增长了24.29%。

由于销售量增加而增加的销售额为：

$\sum q_1p_0-\sum q_0p_0=69600-56000=13600$（元）

（2）价格指数。

$$\bar{k}_p=\frac{\sum q_1p_1}{\sum q_1p_0}=\frac{60620}{12\times1000+80\times500+22\times800}=\frac{60620}{69600}=87.10\%$$

价格升降率为：$\bar{k}_p-100\%=87.10\%-100\%=-12.90\%$，表明该商场报告期的商品价格比基期降低了12.9%。

由于价格降低而影响的销售额为：

$$\sum q_1p_1-\sum q_1p_0=60620-69600=-8980\text{（元）}$$

第三步：列出具体的指数体系，做出简要分析。

销售额总指数 = 销售量指数 × 价格指数

从相对数分析：$\bar{k}_{qp}=\bar{k}_q\times\bar{k}_p$

即：$108.25\%=124.29\%\times87.10\%$

结果表明：由于销售量增长了24.29%和价格降低了12.90%，两因素共同影响，使该商场报告期的销售额比基期增加了8.25%。

从绝对数分析：$\sum q_1p_1-\sum q_0p_0=(\sum q_1p_0-\sum q_0p_0)+(\sum q_1p_1-\sum q_1p_0)$

即：$4620=13600+(-8980)$

结果表明：该商场三种商品的报告期销售额比基期增加了4620元，是由于销售量增长使销售额增加了13600元，价格降低使销售额减少了8980元，两因素相互抵补的结果。

（二）总量指标的多因素分析

多因素分析方法与两因素分析方法基本相同，由于分析的对象是受三个或三个以上因素影响的复杂现象的总量指标的总动态，因此在进行多因素分析时，要注意以下两点：

第一，要正确确定各因素指标的排列顺序。一般是数量指标在前，质量指标在后。但在确定多因素指标的排列顺序时，还需考虑现象的固有联系，即从第一个因素开始，两两因素指标之积要有实际意义，如原材料费用总额受产量、单位产品原材料消耗量和单位原材料价格等因素的影响，在分析这三个因素指标对原材料费用总额的影响时必须正确排列这三个因素指标的顺序。其正确的排列顺序如下式所示：

原材料费用总额＝产量×单位产品原材料消耗量×单位原材料价格

（数量指标） （质量指标） （质量指标）

原材料消耗总量（数量指标）

原材料费用总额（数量指标）

第二，编制因素指数时，要从第一个因素指标开始，依次分析，在测定某一因素指标变动时，要使其他因素指标固定不变。其原则是：未分析过的指标都固定在基期，已分析过的指标都固定在报告期。据此可以编制出多个因素指数。同度量因素固定的方法是因素结合法：先将多个因素指标分别结合为两个因素指标，依次形成数量指标和质量指标，变为两个影响因素的综合指数体系，然后按编制综合指数的一般原则确定其他因素的时期。

现以原材料费用总额的多因素分析为例说明如下：

（1）将各因素指标用符号表示，如产量用“q”表示，单位产品原材料消耗量用“m”表示，单位原材料价格用“p”表示，则原材料费用总额用“qmp”表示。

（2）编制原材料费用总额指数和产量指数、单位产品原材料消耗量指数、单位原材料价格指数等因素指数。

（3）建立指数体系并进行综合分析。

原材料费用总额指数＝产量指数×单位产品原材料消耗量指数×单位原材料价格指数

其指数体系用符号表示为：

相对数形式：$\bar{k}_{qmp}=\bar{k}_q\cdot\bar{k}_m\cdot\bar{k}_p$

即：
$$\frac{\sum q_1m_1p_1}{\sum q_0m_0p_0}=\frac{\sum q_1m_0p_0}{\sum q_0m_0p_0}\times\frac{\sum q_1m_1p_0}{\sum q_1m_0p_0}\times\frac{\sum q_1m_1p_1}{\sum q_1m_1p_0} \qquad (6-12)$$

绝对数形式：

$$\sum q_1m_1p_1-\sum q_0m_0p_0=\left(\sum q_1m_0p_0-\sum q_0m_0p_0\right)+\left(\sum q_1m_1p_0-\sum q_1m_0p_0\right)+\left(\sum q_1m_1p_1-\sum q_1m_1p_0\right) \qquad (6-13)$$

实例的分析过程与两因素分析相似，在此不再赘述。

三、平均指标的因素分析

（一）平均指标指数体系

平均指标指数是现象总体两个不同时期、同一经济内容的平均数进行对比的比值，是总指数的另一种表现形式。凡一个平均指标能分解为两个因素指标，即组平均数和总体结构，分析其中一个因素指标的变动对平均指标的影响时，应将另一个因素指标固定不变，这样计算的指数都称为平均指标指数。根据指数编制的一般方法和原则，测定组平均数变动对总平均数变动的影响时，要把各组的总体结构固定在报告期，这样计算的指数称为固定构成指数；测定总体结构的变动对总平均数的变动影响时，要把组平均数固定在基期，这样计算的指数称为结构影响指数。包含以上两个因素变动的总平均指数就称为可变构成指数，即可变构成指数就是报告期的总平均数与基期总平均数的比，它是平均指标因素分析的对象。

1. 可变构成指数

平均指标变动的指数分析方法，也就是两个时期的加权平均数对比后，用指数法来分解的方法。

$$\overline{k}_{可变} = \frac{\sum\left(x_1 \cdot \frac{f_1}{\sum f_1}\right)}{\sum\left(x_0 \cdot \frac{f_0}{\sum f_0}\right)} = \frac{\overline{x}_1}{\overline{x}_0} \tag{6-14}$$

式中：$\overline{x}_1$、$\overline{x}_0$ 分别表示报告期与基期的总平均数；

x_1、x_0 分别表示报告期与基期的组平均数；

$\overline{k}_{可变}-1$ 表明总平均数的变动方向和程度；

$\overline{x}_1-\overline{x}_0$ 表示总平均数变动的增减额。

2. 固定构成指数

$$\overline{k}_{固定} = \frac{\sum\left(x_1 \cdot \frac{f_1}{\sum f_1}\right)}{\sum\left(x_0 \cdot \frac{f_1}{\sum f_1}\right)} = \frac{\overline{x}_1}{\overline{x}_n} \tag{6-15}$$

式中：$\overline{x}_n$ 表示按基期组平均数和报告期总体结构计算的假定总平均数；

$\overline{k}_{固定}-1$ 表明组平均数的变动对总平均数的影响方向和程度；

$\overline{x}_1-\overline{x}_n$ 表示由于组平均数的变动而影响总平均数变动的增减额。

3. 结构影响指数

$$\overline{k}_{结构} = \frac{\sum\left(x_0 \cdot \frac{f_1}{\sum f_1}\right)}{\sum\left(x_0 \cdot \frac{f_0}{\sum f_0}\right)} = \frac{\overline{x}_n}{\overline{x}_0} \tag{6-16}$$

式中：$\overline{k}_{结构}-1$ 表明总体结构的变动对总平均数的影响方向和程度；

$\overline{x}_n-\overline{x}_0$ 表示由于总体结构的变动而影响总平均数变动的增减额。

这三个平均指标指数密切联系，共同构成平均指标指数体系。

可变构成指数 = 固定构成指数 × 结构影响指数

相对数形式：

$$\overline{k}_{可变} = \overline{k}_{固定} \times \overline{k}_{结构} \quad 即：\frac{\overline{x}_1}{\overline{x}_0} = \frac{\overline{x}_1}{\overline{x}_n} \times \frac{\overline{x}_n}{\overline{x}_0} \tag{6-17}$$

绝对数形式：$\overline{x}_1-\overline{x}_0 = (\overline{x}_1-\overline{x}_n) + (\overline{x}_n-\overline{x}_0)$ （6-18）

（二）平均指标指数的因素分析

［例6-6］ 某企业有关资料见表6-6。试以此为例说明平均指标的因素分析方法。

表 6－6　　　　某企业平均工资的两因素分析计算表

工　种	2018 年		2019 年		计算栏			
	人数（人）	平均工资（万元）	人数（人）	平均工资（万元）	x_0f_0	x_1f_1	$\frac{f_0}{\sum f}$（%）	$\frac{f_1}{\sum f}$（%）
	f_0	x_0	f_1	x_1				
普通工	400	6	800	7	2400	5600	80	84
技术工	100	9	150	11	900	1650	20	16
合　计	500		950		3300	7250	100	100

根据表 6－6 的资料可计算：

$$\bar{x}_1 = \frac{\sum x_1f_1}{\sum f_1} = \frac{7250}{950} = 7.63(\text{万元})$$

$$\bar{x}_0 = \frac{\sum x_0f_0}{\sum f_0} = \frac{3300}{500} = 6.6(\text{万元})$$

$$\bar{x}_n = \frac{\sum x_0f_1}{\sum f_1} = \frac{6\times800+9\times150}{950} = \frac{6150}{950} = 6.47(\text{万元})$$

第一步：计算总平均工资指数，即可变构成指数。

$$\bar{k}_{可变} = \frac{\bar{x}_1}{\bar{x}_0} = \frac{7.63}{6.6} = 115.61\%$$

总平均工资变动的增减额为：$\bar{x}_1 - \bar{x}_0 = 7.63 - 6.6 = 1.03$（万元）

计算结果表明：因为该企业普调工资和职工人数变动的共同影响，使 2019 年的职工总平均工资比 2018 年提高了 15.61%，平均每人每年增加工资 1.03 万元。

第二步：计算固定构成指数和结构影响指数，分析总平均工资变动的具体原因。

（1）各组职工平均工资提高的影响：$\bar{k}_{固定} = \frac{\bar{x}_1}{\bar{x}_n} = \frac{7.63}{6.47} = 117.93\%$

由于各组职工年平均工资水平的提高使企业职工的总平均工资水平较上年提高了 17.93%，从而使企业职工的年总平均工资增加了 1.16 万元。

即：$\bar{x}_1 - \bar{x}_n = 7.63 - 6.47 = 1.16$（万元）

（2）各组职工人数结构变动的影响：$\bar{k}_{结构} = \frac{\bar{x}_n}{\bar{x}_0} = \frac{6.47}{6.6} = 98.03\%$

由于职工总体结构的变动影响使总平均工资水平较上年的增减额为：

$\bar{x}_n - \bar{x}_0 = 6.47 - 6.6 = -0.13$（万元）

即：在各组职工年工资水平保持不变的情况下，由于职工人数结构的变化（工资水平高的技术人员的比重由 20% 下降到 16%，工资水平低的普通工人的比重则由 80% 上升到 84%），致使该企业的总平均工资下降 1.97%，平均每人每年减少工资 0.13 万元。

第三步：将上述计算结果代入公式 6－17 和公式 6－18，列出具体的指数体系，做出简要分析结论。

相对数形式：115.61% ＝117.93% ×98.03%

绝对数形式：1.03万元=1.16万元+（-0.13万元）

上述计算分析表明：该企业的总平均工资2019年比2018年提高了15.61%，是由于各类职工年平均工资的提高使总平均工资上升了17.93%和职工人数结构的变动使总平均工资减少了1.97%的结果；从绝对数看，该企业的总平均工资2019年比2018年增加了1.03万元，是由于各类职工年平均工资的提高使总平均工资增加了1.16万元和职工人数结构的变化使总平均工资减少了0.13万元所致。

在实际工作中，劳动生产率、平均价格、单位成本、单位原材料消耗量等平均指标的变动，均可采用平均指标的因素分析方法，分析各因素的变动对平均指标变动的影响方向、程度和绝对效果。

课堂讨论：如何建立指数体系并进行因素分析？

第四节　几种常用的统计指数

一、工业生产指数

工业生产指数就是工业产品产量指数，是综合反映工业产品产量增减变化的相对数。世界上大多数国家都十分重视工业生产指数的编制，把工业生产指数视为基本经济情况的指示器。我国也随着新国民经济核算体系的实施，编制了此类指数，以便与国际接轨。

工业生产指数的编制是采用固定权数的加权算术平均法指数形式计算的，其计算公式由公式6-6演变而来，即：

$$\bar{k}_q = \frac{\sum k_q \cdot q_0 p_0}{\sum q_0 p_0} = \sum k_q \cdot \frac{q_0 p_0}{\sum q_0 p_0} = \sum k_q \cdot w$$

其中：$w = \dfrac{q_0 p_0}{\sum q_0 p_0}$，表示基期某种商品的销售额占全部商品销售额的比重。

加权算术平均法指数用于编制数量指标指数。在我国的实际经济生活中用此法来编制工业生产指数时，公式中 w 的含义发生了一定的变化。计算公式为：

$$\bar{k}_q = \sum \left(k_q \cdot \frac{w}{\sum w} \right) \tag{6-19}$$

式中：k_q 表示各部门代表工业品的个体产量指数；

w 表示各工业部门增加值在全部工业增加值中所占的比重。

代表工业品一般有几百种。这些代表产品均应是对国计民生有重要意义的产品，通过这些产品要能够反映一个国家工业经济实力的增长变化情况。

此外，这里的权数是相对固定的，一旦确定，一般使用五年后才根据生产结构的变化加以调整。

知识拓展

采购经理人指数（PMI），是衡量一个国家制造业的“体检表”，是衡量制造业在生产、新订单、商品价格、存货、雇员、订单交货、新出口订单和进口八个方面状况的指数。PMI 已是国际通行的宏观经济监测指标体系，对国家经济活动的监测和预测具有重要作用。采购经理人指数为每月第一个公布的重要数据，加上其所反映的经济状况较为全面，因此市场十分重视该数据所反映的具体结果。在一般意义上讲采购经理人指数上升，会带来美元汇价上涨；采购经理人指数下降，会带来美元汇价的下跌。

采购经理人指数以百分比表示，常以 50% 作为经济强弱的分界点：当指数高于 50% 时，则被解释为经济扩张的讯号。当指数低于 50%，尤其是非常接近 40% 时，则有经济萧条的忧虑。一般在 40% ~50% 之间时，说明制造业处于衰退，但整体经济还在扩张。

二、商品零售价格总指数

我国政府编制的价格指数有许多种，如商品零售价格总指数、居民消费价格总指数、农副产品收购价格总指数等。这些指数都从不同的角度反映全国范围内商品价格的综合变动情况。其中，商品零售价格总指数是由国家统计局定期编制公布，反映市场商品零售价格变动趋势和变动幅度的价格指数。

我国商品零售价格总指数是采用固定权数的加权算术平均法指数形式计算的。其计算公式实际上是借用公式 6 - 19 改造而来，即：

$$\bar{k}_p = \frac{\sum k_p \cdot w}{\sum w} = \sum \left(k_p \cdot \frac{w}{\sum w} \right) \qquad (6-20)$$

式中：k_p 表示各类商品代表性规格品个体指数或类指数；

w 表示各类消费品零售额在消费品零售总额中所占的比重。

由于商品种类繁多，要编制包括全国各地全部商品在内的零售价格指数显然是不可能的。因此，编制零售物价总指数时应注意如下问题：

1. 正确选择代表性商品和代表性规格品

代表性商品的选择，首先应对商品进行科学的分类，并在此基础上分别选择。通常情况下代表性商品应选择那些成交量大、市场供求稳定、能代表该商品集团价格变动趋势的商品。我国目前编制的商品价格总指数中，城市指数所选商品为 352 种，农村指数所选商品为 404 种（其中 52 种为农业生产资料）。代表性规格品是根据商品零售资料和 4 万城市居民、6.7 万农村居民消费支出记账资料，按有关规定筛选的。

2. 正确选择调查地区和调查点

全国零售价格总指数反映全社会商品价格的总体变动水平，但要包括全国各地的商品也是不可能的，一般只选择部分具有代表性的地区（国家一级抽选的调查县、市为 226 个）编制价格总指数。典型地区的选择应考虑其代表性和典型性，也要注意类型上的多样性以及地区分布上的合理性和相对稳定性。在此基础上选定经营规模大、商品种类多的商场（包括集市）作为调查点。

3. 正确确定商品的价格

我国国土范围较大，同一时间同类商品在不同地区间的价格差别也较大，同时，全国零售价格总指数又包括了商品牌价、议价和市价等因素。因此所选代表性商品使用的价格应是全社会的综合平均价格。一种商品的综合平均价格是该商品在一定时期内的牌价、议价和市价的加权平均数，其权数是各种价格形式的商品零售量或零售额。根据每种代表性商品基期和报告期的综合平均价格，计算每种商品的价格指数，以此作为计算类指数的依据。

4. 正确确定权数

全国零售价格总指数是采用加权算术平均形式计算的，其权数是根据上年零售额资料，并根据当年住户调查资料予以调理后确定的。在确定权数时，先确定大类权数，然后确定中小类权数，最后确定商品权数，权数均以百分数表示，各层权数之和均等于100。为便于计算，权数一律取整数。在实际工作中，也可根据本年度第1～3季度的消费品零售额和第4季度的预计零售额，并参照本年度市场变化情况加以确定。每年确定一次，年内不变。

[例6－7] 根据某市的抽样调查资料编制的商品零售价格指数见表6－7，试据此编制该市零售商品物价总指数。

表6－7

项　　目	类指数 k_p（%）	各项支出比重 w（%）
一、食品类	[110.88]	38
1. 主食类	110	[30]
2. 副食类	(111.26)	[70]
其中：肉类	108	(20)
禽蛋类	98	(12)
糖烟酒类	116	(15)
蔬菜类	120	(35)
干调类	105	(8)
其他	101	(10)
二、衣着类	107	18
三、日用品、文化娱乐用品类	125	16
四、药及医疗用品	125	12
五、建筑材料类	103	8
六、燃料类	108	3
七、房租及服务类	136	5

现将表6－7中的资料依次对应代入公式6－20中，经过加权逐级计算的有关零售物价指数如下：

（1）副食类零售物价指数：

$$\bar{k}_p = \frac{\sum k_p \cdot w}{\sum w}$$

$$= \frac{1.08 \times 20 + 0.98 \times 12 + 1.16 \times 15 + 1.2 \times 35 + 1.05 \times 8 + 1.01 \times 10}{100}$$

$$= 1.1126 \text{（或 } 111.26\% \text{）}$$

（2）食品类零售物价指数：

$$\bar{k}_p = \frac{\sum k_p \cdot w}{\sum w} = \frac{1.1 \times 30 + 1.1126 \times 70}{100} = 1.1088 \text{（或 } 110.88\% \text{）}$$

（3）该市商品零售物价总指数：

$$\bar{k}_p = \frac{\sum k_p \cdot w}{\sum w}$$

$$= \frac{1.1088 \times 38 + 1.07 \times 18 + 1.25 \times 16 + 1.25 \times 12 + 1.03 \times 8 + 1.08 \times 3 + 1.36 \times 5}{100}$$

$$= 1.1467 \text{（或 } 114.67\% \text{）}$$

即该市商品零售物价较基期上涨了14.67%。

知识拓展

CPI是居民消费价格指数（Consumer Price Index）的简称。它是一个反映居民家庭一般所购买的消费品和服务项目价格水平变动情况的宏观经济指标，是在特定时段内度量一组代表性消费商品及服务项目的价格水平随时间而变动的相对数，是用来反映居民家庭购买消费商品及服务的价格水平的变动情况。它也是进行经济分析和决策、价格总水平监测和调控及国民经济核算的重要指标。其变动率在一定程度上反映了通货膨胀或紧缩的程度。一般来讲，物价全面地、持续地上涨就被认为发生了通货膨胀。

美国的CPI由美国劳工统计局负责编制。美国有CPI和core CPI（核心消费者指数）之分，Core CPI剔除了食品和能源的影响，因为其食品和能源的价格变动对整个物价变动影响较大。

美国、西欧、日本等CPI里的食品比例占16%左右。中国的CPI里食品占的比重占31%左右，印度占37%左右。中国、印度等发展国家一般未编制Core CPI，因为中国和印度等发展中国家食品消费所占的比例较美国等发达国家，如果把食品等从CPI里剔除，就无法真实反映出其物价变化情况。

三、股票价格指数

股票价格指数是反映证券交易市场股票价格变化的相对数，一般由证券交易所、金融服务机构、咨询研究机构或新闻单位编制和发布。编制股票价格指数在于及时反映股票市场的价格水平，为股票投资者提供参考依据，从而帮助投资者实现投资目的。股票价格指数的编制方法主要有两种形式：一种是平均股票价格指数，另一种是股票价格综合指数。

1. 平均股票价格指数

平均股票价格指数是分别将基期和报告期的平均股价计算出来后进行对比计算的相对数。其计算公式为：

$$平均股票价格指数\ k_p=\frac{\bar{p}_1}{\bar{p}_0}$$

式中：$\bar{p}_1$ 是报告期样本股票的平均价格，$\bar{p}_1=\frac{\sum p_1}{n}$

$\bar{p}_0$ 是基期样本股票的平均价格，$\bar{p}_0=\frac{\sum p_0}{n}$

由美国新闻出版商道·琼斯公司计算发布的道·琼斯股票价格指数，就是采用此法计算的股票价格指数。因其采样股票数目较少，且多是热门股，缺乏广泛的代表性，而且没有考虑权数，导致少数几种流通性较小的股票价格的大幅度涨落对股票的平均价格产生很大的影响。

2. 股票价格综合指数

股票价格综合指数是以样本股票的发行量或交易量 q 为同度量因素计算的股价指数。其计算公式为：

$$拉氏股价综合指数\ \bar{k}_p=\frac{\sum q_0p_1}{\sum q_0p_0}$$

$$派氏股价综合指数\ \bar{k}_p=\frac{\sum q_1p_1}{\sum q_1p_0}$$

由美国最大的证券研究机构斯坦达德－普尔公司编制发布的标准－普尔指数以及由隶属于美国国家证券交易委员会的纳斯达克证券市场有限公司编制发布的纳斯达克指数，都是采用此法编制的。

我国的上证综合指数是上海证券交易所于1990年7月15日开始编制的。它是以1990年12月19日为基期，基期值为100，以全部的上市股票为样本，以股票发行量为权数计算的综合指数。具体计算方法是以计算日（报告期）和基期的股票收盘价（如当日无成交价，则延用上一日收盘价）分别乘以发行股数，然后综合求得计算日和基期的市价总值再相除，所得相对数即为股票价格指数。随着上市股票品种的逐步丰富，上海证券交易所在上证综合指数的基础上，从1992年2月起编制了A股指数和B股指数，从1993年5月3日起编制公布了工业、商业、房地产业、公用事业和综合五大类分类股票价格指数。

我国的深证综合指数是由深圳证券交易所于1991年4月4日开始编制发布的。它以1991年4月3日为基期，基期值为100，以全部的上市股票为样本，采用基期的总股本为权数来计算的股票价格指数。由于目前的中国股市只是公众股市场，国家股和法人股不能上市流通，用总股本作为权数来编制指数容易产生偏差。为此，深圳证券交易所从1995年1月3日开始编制深证成分股价格指数，简称深证成分股指数。深证成分股指数是按一定标准选择一定数量有代表性的公司股票作为成分股，然后采用成份股报告期的可流通股数为权数来计算的股票价格指数。该指数取1994年7月20日为基日，基日指数定为1000

点。成分股指数于1995年1月23日开始试发布，1995年5月5日正式启用。1997年12月26日深圳证券交易所对成分股样本进行调整。

为了便于理解，我们现举一个简单的例子来说明股票价格综合指数的编制。

[例6-8] 设有三种股票，其股价和发行股数见表6-8。

表6-8

股票名称	发行量（股）q	股价（元/股）				
		基　日	计　算　日			
		p_0	p_1	p_2	p_3	p_4
甲	20000	8	9	10	12	12
乙	30000	12	14	16	15	16
丙	50000	5	5	6	7	7

根据表6-8的资料，计算四个计算日的股票价格综合指数如下：

$$一日：k_p=\frac{\sum p_1q}{\sum p_0q}=\frac{9\times20000+14\times30000+5\times50000}{8\times20000+12\times30000+5\times50000}=\frac{850000}{770000}=1.104\ （或\ 110.4\%）$$

$$二日：k_p=\frac{\sum p_1q}{\sum p_0q}=\frac{10\times20000+16\times30000+6\times50000}{770000}=\frac{980000}{770000}=1.273\ （或\ 127.3\%）$$

$$三日：k_p=\frac{\sum p_1q}{\sum p_0q}=\frac{12\times20000+15\times30000+7\times50000}{770000}=\frac{1040000}{770000}=1.351\ （或\ 135.1\%）$$

$$四日：k_p=\frac{\sum p_1q}{\sum p_0q}=\frac{12\times20000+16\times30000+7\times50000}{770000}=\frac{1070000}{770000}=1.39\ （或\ 139\%）$$

这说明到第四日股价上扬了39%，即上涨了39点。

通过编制股票价格综合指数，可以记录股市每日的变动情况，反映股市的整体走势。若将其绘制成指数曲线图，就会更加明了地让投资者了解股价变化趋势，为其投资决策提供参考依据。

> **试一试：** 根据本校教职工（或学校所在地的某企业职工）的调查资料或汇总整理结果，对教职工（教师与职工，也可按职称分类）或某企业职工（普通工人、技术人员和管理人员）的总平均工资变动情况进行因素分析。

小　结

广义上的统计指数是指一切反映社会经济现象在时间或空间上的数量变动的相对数；狭义上的统计指数是指专门用来反映那些不能直接相加和对比的社会经济现象综合变动的相对数。统计指数能综合反映复杂现象总体数量的变动方向、程度和绝对效果；能分析各个因素对现象总体变动的影响方向、程度和绝对效果；能测定现象数量变动受总体内各组平均水平和总体结构变动的影响方向、程度和绝对效果。统计指数的性质可概括为：相对性、综合性、代表性、平均性。

统计指数按其所反映的现象范围的不同可分为个体指数、类指数和总指数；按所反映的指标性质不同可分为数量指标指数和质量指标指数；按指数数列中指数所采用的基期不同可分为定基指数和环比指数。

综合指数是将两个或两个以上不同时期不能同度量的指标通过同度量因素过渡到能够同度量的总量指标，然后进行对比计算所得的相对数。编制综合指数要解决两个问题：一是复杂总体中各因素不可加或不能直接对比的问题，另一个是同度量因素的选择与所属时期的确定问题。

平均法指数是采用平均数的计算形式来计算的指数，是个体指数的加权平均数。它的基本方法是：先对比计算出各种数量指标或质量指标的个体指数，然后根据研究目的，采用不同的总量指标进行加权平均，用来综合反映社会经济现象的总动态。

综合指数和平均法指数都是总指数，在资料完全相同的情况下，平均法指数可视为综合指数的变形，计算结果相同。两者的区别在于：①计算形式不同，平均法指数使用了平均数的计算公式；②计算方法不同，综合指数是先综合后对比，而平均法指数是先对比后综合；③对资料的要求不同，综合指数要求使用全面资料，而平均法指数既可以使用全面资料，也可以使用非全面资料；④选择的权数不同，平均法指数可使用实际总量指标为权数，也可使用相对数（比重）为权数；而综合指数不能使用比重权数。

在统计分析中，表明社会经济现象本身联系的、数量上有对等关系的三个或三个以上指数所形成的整体就是指数体系。运用因素分析法首先应建立指数体系，并依据指数体系从相对数和绝对数两方面进行分析计算。其基本程序是：根据现象间的经济关系建立指数体系；计算被分析指标的总变动程度和增减变动的绝对数；计算各因素的变动程度和对分析指标影响的绝对数；对指数体系间的等量关系进行综合分析。

平均指标指数属于广义指数的范畴。它根据分组资料计算，有可变构成指数、固定构成指数和结构影响指数三种形式。凡平均指标能分解为两个因素指标，即组平均数和总体结构，分析其中一个因素指标的变动对平均指标的影响时，应将另一个因素指标固定不变，这样计算的指数都称平均指标指数。根据指数编制的一般方法和原则，测定组平均数变动对总平均数变动的影响时，要把各组的总体结构固定在报告期，这样计算的指数就称为固定构成指数；测定总体结构的变动对总平均数的变动影响时，要把组平均数固定在基期，这样计算的指数就称结构影响指数。包含以上两个因素变动的总平均数指数就称为可变构成指数，即可变构成指数就是报告期的总平均数与基期总平均数的比，它是平均指标因素分析的对象。

工业生产指数、商品零售价格指数和股票价格指数等是我国常用的统计指数。这几种常用的统计指数的编制原理和方法，对于我们了解指数的实际应用有一定的作用。

复习思考题

1. 什么叫统计指数？它有何作用？
2. 什么是总指数？它有哪几种计算形式。

3. 什么叫同度量因素？它有什么作用？编制数量指标指数和质量指标指数时，如何确定同度量因素及其所属时期？

4. 什么是指数体系？它有何作用？

5. 平均法指数与平均指标指数有何区别？

6. 某商场有关资料见表6－9：

表6－9

名称	计量单位	产量		单价（元）	
		基期	报告期	基期	报告期
甲	件	380	450	35	40
乙	台	600	660	30	30
丙	吨	400	520	70	84

根据表中资料计算：

（1）个体产量指数和个体价格指数；

（2）销售量综合指数及由于销售量的变动而使销售额增加或减少的数额；

（3）价格综合指数及由于价格的变动而使销售额增加或减少的数额。

7. 某企业的总成本及单位成本的个体指数见表6－10：

表6－10

产品名称	报告期总成本（万元）	单位成本个体指数（%）
甲	20	125
乙	49	140
丙	35	100

根据表中资料计算成本指数及由于成本变动而引起总成本变动的增减额。

8. 某企业的销售额及销售量增长速度资料见表6－11：

表6－11

产品名称	销售额（万元）		销售量增长（%）
	基期	报告期	
甲	120	150	10
乙	200	210	5
丙	400	440	20

根据表中资料计算：

（1）销售额指数及销售额变动的实际增减额；

（2）销售量指数及由于销售量变动而引起销售额变动的增减额；

（3）物价指数及由于物价变动而引起销售额变动的增减额；

（4）用指数体系从绝对数和相对数两方面分析销售量和价格变动对销售额变动的影响。

第七章
抽 样 技 术

学习目标

通过本章的学习，要求了解抽样调查的组织方式、抽样推断的置信度和点估计方法；理解抽样技术中的几个基本概念、抽样极限误差的意义和计算方法、确定必要样本容量的意义和方法；掌握抽样误差的概念及其影响因素、抽样平均误差的意义和计算方法、总体参数的区间估计方法。

本章重点：重复抽样与不重复抽样的区别、样本容量与可能样本数目的区别、抽样平均误差的计算方法、总体参数的区间估计和样本容量的确定。

第一节　抽样技术概述

一、抽样技术中的几个基本概念

（一）全及总体与抽样总体

从统计调查的范围来看，我们将所要调查研究现象的整体称为全及总体，简称总体，它是样本赖以抽取的母体。全及总体单位数一般用字母“N”表示。抽样总体简称样本，它是指从全及总体中随机抽取的那部分单位所构成的整体。样本是总体的缩影，是总体的代表，我们正是依据样本的数量特征来推断总体的数量特征。样本单位数一般用字母“n”表示。当研究目的一定时，全及总体也就相对确定了，而样本却难以确定，它因抽样方式方法等不同而异。

思考：为什么说，“当研究目的一定时，全及总体也就相对确定了，而样本却难以确定，它因抽样方式方法不同而异”？能结合所学统计知识解释吗？

（二）全及指标与样本指标

1. 全及指标

全及指标又称总体指标，它是根据全及总体各单位的有关标志表现计算的，反映总体某种属性或数量特征的综合指标。常用的全及指标有全及平均数（$\overline{X}$）、全及成数（P）和全及标准差（σ_x、σ_p）等。其中，平均数及其标准差的相关内容已在第四章做了讲解，下面介绍全及成数及其标准差的意义和计算方法。

全及成数是指全及总体中具有某种标志表现的单位数所占的比重，通常用符号“P”表示。在全及总体中，不具有某种标志表现的单位数所占的比重，通常用符号“Q”表示。全及总体 N 个单位中，假设 N_1 个单位具有某种标志表现，N_0 个单位不具有某种标志表现。

则：$P=\frac{N_1}{N}$，$Q=\frac{N_0}{N}$

因为 $N_1+N_0=N$

所以 $P+Q=\frac{N_1}{N}+\frac{N_0}{N}=1$，$Q=1-P$

［例 7－1］ 某厂对新装配的 1000 台电脑进行技术检测，发现有 20 台为不合格品。则该批电脑的不合格率为：

$$P=\frac{N_1}{N}=20/1000=0.02\ （或\ 2\%）$$

合格率为：

$$Q=\frac{N_0}{N}=（1000-20）/1000=0.98\ （或\ Q=1-0.02=0.98\ 或\ 98\%）$$

有些现象的特征，只表现为两种性质上的差异。如某台电脑要么合格，要么不合格；某职员要么为男性，要么为女性，二者必归其一，不可能出现第三种情况。这些现象只表现为是或否、有或无的标志，我们称之为交替标志或是非标志。

为了便于说明问题，我们可将“是非”标志的具体表现进行量化处理，即用 $X_1=1$ 表示具有所研究标志的标志表现，用 $X_0=0$ 表示不具有所研究标志的标志表现，那么，成数 P 就可视为（0，1）分布的平均数，并可求出其相应的标准差或方差：

成数平均数为：$\overline{X}_p=\frac{1\times N_1+0\times N_0}{N_1+N_0}=\frac{N_1}{N}=P$

或 $\overline{X}_p=1\times P+0\times Q=P$

全及成数的方差为：

$$\sigma_p^2=\frac{(0-P)^2N_0+(1-P)^2N_1}{N_0+N_1}=\frac{P^2N_0+Q^2N_1}{N}=\frac{P^2N_0}{N}+\frac{Q^2N_1}{N}$$

$$=P^2Q+Q^2P=PQ(P+Q)=PQ$$

全及成数的标准差为：

$$\sigma_p=\sqrt{PQ}=\sqrt{P(1-P)}$$

例 7－1 中，该厂该批电脑的不合格率 $\overline{X}_p=1\times P+0\times Q=1\times 2\%+0\times 98\%=2\%$，也就是不合格率成数的平均数。其成数的标准差为：

$$\sigma_p=\sqrt{P(1-P)}=\sqrt{0.02\times(1-0.02)}=0.14\ （或\ 14\%）$$

在抽样推断中，全及指标的意义和计算方法是明确的。对于一个确定的总体而言，其任何一个指标数值都是唯一存在的，是一个常量，但其具体数值实际上事先是未知的，需要用样本指标来估计它，且能够被估计。如果事先知道的话，就用不着进行抽样调查了。

思考：对于一个确定的总体而言，全及指标数值都是客观存在的，是一个常量。既然全及指标都是常量，那么，为什么说"其具体数值实际上事先是未知的"？既然是常量，为什么还"需要用样本指标来估计它，且能够被估计"？

2. 样本指标

样本指标又称样本统计量或抽样指标，它是根据抽样总体各单位的有关标志表现计算的综合指标。常用的样本指标主要有样本平均数、样本成数和样本标准差等。

（1）样本平均数

$$\bar{x}=\frac{\sum xf}{\sum f}=\frac{\sum xn}{n}\ (\text{或}\ \bar{x}=\frac{\sum x}{n}) \tag{7-1}$$

（2）样本平均数的标准差

$$S_{\bar{x}}=\sqrt{\frac{\sum(x-\bar{x})^2f}{\sum f}}=\sqrt{\frac{\sum(x-\bar{x})^2n}{n}}\left(\text{或}\ S_{\bar{x}}=\sqrt{\frac{\sum(x-\bar{x})^2}{n}}\right) \tag{7-2}$$

（3）样本成数。样本成数是抽样总体中具有某种标志表现的单位数所占的比重，一般用符号"p"表示。抽样总体中不具有某种标志表现的单位数所占的比重，一般用符号"q"表示。

则 $$p=\frac{n_1}{n} \tag{7-3}$$

$$q=\frac{n_0}{n} \tag{7-4}$$

式中：n_1 表示样本中具有某种标志表现的单位数；

n_0 表示样本中不具有某种标志表现的单位数。

（4）样本成数的标准差（推算过程与全及总体的相同）：

$$S_p=\sqrt{p\cdot q}=\sqrt{p(1-p)} \tag{7-5}$$

[例7-2] 某种子公司购进一批水稻新品种共计10000公斤，现随机抽取其中的100公斤进行播种前的催芽试验，发芽率达到92%，则：

样本成数的标准差为：

$$S_p=\sqrt{p\cdot(1-p)}=\sqrt{0.92\times(1-0.92)}=0.27\ (\text{或}\ 27\%)。$$

因为样本指标是一个随机变量，所以才能借助它来推断总体的数值。样本指标的计算方法是确定的，但其取值随着抽取的样本的不同而变化。即在每一次抽样调查中，样本指标的数值都是可以计算出来的，但它不是一个唯一确定的量，而是一个随机变量。因为任何一次抽样，样本构成的可能性有许多种，而实际工作中一般只可能从许多个可能样本中抽取其中的一个，任何一个样本都有被抽中的可能性。

知识拓展

大数据时代，有人认为“样本=总体”，事实上，统计分析不可能完全利用全部大数据，因为毕竟其中部分数据可能无效——大数据不可能完全取代抽样调查。但大数据为样本采集提供了便利、降低了成本、缩短了时间，因此面对工作和生活中源源不断的数据流，如何科学地从中选取适用的数据入样，以保证抽取样本的精度和统计分析的目的，是大数据时代抽样调查面临的新问题。

（三）重复抽样与不重复抽样

从总体中随机抽取一部分单位构成样本，其抽样方法有两种，重复抽样和不重复抽样。

1. 重复抽样

重复抽样就是从全及总体 N 个单位中随机抽取一个容量为 n 的样本，每次抽取一个样本单位经调查登记有关标志后又把它放回原全及总体中去，然后再进行下一轮抽样，连续抽取 n 次便构成一个样本。这样，每次抽取样本单位时全及总体单位数始终不变，同一单位有可能被多次抽取。

2. 不重复抽样

不重复抽样就是从总体 N 个单位中随机抽取一个容量为 n 的样本，每次抽取的样本单位经调查登记有关标志后不再放回全及总体中而直接进行下一轮抽样，连续进行 n 次便构成一个样本。可见，总体单位数在抽样过程中逐渐依次减少，各单位前后被抽中的可能性不一样，且各单位最多只有一次被抽中的可能性。

对同一总体采用两种不同的方法抽样，其结果是有差别的。例如能抽取的可能样本数目不同；抽样误差的计算公式不同，数值大小也不一样。

思考：试从本校教职工中随机抽取60人进行工资性收入或年龄等情况（为简便起见，可从人事部门或财务部门的数据中获取信息）调查并记录每次调查结果。概要说明重复抽样与不重复抽样存在哪些主要区别？

（四）样本容量与样本可能数目

样本容量与样本可能数目是两个既有联系又完全不同的概念。从理论和实践上弄清两者的区别，对本章内容的学习非常重要。

样本容量即样本单位数，是指为满足抽样推断的要求，从全及总体 N 个单位中随机抽取的那部分单位的个数，即一个样本中所包含的单位的个数。一个样本到底应该包括多少单位才合适，是抽样设计时所要考虑的问题，一般根据抽样推断的任务和要求、总体标志表现的变异情况及抽样方式方法等因素来确定。一般来说，样本容量 n 远小于总体单位数 N。在抽样推断中，$n \geq 30$ 的样本称为大样本，$n < 30$ 的样本称为小样本。样本不是唯一确定的，因为从总体 N 个单位中随机抽取容量为 n 的样本存在多种组合形式，而样本容量则可以根据给定的条件计算出来。

样本可能数目，是指从总体 N 个单位中可能抽取的样本的个数。从总体 N 个单位中能抽取多少个样本，与样本容量的大小及抽样方式方法等因素有关。一个总体有多少个样本，则样本指标就有多少种取值。虽然在实践中一般只需抽取少数单位，但要判断所抽取样本的可能性则需联系全部可能样本数目所形成的分布。为便于理解，我们举一简单的例子来加以说明。

［例7-3］ 假设有A、B、C、D 4名生产工人，现采用重复抽样随机抽取2人组成样本：先从4人中随机抽取1人，共有4种抽法，结果经登记后放回原总体中，然后再从相同的4人中抽取1人，也有4种抽法，前后抽取的两个单位就构成一个样本。全部样本可能数目为：

AA、AB、AC、AD；BA、BB、BC、BD；

CA、CB、CC、CD；DA、DB、DC、DD。

样本容量（n）只有2个，而样本可能数目（M）则有16个。

一般来说，在重复抽样条件下，从全及总体 N 个单位中抽取 n 个组成样本，在考虑样本单位构成顺序的情况下，可以抽取 N^n 个样本；若不考虑样本单位的构成顺序，则可以抽取 C_{N+n-1}^{n} 个样本。在不重复抽样条件下，从全及总体 N 个单位中抽取 n 个组成样本，在考虑样本单位构成顺序的情况下，则可抽取 $\frac{N!}{(N-n)!}$ 个样本；若不考虑样本单位的构成顺序，则可以抽取 C_N^n 个样本。

由此可见，在样本容量相同的情况下，不重复抽样的可能样本数目总是比重复抽样的可能样本数目要少。

分析与应用

我国于1994年就建立了以抽样调查为主体的统计调查方法体系，抽样调查方法在社会经济领域中得到了广泛应用——无论是调控主体还是受控主体无不重视抽样调查方法。可以说，目前的实际经济生活（如市场监测、环境监测、居民消费价格、居民收支情况调查、产品质量监控等等）离不开抽样调查方法的应用。它以方法灵活、成本最低化、最小的采样数据等来获取价值最大化的统计信息，在实际统计中深受认可。

二、抽样组织方式

抽样方式是指在抽样时对总体加工整理的形式。根据对总体加工整理形式的不同，抽样的组织方式很多，比较常见的有以下几种：

（一）纯随机抽样

纯随机抽样也叫简单随机抽样，它是按随机原则直接从总体 N 个单位中抽取 n 单位组成样本的抽样组织方式。从理论上讲，由于事先未对总体进行任何分组或排队，因而纯随机抽样能保证总体中各个单位都有同等被抽中的机会；而且在利用概率论原理确定抽样数目和计算抽样误差方面，都比较简便，又容易得到数学上的论证，因而它是抽样中最简单也是最基本的组织形式。但在统计实践中却受到很大限制：一是在大数据环境下 N 一般都比较大，编号工作比较困难，采用抽签法（或抓阄法）或根据《随机数表》等形式来抽选必要的单位数时受到一定的限制，而且有些现象不可能一一编号；二是当总体各单位的标志表现差异程度很大时，此法并不能保证样本的代表性。可见，纯随机抽样一般适用于均匀总体。

思考：抽签法或抓阄法简单易行，当总体单位数不多时，使总体处于“搅拌均匀”的状态比较容易，此时，每个总体单位都有均等的机会被抽中，从而能够保证样本的代表性。此法仅适用于总体单位数较小的情况。既然抽签法或抓阄法能确保每个总体单位都有均等的机会被抽中，现实生活中，如体育彩票、福利彩票等摇奖就属于这种抽样方式，那么摇奖时为何还要请司法部门的人员现场公证呢？

（二）等距抽样

等距抽样又称机械抽样或系统抽样，它是将总体各单位按某一标志排队，然后按一定的顺序和相等的距离来抽取样本单位的抽样方式。由于此法是在总体按一定顺序排队的基础上再按相等的距离抽取样本单位的，因而能保证抽取的样本单位在总体各部分中的均匀分布，提高了样本的代表性。在具体操作时，既可以按无关标志（与单位标志值的大小无关或不起主要作用的标志）排队等距抽样，也可以按有关标志（与单位标志值的大小有密切关系的标志）排队等距抽样。

等距抽样按样本单位抽选的方法不同，可分为随机等距抽样、半距等距抽样和对称等距抽样等。但在等距抽样中，不论是按有关标志排队还是按无关标志排队，要尽量避免抽样间隔与现象本身的周期性节奏相重合而引起系统误差的影响。

（三）类型抽样

类型抽样又称分层抽样，它是将总体按某一主要标志进行分组或分类后，再按随机原则从各组中抽取样本单位的一种抽样方式。通过分组，把总体中标志表现比较接近的单位归为一组，使各单位的分布比较均匀，使组内具有同质性，组间具有差异性，并且保证每组内的单位有同等的机会被抽取，使样本的结构趋于总体的结构，从而提高了样本的代表性，能取得较好的抽样效果。

类型抽样实质上是把统计分组和抽样原理有机地结合起来的一种抽样方式。在总体各单位的标志值差异较大的情况下，运用此法效果更佳。

由于分类一般是按某一主要标志进行的，所以各组的单位数一般是不相等的。类型抽样通常是按等比抽样，即按各组单位数占总体单位数的一定比例来抽取，单位数多的组应多抽些，单位数少的组应少抽些，以保持各组样本数目与样本容量之比等于各组单位数与全及总体单位数之比。当各组的标志变异程度相差较大时，则应采取不等比抽样，即标志变异程度大的组多抽一些单位，标志变异程度小的组少抽一些单位。在类型抽样分组时，要尽量扩大组间的差异，缩小组内的差异，这样可以减少抽样误差，提高抽样效果。

（四）整群抽样

整群抽样又称集团抽样，它是将总体各单位按某标志划分为若干群，然后以群为单位，按某种方式抽取部分群，并对中选群中所有的基本单位进行全面观测或调查的抽样方式。由于整群抽样是对中选群中的单位进行全面调查，其他群的单位一个也不调查，因而它只存在群间抽样误差，而不存在群内抽样误差，这一点与类型抽样只存在组内抽样误差而不存在组间抽样误差恰恰相反。整群抽样时对群的划分要同时具备两个条件：一是群与群之间不能重叠；二是总体中的任何一个基本单位都只能且必须属于其中某一群。

整群抽样是抽样调查的一种特殊方法，它的优点是易于组织且较节省调查费用，一般适用于全及总体单位数不易编号、在地理分布上较广等现象的调查，因为它不需要对总体单位编号而只需对群进行编号。但由于调查单位只能集中于被选中的少数群中，而不能均匀地分布在总体各个部分，因此，在相同的条件下，与其他抽样方式相比，它的抽样误差较大，代表性较低。

以上四种抽样方式各有其优缺点，在实际工作中，应根据调查内容和条件采用相应的抽样方式。当然，也可将几种抽样方式结合应用。

> **课堂讨论：** 大数据时代环境监测与管理等是否还需要继续采用抽样调查方法获取相关数据？

第二节 抽样误差

一、抽样误差

（一）抽样误差的概念

抽样调查中的误差有两种：抽样误差和非抽样误差。抽样误差是指由于随机抽样的偶然因素影响使样本不足以代表总体而引起的样本指标与总体指标之间的绝对离差，如样本平均数与全及平均数的绝对离差、样本成数与全及成数之间的绝对离差等。非抽样误差是指调查过程中由于调查人员违反随机原则、抽样框不准确、问卷设计不科学、无回答、调查资料不真实或观察、测量、登记、计算上的差错等主观或客观原因使调查中获得的原始资料不准确而引起的误差。这种误差不是抽样调查所特有的，而是所有统计调查都有可能存在、且难以计算和控制的。

抽样误差是一种代表性误差，但不是所有代表性误差都是抽样误差。由于没有遵守随机原则而有意识地挑选好的或差的单位作为样本进行调查所引起的误差，通常称为系统性误差。这类误差与非抽样误差一样都属于人为因素或技术问题引起的，是可以防止或避免的，而抽样误差是抽样调查所固有的，不可避免的误差。但其产生是有规律的，是可以进行计算并加以控制的。

（二）影响抽样误差的主要因素

1. 样本容量的大小

在其他条件不变的情况下，样本容量越大，样本越能反映总体，抽样误差越小。当样本容量接近总体单位数时，抽样调查就接近于全面调查，此时的抽样误差也就接近于零了；反之，样本容量越小，抽样误差越大。

2. 总体被研究标志差异程度的大小

总体被研究标志的差异程度越大，抽样误差也就越大；反之，则越小。如果各单位的标志表现没有差异，那么，样本指标和总体指标就一致了，也就不存在抽样误差了；虽然客观事实不可能存在这种情况，但便于我们对问题的理解。

思考：德国著名哲学家莱布尼茨说："世界上没有两片完全相同的树叶，没有两个性格完全相同的人。"这句话的深刻寓意是什么？能结合所学统计知识解释吗？

3. 抽样方法

由于重复抽样条件下有的单位有可能多次被抽中，当极端数值或相邻数值等频繁被抽取时，样本就缺乏代表性，抽样误差也就越大，因此，重复抽样的误差总比不重复抽样要大。在实际工作中，没有必要也不可能把一个单位抽出来调查几次（如破坏性产品质量检验等），因此很少采用重复抽样方法。

4. 抽样组织方式

抽样组织方式选择得好，往往能缩小抽样误差。例如，采用等距抽样和类型抽样，由于总体事先按一定标志经过排队或分类，样本的代表性得以提高，因而，当样本容量相同时，其误差一般要比纯随机抽样和整群抽样小。

二、抽样平均误差

（一）抽样平均误差的概念

在一次抽样中，由于样本是按随机原则抽取的，可以抽出许多不同的样本，而每个样本都可以计算出相应的抽样平均数或抽样成数等指标，它们与总体平均数或总体成数等之间必然产生误差，这些误差有正有负，有大有小，若用其中某个误差来加以说明，其代表性肯定不强。因此，我们有必要用一个代表性强的指标来衡量抽样误差的一般水平，如抽样平均误差等。

抽样平均误差，不是指各个样本指标与全及指标的具体离差，而是指这些具体离差的平均数。但在计算这些离差的平均数时，却不能采用算术平均法。因为，离差有正有负，总和等于零。因此，通常用抽样平均数的标准差或抽样成数的标准差等作为衡量其抽样误差一般水平的尺度。

设：$\mu_{\bar{x}}$为平均数的抽样平均误差，μ_p 为成数的抽样平均误差，M 为全部可能样本数目。则：

$$\mu_{\bar{x}} = \sqrt{\frac{\sum(\bar{x}-\bar{X})^2}{M}} \tag{7-6}$$

$$\mu_p = \sqrt{\frac{\sum(p-P)^2}{M}} \tag{7-7}$$

（二）抽样平均误差的计算方法

为了理解抽样平均误差的意义和计算方法，我们只能举简单的例子加以说明。

[例7-4] 承例7-3，假设有A、B、C、D 4名生产工人，其生产某产品的日产量分别为10、20、30、40件，现从中随机抽取2人进行日产量调查，则 $N=4$ 人，$\overline{X}=25$ 件，$n=2$ 人，$\sigma=11.18$ 件。其抽样平均误差的计算过程见表7-1。

表7-1　抽样平均误差计算表

样本序号	样本单位名称	样本单位的标志值 (x_i)	样本平均数 $(\bar{x}_i)$	抽样误差 $(\bar{x}_i-\overline{X})$	抽样误差的平方 $(\bar{x}_i-\overline{X})^2$
1	A、A	10、10	10	-15	225
2	A、B	10、20	15	-10	100
3	A、C	10、30	20	-5	25
4	A、D	10、40	25	0	0
5	B、A	20、10	15	-10	100
6	B、B	20、20	20	-5	25
7	B、C	20、30	25	0	0
8	B、D	20、40	30	5	25
9	C、A	30、10	20	-5	25
10	C、B	30、20	25	0	0
11	C、C	30、30	30	5	25
12	C、D	30、40	35	10	100
13	D、A	40、10	25	0	0
14	D、B	40、20	30	5	25
15	D、C	40、30	35	10	100
16	D、D	40、40	40	15	225
合　计	/	/	25	0	1000

将表7-1中的数据代入公式7-6中，得：

$$\mu_{\bar{x}}=\sqrt{\frac{\sum(\bar{x}-\overline{X})^2}{M}}=\sqrt{\frac{1000}{16}}=7.91(\text{件})$$

这就是说，从上述4名生产工人中随机抽取2人进行日产量调查，求其日产量的平均数，那么，不管抽到哪2个人，其日产量的抽样误差平均来说都为7.91件。所以，抽样平均误差是所有可能抽样指标的标准差。

从上述计算过程看，要想计算抽样平均误差，必须先知道总体平均数，而该指标事实上并不知道，若总体的相关指标都已知道，就不必进行抽样调查了。另外还须知道所有可能样本的平均数，实际上当 N 很大时这也是不可能的。因此，上述公式只是一个理论公式，它表明了抽样平均误差的实际意义，但不能用这些公式来计算抽样平均误差。实际计算时，则是根据其他方法来推算的。

数理统计证明，抽样平均误差与样本容量的平方根成反比，与总体的标准差成正比，且与抽样的方式方法有关。下面，我们介绍简单随机抽样条件下抽样平均误差的计算方法。

1. 重复抽样条件下的抽样平均误差

（1）抽样平均数的抽样平均误差：

$$\mu_{\bar{x}}=\sqrt{\frac{\sigma^2}{n}} \tag{7-8}$$

将例 7－4 中的资料代入公式 7－8 中，得：

$$\mu_{\bar{x}}=\sqrt{\frac{\sigma^2}{n}}=\sqrt{\frac{11.18^2}{2}}=7.91\text{（件）}$$

由此可见，根据公式 7－6 与 7－8 所计算的抽样平均误差的结果是一致的。在实践中只能根据公式 7－8 来计算，而不可能根据公式 7－6 来计算。

（2）抽样成数的抽样平均误差：

$$\mu_p=\sqrt{\frac{P(1-P)}{n}} \tag{7-9}$$

2. 不重复抽样条件下的抽样平均误差

（1）抽样平均数的抽样平均误差：

$$\mu_{\bar{x}}=\sqrt{\frac{\sigma^2}{n}\left(1-\frac{n}{N}\right)} \tag{7-10}$$

（2）抽样成数的抽样平均误差：

$$\mu_{\bar{x}}=\sqrt{\frac{P(1-P)}{n}\left(1-\frac{n}{N}\right)} \tag{7-11}$$

不重复抽样与重复抽样的公式相比，多了一个修正系数（$1-n/N$），而该系数总是大于 0 而小于 1，由此可见，重复抽样的误差总是比不重复抽样的误差要大。当 N 较大时，则该系数接近于 1，说明两者的抽样误差相差很小。

在实际工作中，抽样平均误差公式中的 σ 或 P 通常是不知道的，一般可采用 s 或 p 来代替，或用过去同类问题全面调查或抽样调查的经验数据代替，或在正式抽样调查之前，先组织试验性抽样，用试验性样本资料代替。

[例 7－5]　从某公司 5000 名职员中随机抽取 200 人进行工资情况的调查，月平均工资为 8500 元，样本标准差为 850 元，其中 10000 元以上的职员人数占抽样人数的 30%。试根据该资料计算平均数的抽样平均误差和成数的抽样平均误差。

已知：$\bar{x}=8500$ 元，$S_{\bar{x}}=850$ 元，$p=30\%$，$N=50000$ 人，$n=200$ 人。在总体平均数、总体成数和总体方差不知道的条件下，我们可用样本指标来代替，那么：

（1）在重复抽样条件下：

$$\mu_{\bar{x}}=\sqrt{\frac{\sigma^2}{n}}=\sqrt{\frac{850^2}{200}}=\sqrt{3612.5}=60.1\text{（元）}$$

$$\mu_p=\sqrt{\frac{P(1-P)}{n}}=\sqrt{\frac{0.3\times(1-0.3)}{200}}=0.0324\text{ 或（3.24\%）}$$

（2）在不重复抽样条件下：

$$\mu_{\bar{x}}=\sqrt{\frac{\sigma^2}{n}\left(1-\frac{n}{N}\right)}=\sqrt{\frac{850^2}{200}\times\left(1-\frac{200}{5000}\right)}=58.89\text{（元）}$$

$$\mu_p=\sqrt{\frac{P\ (1-P)}{n}\left(1-\frac{n}{N}\right)}=\sqrt{\frac{0.3\times\ (1-0.3)}{200}\left(1-\frac{200}{5000}\right)}=0.0317\ （或 3.17\%）$$

计算结果表明，重复抽样条件下的平均误差比不重复抽样条件下的要大。但当$\frac{n}{N}$很小时，重复抽样和不重复抽样的抽样平均误差几乎没有差别。本例中，两者平均数的抽样平均误差仅仅相差1.21元，成数的抽样平均误差仅仅相差0.07%。

试一试：

1. 试调查并记录本专业2019级全体同学的实际年龄，计算其平均年龄；
2. 试从本专业2019级全体同学中随机抽取30人进行调查，并计算其平均年龄；
3. 试从本专业2019级全体同学中，随机抽取其中一个班的同学进行调查，并计算其平均年龄；
4. 试从本专业2019级全体同学中分男、女各抽取15人进行调查，并计算其平均年龄；
5. 试从本专业全体同学中采用等距抽样方式抽取30人进行调查，并计算其平均年龄；
6. 比较上述计算结果，并对计算结果做简要分析。

三、抽样极限误差

用样本指标来估计全及指标，总是要产生误差，两者完全相等是不可能的。在总体参数估计中，如果仅得出一个估计值而不对该估计值的误差大小作出说明，这样的估计值可靠性并不高。但要确切地指出某一抽样指标究竟有多大误差，这也几乎是不可能的。因为样本指标是个随机变量，与之对应的抽样误差也是一个随机变量。抽样误差是随着不同的样本而变化的，我们只能把它控制在一定的范围内，这就需要研究抽样极限误差。

（一）抽样极限误差的含义

抽样极限误差就是指抽样指标与全及指标之间相差的且被允许的最大可能误差范围。由于总体指标是一个确定的量，而抽样指标是一个随机变量，可能大于总体指标，也可能小于总体指标。抽样指标变动的上、下限与总体指标之差的绝对值就可以表示抽样误差的可能范围。我们将这种以绝对值形式表示的抽样误差的可能范围称为抽样极限误差。它用字母Δ表示。$\Delta_{\bar{x}}$表示平均数的抽样极限误差，Δ_p表示成数的抽样极限误差。即：

$$\Delta_{\bar{x}}=|\bar{x}-\bar{X}|\qquad \Delta_p=|p-P|$$

上式可变换为下列等价的不等式：

$$\bar{X}-\Delta_{\bar{x}}\leqslant\bar{x}\leqslant\bar{X}+\Delta_{\bar{x}}\qquad P-\Delta_p\leqslant p\leqslant P+\Delta_p$$

上式表示抽样平均数$\bar{x}$是以总体平均数$\bar{X}$为中心，在$\bar{X}-\Delta_{\bar{x}}$至$\bar{X}+\Delta_{\bar{x}}$之间变动，区间（$\bar{X}-\Delta_{\bar{x}}$，$\bar{X}+\Delta_{\bar{x}}$）称为平均数的估计区间或置信区间。区间的总长度为$2\Delta_{\bar{x}}$，在该区间内样本平均数与总体平均数之间的绝对离差不超过$\Delta_{\bar{x}}$。同理，抽样成数p是以总体成数P

为中心，在 $P-\Delta_P$ 至 $P+\Delta_P$ 之间变动。在（$P-\Delta_P$，$P+\Delta_P$）的区间内，抽样成数与总体成数之间的绝对离差不超过 Δ_P。

但在区间估计中，总体指标是未知的，而抽样指标是可以计算出来的。因而，抽样极限误差的实际意义是希望总体指标落在样本指标的误差范围内，即：

$$\bar{x}-\Delta_{\bar{x}}\leqslant\bar{X}\leqslant\bar{x}+\Delta_{\bar{x}} \quad (7-12)$$

$$p-\Delta_p\leqslant P\leqslant p+\Delta_p \quad (7-13)$$

数理统计证明，公式 7－12 和公式 7－13 与前面两个不等式是等价的。

[例 7－6] 承例 7－5，若要求职员的月平均工资的允许误差不超过 500 元，成数的允许误差不超过 3%，则根据公式 7－12 和公式 7－13 可知：

$$8500-500\leqslant\bar{X}\leqslant 8500+500 \qquad 8000\leqslant\bar{X}\leqslant 9000$$

$$30\%-3\%\leqslant P\leqslant 30\%+3\% \qquad 27\%\leqslant P\leqslant 33\%$$

即该公司 5000 名职员的月平均工资落在 8000～9000 元之间；月平均工资在 10000 元以上的职员所占比重在 27%～33% 之间。

（二）抽样极限误差的计算方法

基于理论的要求，抽样极限误差通常需要以抽样平均误差 $\mu_{\bar{x}}$ 或 μ_p 为标准单位来衡量。把极限误差 $\Delta_{\bar{x}}$ 或 Δ_p 分别除以 $\mu_{\bar{x}}$ 或 μ_p 便可得到相对数 t，表示误差范围为抽样平均误差的若干倍，t 称为抽样误差的置信度或概率度，这一变换称为概率的标准化过程。即：

$$t=\frac{\Delta_{\bar{x}}}{\mu_{\bar{x}}}=\frac{|\bar{x}-\bar{X}|}{\mu_{\bar{x}}} \quad (7-14)$$

$$t=\frac{\Delta_p}{\mu_p}=\frac{|p-P|}{\mu_p} \quad (7-15)$$

由公式 7－14 与公式 7－15 便可推导出抽样极限误差的计算公式：

$$\Delta_{\bar{x}}=t\cdot\mu_{\bar{x}} \quad (7-16)$$

$$\Delta_p=t\cdot\mu_p \quad (7-17)$$

若要求公式 7－16 与公式 7－17 中的 $\Delta_{\bar{x}}$ 和 Δ_p 的值，必须知道 t、$\mu_{\bar{x}}$ 和 μ_p 的值。$\mu_{\bar{x}}$ 和 μ_p 可以根据公式 7－8 至公式 7－11 求之，那么 t 值如何知晓呢？

思考：抽样误差是指由于随机抽样的偶然因素使样本单位的结构不足以代表总体结构而引起的抽样指标和全及指标之间的绝对离差。必须指出，抽样误差是抽样所特有的误差，凡进行抽样就一定会产生抽样误差，这种误差虽然是不可避免的，但可以控制，所以又称为可控制误差。极限误差是指抽样指标与全及指标之间相差的且被允许的最大可能误差范围。实际误差一定不会超过极限误差吗？

四、抽样推断的置信度

抽样极限误差的估计总是与一定的概率保证程度联系在一起的。因为抽样误差是一个随机变量，不能完全期望样本指标落在一定区间内是一个必然事件，而只是给予了一定的可能性，所以我们在对总体的参数进行估计时，不但要考虑抽样误差的可能范围有多大，而且还必须考虑落在这一范围内的把握性有多大。前者是估计的准确性问题，后者是估计的可靠性问题，两者是紧密联系在一起的。因此，我们有必要进一步研究抽样估计的概率保证程度问题。

（一）抽样推断置信度的概念

抽样推断的置信度是指抽样指标和总体指标之间的误差不超过一定范围的概率保证程度。决定置信度大小的主要因素是误差范围的大小。抽样误差范围愈大，则估计值的置信度愈高，反之愈小。所谓概率，就是指在随机事件进行大量的试验中某种事件出现的可能性的大小，它通常可用某种事件出现的频率来表示。抽样估计的概率保证程度就是抽样误差不超过一定范围的概率的大小。其表现形式为：

$$P\left(|\bar{x}-\bar{X}| \leqslant \Delta_{\bar{x}}\right)=P_1+P_2+\cdots+P_k$$

等式左边括号内的 $|\bar{x}-\bar{X}| \leqslant \Delta_{\bar{x}}$ 表示样本平均数与全及平均数的误差范围不超过 $\Delta_{\bar{x}}$。$P\left(|\bar{x}-\bar{X}| \leqslant \Delta_{\bar{x}}\right)$ 则表示误差不超过这一范围的概率。等式右边表示属于这一区间范围内各种样本平均数出现的概率之和。

[例7-7] 承例7-4，将表7-1中的有关资料整理成见表7-2的平均日产量的分布表。

表7-2

样本平均数（$\bar{x}$）	10	15	20	25	30	35	40
次数（频数）（f）	1	2	3	4	3	2	1
频率（概率）（$f \div \sum f$）	$\frac{1}{16}$	$\frac{2}{16}$	$\frac{3}{16}$	$\frac{4}{16}$	$\frac{3}{16}$	$\frac{2}{16}$	$\frac{1}{16}$

我们可以根据以上分布写出月平均工资落在各种区间范围内的概率 P，则：

$$P\left(20 \leqslant \bar{x} \leqslant 30\right)=\frac{3}{16}+\frac{4}{16}+\frac{3}{16}=\frac{10}{16}$$

$$P\left(15 \leqslant \bar{x} \leqslant 35\right)=\frac{2}{16}+\frac{3}{16}+\frac{4}{16}+\frac{3}{16}+\frac{2}{16}=\frac{14}{16}$$

$$P\left(10 \leqslant \bar{x} \leqslant 40\right)=\frac{1}{16}+\frac{2}{16}+\frac{3}{16}+\frac{4}{16}+\frac{3}{16}+\frac{2}{16}+\frac{1}{16}=1$$

将上述概率形式变换成抽样误差的形式，即求得样本平均数与总体平均数误差绝对值不超过一定范围的概率。

$$P\left(|\bar{x}-\bar{X}| \leqslant 5\right)=\frac{10}{16}$$

$$P\left(|\bar{x}-\bar{X}| \leqslant 10\right)=\frac{14}{16}$$

$$P\left(|\bar{x}-\bar{X}| \leqslant 15\right)=1$$

这说明在重复抽样条件下，样本月平均工资与总体月平均工资的离差不超过5元的概率为$\frac{10}{16}$；离差不超过10元的概率为$\frac{14}{16}$；离差不超过15元的概率为1。

抽样推断置信度（概率保证程度）的大小与抽样误差范围的大小密切相关，抽样误差范围越大，抽样估计的置信度也越大。

（二）抽样推断置信度的计算

当总体很大时，依靠列表求抽样误差置信度是难以实现的。数理统计已经证明，在样本容量足够多（一般要求 $n \geq 30$）的条件下，抽样平均数的分布接近于正态分布。该分布的特点是：抽样平均数以总体平均数为中心，两边对称分布，而且抽样平均数越接近于总体平均数，出现的可能性就越大，概率也越大；反之，抽样平均数越远离总体平均数，出现的可能性也就越小，概率也越小，如图 7－1 所示。

从图 7－1 可以看出，曲线与 $\bar{x}$ 轴所包围的面积等于 1，抽样平均数落在某一区间的概率 P 就可以曲线在这一区间所包围的面积来表示。根据正态分布定理，抽样误差范围的大小和概率的大小关系是：

$P(\bar{X}-\mu \leq \bar{x} \leq \bar{X}+\mu)=P(|\bar{x}-\bar{X}| \leq \mu)=68.27\%$

$P(\bar{X}-2\mu \leq \bar{x} \leq \bar{X}+2\mu)=P(|\bar{x}-\bar{X}| \leq 2\mu)=95.45\%$

$P(\bar{X}-3\mu \leq \bar{x} \leq \bar{X}+3\mu)=P(|\bar{x}-\bar{X}| \leq 3\mu)=99.73\%$

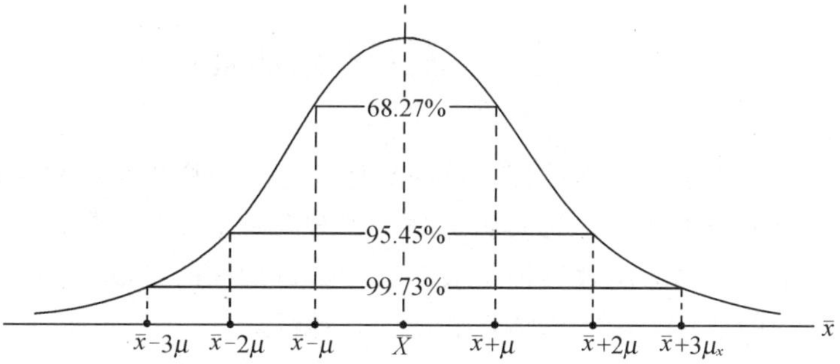

图 7－1　正态概率分布图

其余依此类推。可见，把握程度高了，误差范围也就扩大了。在进行抽样调查时，一般只要 2～3 倍的抽样平均误差就行了，因为其把握程度已经达到 95.45%～99.73%，可以说是很有把握了。

由于概率度 $t=\dfrac{|\bar{x}-\bar{X}|}{\mu_x}$，所以抽样误差的概率就是概率度的函数，即 $P(|\bar{x}-\bar{X}| \leq t\mu)=F(t)$。上述关系式也可表达为：

当 $t=1$ 时，概率 $F(t)=68.27\%$；当 $t=2$ 时，概率 $F(t)=95.45\%$；

当 $t=3$ 时，概率 $F(t)=99.73\%$。

概率度与概率的数量对应关系可编制成《正态分布概率表》，若给定了 t 值，便可直接从表中查找出相应的抽样误差的概率。

［例 7－8］　为了解高收入群体的基本情况，某省城调队于 2019 年 2 月在该省 10 个城市抽取了 12000 户进行入户问卷调查，回收有效问卷 9956 份，得出人均月收入 23000 元。高收入群体中比例最高的是 30～40 岁的人，占城市高收入群体的 37%。以此为例，

若抽样误差为$\mu_x=400$元，$\mu_p=3\%$，试求所有高收入群体的人均月收入在22000～24000元之间与30～40岁的人所占比重在35%～40%之间的估计置信度分别为多少？

已知：$\mu_{\bar{x}}=400$元，$\mu_p=3\%$，$2\Delta_{\bar{x}}=24000-22000=2000$元，$2\Delta_p=40\%-30\%=10\%$。

则：$\Delta_{\bar{x}}=1000$元，$\Delta_p=5\%$

根据公式7-14与7-15可知：

$$t=\frac{\Delta_{\bar{x}}}{\mu_{\bar{x}}}=\frac{1000}{400}=2.5$$ 查表得：概率保证程度为98.76%。

$$t=\frac{\Delta_p}{\mu_p}=\frac{5\%}{3\%}=1.67$$ 查表得：概率保证程度为90.51%

即高收入群体人均月收入落在22000～24000元之间的概率保证程度为98.76%；年龄在30～40岁的人所占比重在35%～40%之间的概率保证程度为90.51%。

> **课堂讨论：** 抽样推断的概率保证程度的大小与抽样误差范围的大小密切相关，当概率保证程度达到100%时，是否就不存在抽样误差了？

第三节 总体参数估计

抽样调查的目的是为了用样本指标去推断总体指标。但样本是随机抽取的，必然存在抽样误差，推断不可能精确无误，它实质上是一种对全及指标有科学依据的估计，这种估计方法被称为抽样估计。因为全及指标是表明总体数量特征的参数，所以抽样估计又称为参数估计。总体参数的估计方法有点估计和区间估计等。

一、点估计

点估计又称定值估计。它是用样本指标的某个具体观察值直接去代替总体的未知参数的估计值的方法。即全及平均数的点估计值就是样本平均数；全及成数的点估计值就是样本成数；全及方差的点估计值就是样本方差等。

如例7-8所示，直接用城市高收入群体的样本人均月收入23000元去估计全国所有城市高收入群体的人均月收入就是23000元；全国高收入群体中30～40岁的人所占的比重就是37%。

点估计直观、简单、易行，但由于这种估计既没有表明抽样估计的误差有多大，又没有考虑估计的可靠程度有多高，是一种比较粗略的估计方法，一般适用于对估计结果的精确度和把握性要求不高的现象估计。若要同时考虑估计结果的精确性和把握性问题，则须采用区间估计。

二、区间估计

（一）区间估计的概念

区间估计是指在一定的概率保证下，根据样本指标和抽样极限误差去推断总体相应指标所在的可能范围（置信区间）的方法。这个可能范围通常用一个最低限和最高限构成的区间来表示，并以一定的概率保证总体指标的估计值在这两个数值构成的区间之内。因此，它是利用样本指标去推断总体指标的主要方法。

区间估计除了需用估计值外，还需要知道抽样误差的可能范围和概率保证程度。其中抽样误差范围的大小决定了抽样估计的准确性；概率保证程度的大小决定了抽样估计的可靠性。对于一个样本来讲，抽样估计的准确性与可靠性是一对矛盾：提高了估计的准确性，估计的把握性会随之降低；扩大了抽样误差范围，估计的准确性就降低，但把握性会提高。因此，在抽样估计的时候，只能对其中一个要素提出要求，去推断另一个要素的变动情况。

（二）区间估计的方法

1. 平均数的区间估计方法

（1）根据已给定的抽样误差范围，求概率保证程度，然后对总体指标作区间估计。

①抽取样本，计算样本指标（$\bar{x}$、p 等），作为相应总体指标的估计值，并计算样本标准差，以推算抽样平均误差；

②根据给定的抽样极限误差范围，估计总体指标的上、下限（如：$\bar{x}\pm\Delta_{\bar{x}}$或 $P\pm\Delta_p$）；

③根据公式 7 - 14 与 7 - 15 求 t 值，再根据 t 值查《正态分布概率表》，求出相应的概率保证程度，并对总体指标作区间估计。

［例 7 - 9］ 某农场播种小麦 10000 亩，采用不重复抽样的方法从中抽取其中的 100 亩进行产前估产，测得其平均亩产量为 450 公斤，平均亩产量的标准差为 60 公斤，若允许误差范围不超过 10 公斤，试估计该农场全部小麦平均亩产量的可能范围。

已知：$N=10000$ 亩，$n=100$ 亩，$\bar{x}=450$ 公斤，$S_{\bar{x}}=60$ 公斤，$\Delta_{\bar{x}}=10$ 公斤

则：$\mu_{\bar{x}}=\sqrt{\frac{\sigma^2}{n}\left(1-\frac{n}{N}\right)}=\sqrt{\frac{60^2}{100}\left(1-\frac{100}{10000}\right)}=5.97$（公斤）

$$t=\frac{\Delta_{\bar{x}}}{\mu_{\bar{x}}}=10\div5.97=1.68$$

当 $t=1.68$ 时，查《正态分布概率表》，得概率保证程度为 90.70%。

根据以上计算结果，我们可以作如下估计：在 90.7% 的概率保证下，该农场全部小麦的平均亩产量在 450 ± 10 公斤之间。

（2）根据给定的概率保证程度，推算抽样允许误差的可能范围，并进行区间估计。

①抽取样本，计算样本指标（$\bar{x}$、p 等），作为相应总体参数的估计量，并计算样本标准差，以推算抽样平均误差；

②根据给定的概率保证程度，查《正态分布概率表》，求得概率度 t 值；

③根据 t 值和抽样平均误差推算允许误差的可能范围，求出总体参数的上、下限，并进行区间估计。

［例7-10］ 新兴灯泡厂10月份生产某型号灯泡10万个，现抽取其中100个进行耐用性检测，得到有关资料见表7-3：

表7-3

耐用时间（小时）	组中值（x）	灯泡个数（个）（f）
1000以下	950	3
1000~1100	1050	8
1100~1200	1150	15
1200~1300	1250	38
1300~1400	1350	18
1400~1500	1450	12
1500以上	1550	6
合　计	—	100

要求：以95.45%的概率估计全部灯泡平均耐用时间的可能范围。

（1）计算抽样平均数、样本标准差、抽样平均误差：

根据公式7-1与7-2计算得：$\bar{x}=1270$（小时），$S_{\bar{x}}=137.84$（小时）

则：$\mu_{\bar{x}}=\sqrt{\frac{\sigma^2}{n}\left(1-\frac{n}{N}\right)}=\sqrt{\frac{137.84^2}{100}\left(1-\frac{100}{100000}\right)}=13.78$（小时）

（2）因为概率保证程度为95.45%，则 $t=2$；

（3）计算允许误差范围，求出总体平均数的上、下限：

$\Delta_{\bar{x}}=t\cdot\mu_{\bar{x}}=2\times13.78=27.56$（小时）

下限 $=\bar{x}-\Delta_{\bar{x}}=1270-27.56=1242.44$（小时）

上限 $=\bar{x}+\Delta_{\bar{x}}=1270+27.56=1297.56$（小时）

根据以上计算结果，我们可以作如下估计：在95.45%的概率保证下，估计该厂10月份生产的10万个某型号灯泡的平均使用时间在1242.44~1297.56小时之间。

另外，在抽样估计中，除了以上所述的对总体平均指标进行区间估计外，还可以对总体总量指标进行区间估计。

［例7-11］ 承例7-9，我们可以作如下估计：在90.7%的概率保证下，该农场10000亩小麦的总产量在(450±10)×10000公斤之间，即总产量的可能范围在440万~460万公斤之间。

2. 成数的区间估计

如前所述，成数区间估计方法的工作步骤与平均数区间估计方法的工作步骤基本相同。下面通过直接举例来加以说明。

［例7-12］ 承例7-10，根据该厂的质量检验标准规定，灯泡的耐用时间在1400小时以上的为优质品，要求优质品率估计的误差范围不超过10%，试估计该厂全部灯泡的优质品率。

（1）根据抽样资料可计算：

样本灯泡优质品率 $p=\frac{n_1}{n}=\frac{18}{100}=18\%$（其中：$n_1=12+6=18$）

样本标准差 $s_p=\sqrt{p(1-p)}=\sqrt{0.18\times(1-0.18)}=\sqrt{0.1476}$

抽样平均误差：

$$\mu_p=\sqrt{\frac{p(1-p)}{n}\left(1-\frac{n}{N}\right)}=\sqrt{\frac{0.1476}{100}\left(1-\frac{100}{100000}\right)}=0.0384\text{（或 3.84\%）}$$

（2）根据给定的允许误差范围 $\Delta_p=10\%$，求全部灯泡优质品率的上下限：

下限 $=p-\Delta_p=18\%-10\%=8\%$

上限 $=p+\Delta_p=18\%+10\%=28\%$

（3）根据 $t=\frac{\Delta_p}{\mu_p}=\frac{10\%}{3.84\%}=2.60$，查概率表得估计的概率保证程度为 99.07%。

由此，我们可以作如下估计：在 99.07% 的概率保证下，该厂 10 月份生产的全部灯泡的优质品率在 8% ~28% 之间。

［例 7－13］ 为了解城市高收入人员的投资情况，某城市随机抽取了 2000 名高收入人员进行调查，结果有 520 名高收入人员已投资于股票。要求以 95% 的概率保证程度，估计该市全部高收入人员投资于股票的比率。

（1）根据抽样资料可计算：

样本投资于股票的人数的比率 $p=\frac{n_1}{n}=\frac{520}{2000}=0.26$（或 26%）

样本标准差 $s_p=\sqrt{p(1-p)}=\sqrt{0.26\times(1-0.26)}=\sqrt{0.1924}$

抽样平均误差 $\mu_p=\sqrt{\frac{p(1-p)}{n}}=\sqrt{\frac{0.1924}{2000}}=0.98\%$

（2）根据给定的概率保证程度，查概率表可求得概率度 $t=1.96$。

（3）计算允许误差：$\Delta_p=t\cdot\mu_p=1.96\times0.98\%=1.92\%$，并求总体比率的上下限：

下限 $=p-\Delta_p=26\%-1.92\%=24.08\%$

上限 $=p+\Delta_p=26\%+1.92\%=27.92\%$

由此可知，在 95% 的概率保证下，估计该市高收入人员中股票投资的人数所占的比率在 24.08% ~27.92% 之间。

课堂讨论：抽样推断中通过科学计算所确定的“估计范围”是否是一个绝对可靠的范围？要求估计结果绝对准确，或用样本指标来推断总体指标必须有 100% 的把握，能否做到？为什么？

第四节　样本容量的确定

确定必要的样本容量，是抽样调查方案中的一个重要问题。因为样本容量过多，不仅会造成人力、物力、财力的浪费，而且不能发挥抽样调查的优越性，同时还会影响抽样调查的及时性；样本容量过少，又会产生较大的抽样误差，难以保证样本对总体的代表性，从而也不能对总体作出正确的推断。为了避免样本容量过多或过少，有必要确定恰当的样本容量。

一、影响样本容量的因素

1. 总体各单位标志变异程度的大小

总体中各单位标志表现的差异越大，要求的样本容量就越多；总体中各单位标志表现的差异越小，要求的样本容量就越少。当总体各单位无差异时，我们只需调查一个单位就可以了，并且估计结果绝对准确。当然这是不可能的，但它便于我们理解问题。

2. 允许的极限误差的大小

在其他条件既定的情况下，若允许误差越大，样本容量就应越少；若允许误差越小，样本容量就应越多。

3. 抽样推断的可靠程度的大小

抽样估计的把握程度要求越高，样本容量就应越多；反之，抽样估计的把握程度要求越低，样本容量就应越少。

4. 抽样方法与抽样的组织形式

在其他条件不变的情况下，类型抽样和等距抽样比纯随机抽样、整群抽样需要的样本容量少些；不重复抽样比重复抽样的样本容量应少些。

二、样本容量的确定方法

简单随机抽样条件下必要的样本容量的计算公式是根据 $\Delta = t\mu$ 推导出来的。

1. 重复抽样条件下的必要样本容量

（1）估计总体平均数的必要样本容量：

$$\Delta_{\bar{x}} = t\mu_{\bar{x}} = t\sqrt{\frac{\sigma^2}{n}}$$

进行恒等变换得：$n_x = \dfrac{t^2\sigma^2}{\Delta_{\bar{x}}^2}$ （7－18）

（2）估计总体成数的必要样本容量：

$$\Delta_p = t\mu_p = t\sqrt{\frac{p(1-p)}{n}}$$

进行恒等变换得：$n_p = \dfrac{t^2 \cdot p(1-p)}{\Delta_p^2}$ （7－19）

2. 不重复抽样条件下的必要样本容量

（1）估计总体平均数的必要样本容量：

$$\Delta_{\bar{x}} = t \cdot \mu_{\bar{x}} = t \cdot \sqrt{\frac{\sigma^2}{n} \cdot \left(1 - \frac{n}{N}\right)}$$

进行恒等变换得：$n_x = \dfrac{t^2 N\sigma^2}{\Delta_{\bar{x}}^2 N + t^2\sigma^2}$ （7－20）

（2）估计总体成数的必要样本容量：

$$\Delta_p = t \cdot \mu_p = t \cdot \sqrt{\frac{P\ (1-P)}{n} \cdot \left(1-\frac{n}{N}\right)}$$

进行恒等变换得：$n_p = \dfrac{Nt^2P\ (1-P)}{\Delta_p^2 N + t^2 P\ (1-P)}$ （7－21）

［例7－14］ 为了解大中专院校学生生活费用支出情况，现对某城市120000名在校学生采用纯随机抽样方式进行调查得：学生人均月生活费用支出为900元，标准差为95元，月生活费用支出在1000元以上的学生人数占全部抽查学生人数的10%。现要求平均数的允许误差不超过10元，成数的允许误差不超过3%。问在99.73%的概率保证下至少要抽查多少学生？

已知：$N=120000$ 人，$\Delta_{\bar{x}}=10$ 元，$\sigma_{\bar{x}}=95$ 元，$p=10\%$，$\Delta_p=3\%$，$t=3$，则：

（1）重复抽样条件下的样本容量为：

$$n_x = \frac{t^2\sigma^2}{\Delta_{\bar{x}}^2} = \frac{3^2 \times 95^2}{10^2} = 812.25\ （人）$$

为了增强样本的代表性，样本容量应确定为813人。

$$n_p = \frac{t^2 p\ (1-p)}{\Delta_{\bar{x}}^2} = \frac{3^2 \times 0.1 \times 0.9}{0.03^2} = 900\ （人）$$

在本例中，若要同时满足对平均数和成数进行推断的要求，则应抽取900人进行调查为宜。需要说明的是，本题直接用样本标准差（$S_{\bar{x}}$）代替全及标准差（$\sigma_{\bar{x}}$）、样本成数（p）代替全及成数（P）参加了计算。

（2）不重复抽样条件下的样本容量为：

$$n_x = \frac{t^2 N\sigma^2}{\Delta_{\bar{x}}^2 N + t^2\sigma^2} = \frac{3^2 \times 120000 \times 95^2}{10^2 \times 120000 + 3^2 \times 95^2} = 806.79 \approx 807\ （人）$$

$$n_p = \frac{Nt^2P\ (1-P)}{\Delta_p^2 N + t^2 P\ (1-P)} = \frac{120000 \times 3^2 \times 0.1 \times 0.9}{0.03^2 \times 120000 + 3^2 \times 0.1 \times 0.9} = 893.3 = 894\ （人）$$

可见，不重复抽样条件下所需要的单位数明显比重复抽样的单位数要少。同理，若要同时满足对平均数和成数进行推断的要求，则应抽取894人进行调查为宜。

三、确定样本容量应注意的问题

第一，按照样本容量计算公式求出的样本容量，是在保证已知条件下的必要样本容量，是一个最低限度的数目。如果这个数目还要减少的话，那就无法满足允许误差和推断的可靠程度的要求。

第二，如果进行一次抽样调查，同时对总体平均数和成数等进行估计，按样本容量计算公式求出的样本容量 $n_{\bar{x}}$ 与 n_p 通常是不相等的。为了同时满足两个推断的要求，通常采用其中较大的 n 值作为确定样本容量的依据。

第三，在确定样本容量时，总体方差 σ^2 或 P 在调查之前都是未知数，样本数据在调查之前也是未知数。因此，在实际工作中可按如下方法处理：

（1）在本次抽样调查之前，如果曾经对同一问题进行过全面调查，可用该全面调查的有关数据来代替；

（2）在本次抽样调查之前，可先作一些试验性的调查，以确定 σ^2 或 P 的数值；

（3）成数方差在完全缺乏资料的情况下，可令 $P=0.5$，使 $P(1-P)$ 的数值最大，用方差最大值所确定的抽样数目，就更有可能保证抽样调查的准确性。

试一试：为了解本校（或学校所在地的某企业）职工的情况（如性别、年龄、受教育程度、职称、收入等），试从全部职工人数中随机抽取100人进行复查，计算有关的抽样指标并进行推断分析；然后将推断结果与全面调查资料进行比较，结合所学知识进行进一步分析说明。

小　结

抽样调查是按随机原则从总体中抽取部分单位进行调查，并用样本数据对总体参数做出具有一定可靠性估计和推断的方法。抽样推断中常用的基本概念有：全及总体与抽样总体；全及指标与样本指标；样本容量与样本可能数目等。

全及总体是指所要调查研究的现象的整体；抽样总体简称样本，它是指从全及总体中抽取的那部分单位所构成的整体。全及指标是根据全及总体各单位的有关标志表现计算的综合指标；样本指标是根据抽样总体各单位的有关标志表现计算的综合指标。

样本容量是指样本单位数；样本可能数目是指从全及总体 N 个单位中可能抽取的样本的个数。

抽样方法分为重复抽样与不重复抽样。重复抽样是指从总体 N 个单位中抽取容量为 n 的一个样本，每次从总体中抽取一个单位，进行观察登记后再放回总体中去，继续参加下一轮的抽取。不重复抽样是指从总体 N 个单位中抽取容量为 n 的一个样本，每次从总体中抽取一个单位，凡被抽取的单位进行观察登记后不再放回总体中去，不参加下一轮的抽取。

抽样的组织方式有纯随机抽样、等距抽样、类型抽样、整群抽样等。纯随机抽样是指总体各单位不按任何标志分组或排队，而是按随机原则直接从总体中抽取样本单位组成样本的抽样方式。等距抽样是指总体各单位按某一标志排队，然后按一定顺序和相等的距离抽取样本单位的抽样方式。类型抽样是指总体各单位按某一主要标志分组或分类后，再按随机原则从各组中抽取样本单位的一种抽样方式。整群抽样是将总体各单位按某标志划分为若干群，然后以群为单位按某种方式抽取部分群，并对中选群中的所有单位进行调查的抽样方式。

抽样调查中的误差有两种：抽样误差与非抽样误差。抽样误差是指由于随机抽样的偶然因素影响使样本不足以代表总体而引起的样本指标与全及指标之间的绝对离差。影响抽样误差的主要因素有：样本容量的大小，总体被研究标志差异程度的大小，抽样方法，抽样组织方式等。非抽样误差是指调查过程中由于调查人员违反随机原则、调查资料不真实、观察、登记、计算等原因而引起的误差。抽样误差可以计算并加以控制，非抽样误差难以计算和控制。

抽样平均误差是指一系列抽样误差的平均数。简单随机抽样条件下的抽样平均误差与样本容量的平方根成反比，与总体的标准差成正比，且与抽样的方式方法相关。抽样极限误差是样本指标与全及指标之间相差的且被允许的最大可能误差范围。抽样推断的置信度是抽样指标与全及指标之间的误差不超过一定范围的概率保证程度。决定置信度大小的主要因素是误差范围的大小。

点估计又称定值估计，它是用样本估计量直接去代替总体参数的估计值的方法。区间估计是指在一定的概率保证下，根据样本估计量和抽样极限误差去推断总体参数（如总体平均数、总体成数）所在的可能范围的方法。

确定一个适度的样本容量是非常重要的。影响样本容量的因素有：总体各单位标志变异程度的大小，允许的极限误差的大小，抽样推断的可靠程度的大小，抽样方法与抽样的组织形式。样本容量的确定方法。确定样本容量应注意的问题。

复习思考题

1. 什么是全及指标和样本指标？两者有何联系和区别？

2. 重复抽样与不重复抽样有何区别？

3. 样本容量与可能样本数目有何不同？

4. 抽样的组织形式有哪几种？

5. 什么是抽样误差？影响抽样误差的因素有哪些？

6. 为什么要确定必要的样本容量？影响样本容量的因素有哪些？

7. 从某厂生产的50000辆小汽车中，随机抽取其中的100辆进行质量检验，测得合格产品为98辆。试以99.73%的概率保证，估计该厂全部小汽车合格率的所在范围，并求出全部合格品车辆数的可能范围。

8. 从某公司2000名职工中随机抽取100人进行调查，有关整理后的资料见表7-4：

表7-4

按受教育年限分（年）	职工人数（人）	其中：男职工（人）
9以下	5	1
9~12	20	17
12~16	58	50
16以上	17	12
合　计	100	80

要求：（1）以99.45%的概率估计全部职工平均受教育年限的可能范围；

（2）以95%的概率估计全部男职工人数所占比重的可能范围。

9. 某地区共播种小麦10000亩，从中随机抽取1%的面积进行产前估产，测得其平均亩产量为300公斤，标准差为50公斤。试以95.45%的概率保证估计全部小麦的平均亩产量和总产量的可能范围。

10. 某灯泡厂对抽出的100个灯泡进行使用寿命检测，测得其平均使用寿命为1250小时，又知过去前三次抽样检测的标准差分别为250、245和240小时。要求：

（1）如果推断全部灯泡的使用寿命在1175~1325小时之间，其可靠性有多大？

（2）如果以上述可靠性保证，并使其误差范围控制在50小时以内，则要抽查多少灯泡？

第八章
相关与回归分析

学习目标

通过本章的学习，要求了解相关与回归分析的基本内容、相关关系的判断方法、估计标准误差的概念和计算方法；理解相关关系的概念和特点、相关关系的种类、回归分析的概念和特点；掌握相关系数的计算方法、一元线性回归分析。

本章重点：相关关系的含义、相关系数的计算、一元线性回归方程的建立及其代表性评价。

第一节　相关与回归分析的一般问题

一、相关关系的概念与特点

在客观现象中，大多数现象之间都存在着相互联系、相互制约的关系，有的在数量上表现出一定的依存关系。仔细观察和研究这些关系，可以把它们概括为两大类：一类是函数关系；另一类是相关关系。

（一）函数关系

函数关系是指现象之间存在着严格的确定性的数量依存关系。在这种关系中，对于某一变量的每一个数值，都有另一个变量的确定值与之对应，并且这种关系可以用一个数学表达式表示出来。例如，圆的面积（S）与其半径（R）之间的依存关系可表示为：$S=\pi R^2$；在销售价格一定的条件下，商品销售额是商品销售价格与商品销售量的乘积；在种植面积既定的情况下，某种农作物总产量等于单位面积产量与种植面积的乘积等。这类现象的变化关系是确定的，已知某现象的数值，可求解另一现象的数值。因此，我们可以把函数关系的特点概括如下：

1. 变量之间存在着数量上的相互依存关系；
2. 变量之间数量上依存关系的具体关系值是固定的；
3. 变量之间的固定关系值可用一定的数学公式表示出来。

(二) 相关关系

相关关系是指现象之间客观存在的数量上表现为非确定性的依存关系。在这类关系中，当一个或几个相互联系的变量取一定数值时，与之相对应的变量会有若干个值与之相对应，从而表现出一定的随机性。由此可见，相关关系中，一个或几个变量的取值不能完全决定与之相应的另一个变量的取值。在社会经济现象中，相关关系是普遍存在的。其特点可以概括为：

1. 相关关系表现为数量上的相互依存关系

相关关系表现为数量上的相互依存关系，是指一种现象在数量上发生变化，另一种现象也会相应地发生数量上的变化。例如，在一定种植面积上，合理增加施肥量，粮食产量会随之增加；劳动生产率提高，利润额也会增多；总产量提高，单位成本会下降等。这样，我们就可以说施肥量与粮食产量、劳动生产率与利润、总产量与单位成本之间存在着相关关系。因为，这几对相关现象中，一种现象发生了数量上的变化，另一种现象也会随之发生变化。

在具有相互依存关系的两个变量之中，作为根据的变量叫自变量，发生对应变化的变量叫因变量。例如上述相关关系中，施肥量、劳动生产率、总产量等是自变量，粮食产量、利润额和单位成本等则是因变量。自变量一般用 x 表示，因变量用 y 表示。有时候，两种现象是可以互为根据的。例如，身高是体重的依据，反过来也可以说体重是身高的依据。在这种情况下，要依据研究目的来确定哪个是自变量，哪个是因变量。

2. 现象之间数量依存的具体关系是不确定的

存在相关关系的两个变量，对于一个变量的取值，另一个变量可能有多个数值与之对应。例如，对于同一施肥量，可能有多个单产值，同一劳动生产率也可能有多个利润额与之对应。这是因为，任一现象的产生和变化，其诱发的原因是多方面的，当我们只研究其中一个或几个原因，对其他因素未予控制时，变量间的因果关系就表现为这种不确定的依存关系，即相关关系。现实生活中，大部分社会经济现象之间的关系属于相关关系。函数关系可以说是相关关系的一个特例。

可见，相关关系与函数关系是有区别的。其一，相关关系的范围比函数关系范围更大。其二，相关关系是变量间数量上非严格的依存关系，现象中变量间的关系完全对等；函数关系是变量之间数量上严格的依存关系，现象中变量关系是不对等的。其三，相关关系是统计学的研究范围，函数关系是数学的研究范围。但相关关系与函数关系之间也存在着一定的联系。首先，现象间有些应属函数关系，但由于观察或测量误差等原因，其函数关系不够明确，往往通过相关关系反映出来；而有些现象之间的相关关系，因某些偶然因素影响，也可能表现为函数关系。其次，在对相关关系进行数量分析时，常常用函数表达式来近似地反映现象间的数量依存关系及其规律性，这就为研究相关关系提供了数学依据。

二、相关关系的种类

(一) 按现象间的相关程度不同，可分为完全相关、不完全相关和不相关

完全相关是指一种现象数量的变化完全由另一种现象的数量变化来确定，即自变量每

取一个值，因变量就有一个确定的值与之对应，则称这两个变量间的关系为完全相关。这种情况下的相关关系即成为函数关系，可以用一定的方程式来准确地表示它们的关系。不相关是指两变量间互不影响，其数量变化各自独立。如企业的利润与职工的身高、体重的关系。两种现象的关系介于完全相关与不相关之间的，称为不完全相关。统计分析的主要研究对象不是完全相关关系，也不是不相关关系，而是不完全相关关系。

（二）按相关变量的多少，可分为单相关和复相关

单相关指两个变量间的相关关系。在实践中，如施肥量与亩产量，身高与体重，机床使用年限与维修费用，总产量与单位成本等都是单相关。复相关指多个自变量与因变量间的相关关系。如气温、降雨量、施肥量、播种面积与粮食产量的相关关系，资金周转速度、流通费用、销售量、销售价格与销售利润间的相关关系等，这些都是复相关。单相关是复相关的基础。在实际工作中，如果存在多个因素对某一因素共同影响时，就该加以筛选，抓住其中最主要的因素，研究其相关关系。

（三）按相关关系的表现形态不同，可分为直线相关和曲线相关

直线相关指两个变量的对应取值在坐标系上大致呈一条直线，如图8－1所示。曲线相关指两个变量的对应取值在坐标系上大致呈一条曲线，如抛物线、指数曲线、双曲线等，如图8－2所示。相关关系表现为直线或某一种曲线，这是客观现象本身所固有的，不是由人的主观意识所决定的。现象表现为不同形式的相关关系，就要用不同的统计方法去研究。因此，进行相关分析时，首先要确定相关关系的表现形态。单相关最单纯的趋势是直线相关。

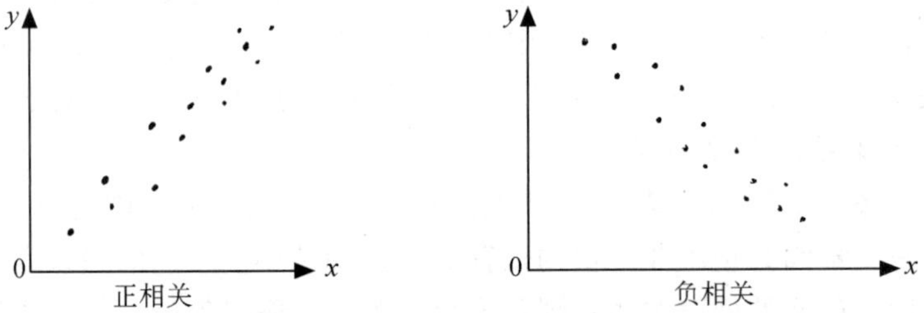

图8－1　正相关与负相关图

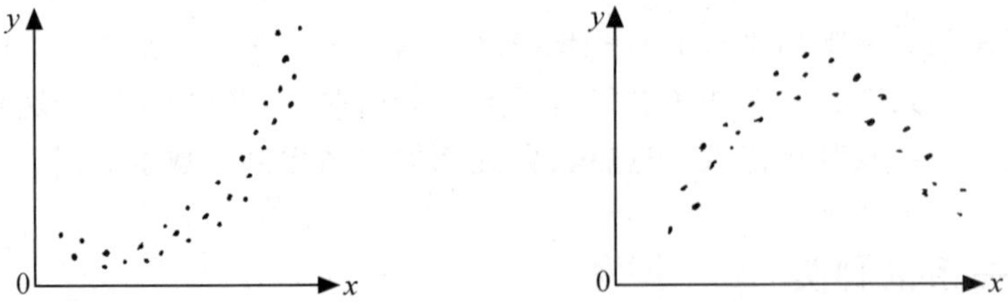

图8－2　曲线相关图

（四）按相关关系的方向不同，可分为正相关和负相关

正相关指两个相关变量之间的变化方向一致，都是增长趋势或下降趋势。在一般情况下，身高增加，体重也增加；在一定范围内，施肥量增多，亩产量也增多；在正常情况下，居民货币收入增多，社会商品零售额也增多等这些都是正相关，如图8－1（左）所示。

负相关是指两个相关变量之间的变化趋势相反，一个下降而另一个上升，或一个上升而另一个下降。如商品价格降低，商品的销售量增多；总产量增加，产品的单位成本降低；施肥量超过生物学上所允许的定额数量，收获率反而下降等，如图8－1（右）所示。

三、相关与回归分析的内容

相关与回归分析，是对客观社会经济现象之间所存在的相关关系进行分析的一种统计方法。其目的在于对现象之间所存在的依存关系以及所表现出来的规律性进行数量上的推断和认识，以便进一步进行预测和决策。相关与回归分析的内容可分为两大部分，即相关分析和回归分析。

相关分析是研究两个或两个以上变量之间的相关关系及其密切程度的分析方法。相关分析具体包括两个方面：一是判断现象之间有无相关关系；二是判断现象相关关系的表现形态和密切程度。判断现象相关关系及其密切程度，一般先要进行定性分析，然后进行定量分析。具体可以通过编制相关表、绘制相关图和计算相关系数等，来反映现象间的相关方向和相关关系的密切程度。而且相关分析是进行回归分析的基础，回归分析是把变量的相关关系转变为函数关系的手段。

回归分析是指将相关现象的依存关系转变为函数关系，并通过建立变量间相互关系的数学表达式来研究变量之间数量变动关系的统计分析方法。回归分析具体包括两个方面：一是确定现象之间相关关系的数学模式；二是测定该数学模式的拟合精度以反映因变量估计值的可靠程度。

相关分析和回归分析是研究现象之间互相依存关系的不可分割的两个方面；一般先进行相关分析，测定相关现象之间相关程度的大小，进而决定是否需要进行回归分析。如果现象间的相关关系密切，就可以拟合相应的回归方程，以便进行推算和预测等。

课堂讨论：试用相关分析理论解释“俭能养廉，勤能补拙”的含义。

第二节　相关分析的方法

一、相关关系的判断

进行相关分析，首先要判断现象之间是否存在相关关系，存在着何种形式的相关关

系，这是相关分析的出发点。只有现象之间确实存在着相关关系，才能进行进一步的相关分析。在进行相关分析时，首先要进行定性分析，然后进行定量分析，否则就会产生认识上的偏差，得出错误的分析结论。

（一）相关关系的定性判断

相关关系的定性判断，就是根据现象的质的规定性，运用理论知识、专业知识、实践经验来进行判断和分析。例如，根据经济理论来判别居民的货币收入与社会商品购买力是否存在相关关系；根据生物遗传理论，来判别父辈的身高与子辈的身高是否存在相关关系等。定性分析是进行相关分析的基础，在实践中，还需要根据相关表、相关图进一步判明现象间相关的方向和形式。

（二）相关表

相关表就是把被研究现象的观察值对应排列所形成的统计表格。如将某地区就业人数和国内生产总值的历史资料对应排列所形成的相关表见表8－1，将某商业公司系统零售商店商品销售额和流通费用率的历史资料对应排列所形成的相关表见表8－2。

表8－1　　某地区就业人数与国内生产总值的相关表

年　份	就业人数 x（万人）	国内生产总值 y（亿元）
2010	72085	99215
2011	73025	109655
2012	73740	120332
2013	74432	135823
2014	75200	159878
2015	75825	183217
2016	76400	219924
2017	76990	257306
2018	77480	300670

表8－2　　商品销售额与流通费用率相关表

商店按商品销售额分组（万元）	商店个数	平均流通费用率（%）
400以下	14	9.81
400～800	22	7.90
800～1200	38	7.32
1200～1600	44	7.00
1600～2000	66	6.80
2000～2400	50	6.71
2400～2800	34	6.66
2800～3200	26	6.00
3200～3600	10	5.60

从表 8－1 的资料可以看出，随着就业人数增加，该地区国内生产总值亦随之增加，呈正相关关系；从表 8－2 可以看出，随着商品销售额不断增加，平均流通费用率逐步下降，呈负相关关系。

在相关表中，如果观测值的分布呈现出一定的规律性，则表明现象间存在相关关系。如随着一个变量的增加或减少，另一个变量也大致地以某一固定的速率和数量增加或减少，就可以初步判别现象间存在着相关关系。如果两个变量的观测值表现不出任何规律性，就可以初步判断现象间不存在相关关系或其相关关系微弱。

（三）相关图

相关图也叫散点图，它是根据相关表中的观测数据在坐标系上所绘制的点状图形。

用 x 和 y 分别代表两个变量，把相关表中的对应观测值一一描绘在坐标系上，则形成了反映相关点分布状况的图形，据此就可以观测现象间相关关系的情况。如根据表 8－1 的数据所绘制的相关图如图 8－3 所示，根据表 8－2 的数据所绘制的相关图如图 8－4 所示。

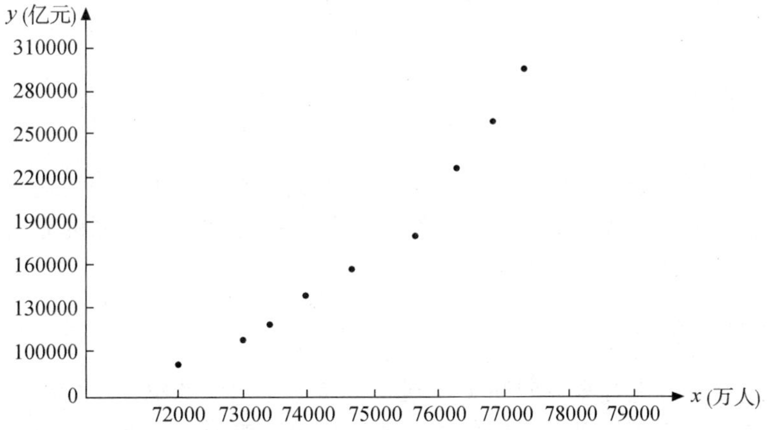

图 8－3 我国劳动者人数和国内生产总值的相关图

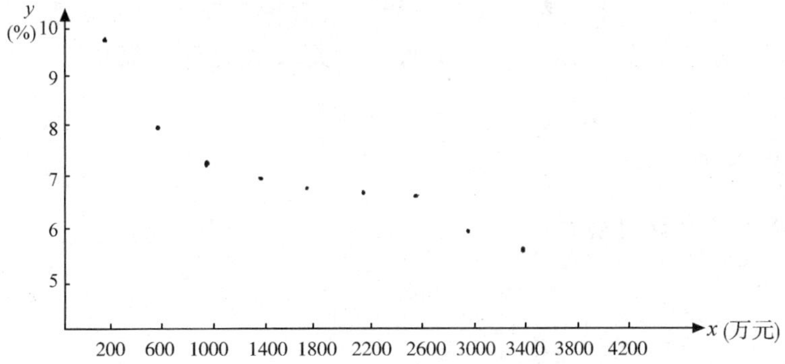

图 8－4 商品销售额和流通费用率的相关图

在相关图中，若相关点呈现出一定的规律性，如大致为一条直线或一条曲线，这表明现象间存在相关关系，且为直线相关或曲线相关。相关点越密集，表明相关关系越密切。

若相关点分布毫无规律，即零碎、杂乱地分布在坐标系中，则表明现象间无相关关系或存在低度的相关关系。

> **知识拓展**
>
> 典型相关分析方法最早源于荷泰林。他所提出的方法于1936年在《生物统计》期刊上发表的一篇论文《两组变式之间的关系》，经过多年的应用及发展，逐渐达到完善，在70年代臻于成熟。
>
> 由于典型相关分析涉及较大量的矩阵计算，其方法的应用在早期曾受到相当的限制。但随着当代计算机技术及其软件的迅速发展，弥补了应用典型相关分析中的困难，因此它的应用开始走向普及化。典型相关分析是研究两组变量之间相关关系的一种统计分析方法。
>
> 为了研究两组变量 X_1，X_2，…，X_p 和 Y_1，Y_2，…，Y_q 之间的相关关系，采用类似于主成分分析的方法，在两组变量中，分别选取若干有代表性的变量组成有代表性的综合指标，通过研究这两组综合指标之间的相关关系，来代替这两组变量间的相关关系，这些综合指标称为典型变量。

二、相关系数

相关表和相关图只能大体上反映变量之间的相关关系，而不能确切地说明现象间相关关系的密切程度。通过计算相关系数，既可以测定变量之间相关关系的方向，又可以说明其相关关系的密切程度。

（一）相关系数的定义

相关系数是反映客观现象之间相关关系及关系密切程度的统计分析指标。根据线性相关变量的多少及分析问题的角度不同，相关系数可分为简单相关系数、等级相关系数、复相关系数、净相关系数。反映曲线相关变量之间关系密切程度的曲线相关系数称为相关指数。反映两个变量之间直线相关密切程度的相关系数称为简单相关系数。因其计算简便，统计中常使用简单相关系数。如果不作说明，相关系数往往指简单相关系数，一般用 r 表示。

（二）相关系数的计算

1. 相关系数的定义计算公式

相关系数的定义计算公式为：

$$r=\sigma_{xy}^2/\sigma_x\cdot\sigma_y=\frac{\sum(x-\bar{x})(y-\bar{y})/n}{\sigma_x\cdot\sigma_y} \tag{8-1}$$

其中：$\sigma_{xy}^2=\sum(x-\bar{x})(y-\bar{y})/n$　　表示变量 x 与 y 的协方差

$$\sigma_x=\sqrt{\frac{\sum(x-\bar{x})^2}{n}}$$　　表示自变量 x 的标准差

$\sigma_y = \sqrt{\frac{\sum(y-\bar{y})^2}{n}}$ 表示因变量 y 的标准差

n 表示自变量数列的项数

为了更好地理解相关系数的含义，并利用相关系数来分析和说明现象间的相关关系，下面我们来叙述这个公式的推导过程。

假定图 8－5 表示变量 x 和 y 之间存在相关关系，它共有 n 对观测数据：

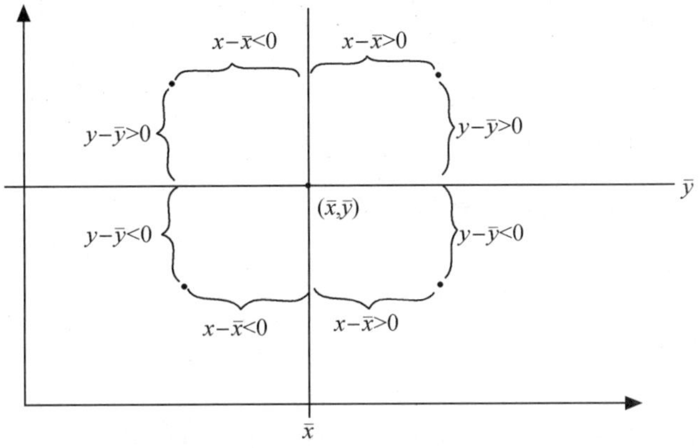

图 8－5

(x_1, y_1)，(x_2, y_2)，……，(x_n, y_n)

变量 x 和变量 y 的平均数分别为 $\bar{x}$ 和 $\bar{y}$。

如果将坐标原点平移到点（$\bar{x}$，$\bar{y}$），则对应于新的坐标原点，观测值就为：

$$[(x_1-\bar{x}),(y_1-\bar{y})],[(x_2-\bar{x}),(y_2-\bar{y})],\cdots\cdots,[(x_n-\bar{x}),(y_n-\bar{y})]$$

若将每对观测值的离差数据相乘，则有：

$$(x_1-\bar{x})\cdot(y_1-\bar{y}),(x_2-\bar{x})\cdot(y_2-\bar{y}),\cdots\cdots,(x_n-\bar{x})\cdot(y_n-\bar{y})$$

显然，如果观测值落在新坐标的第 1、3 象限，那么，观测值的乘积就大于 0，即：$(x-\bar{x})(y-\bar{y})>0$；如果观测值落在新坐标的第 2、4 象限，则观测值的乘积就小于 0，即：$(x-\bar{x})(y-\bar{y})<0$。

据此可以发现：若象限间存在线性相关关系，那么，其观测值只会集中在第 1、3 象限或第 2、4 象限，而不会平均地或杂乱地分布在四个象限中。线性相关程度愈强，观察值集中的程度也会愈明显。从数量上考察，观测值乘积的总和 $\sum(x-\bar{x})(y-\bar{y})$ 可以作为线性相关程度的标志。

如果 $\sum(x-\bar{x})(y-\bar{y})=0$，表明观测点均匀地或杂乱地分布在四个象限，说明变量 x 和变量 y 之间不存在相关关系。

如果 $\sum(x-\bar{x})(y-\bar{y})>0$，表明观测点集中在第 1、3 象限，变量呈正相关，其绝对值越大，线性相关程度越密切。

如果 $\sum(x-\bar{x})(y-\bar{y})<0$，表明观测点集中在第 2、4 象限，变量呈负相关，其绝对值越大，线性相关程度就越密切。

将上面的乘积值（对样本容量）进行平均，称作协方差，即：

$$\sigma_{xy}^{2}=\frac{\sum(x-\bar{x})(y-\bar{y})}{n}$$

协方差的数量可以用来度量变量间的线性相关程度，但由于它的数据与计量单位有关，所以不同计量单位的变量间的相关程度就无法进行比较。我们可进一步将变量值标准化：

$$\left(\frac{x_1-\bar{x}}{\sigma_x}\right)\cdot\left(\frac{y_1-\bar{y}}{\sigma_y}\right),\ \left(\frac{x_2-\bar{x}}{\sigma_x}\right)\cdot\left(\frac{y_2-\bar{y}}{\sigma_y}\right),\ \cdots\cdots,\ \left(\frac{x_n-\bar{x}}{\sigma_x}\right)\cdot\left(\frac{y_n-\bar{y}}{\sigma_y}\right)$$

然后再求其乘积的平均数，得：$\dfrac{\sum\left(\frac{x-\bar{x}}{\sigma_x}\right)\cdot\left(\frac{y-\bar{y}}{\sigma_y}\right)}{n}$

上面的公式可变形为：$\dfrac{\frac{\sum(x-\bar{x})(y-\bar{y})}{n}}{\sigma_x\cdot\sigma_y}$

从而得：$r=\dfrac{\sigma_{xy}^{2}}{\sigma_x\cdot\sigma_y}$

这就是相关系数的定义公式。由于相关系数是通过将各变量离差相乘来说明现象之间相关密切程度的，所以这种计算相关系数的方法称为“积差法”。

相关系数的含义可进一步解释如下：

（1）r 的取值范围为：$-1\leqslant r\leqslant 1$。因为协方差的绝对值最小为0，最大为 σ_x 和 σ_y 的乘积。

（2）r 的绝对值越接近于1，表明相关关系越密切；越接近于0，表明相关关系越不密切。

（3）$r=+1$ 或 $r=-1$，表明两现象完全相关。

（4）$r=0$，两变量无直线相关关系。但不能排除该两个变量间存在曲线相关关系。

（5）$r>0$，现象呈正直线相关；$r<0$，现象呈负直线相关。

实践中，为了在判别相关关系的密切程度时有一个临界标准，可将相关级别列表，见表8-3。

表8-3　　相关程度判别标准

相关系数的取值范围	相关程度级别
$\lvert r\rvert<0.3$	微弱相关
$0.3\leqslant\lvert r\rvert<0.5$	低度相关
$0.5\leqslant\lvert r\rvert<0.8$	显著相关
$0.8\leqslant\lvert r\rvert<1$	高度相关

2. 相关系数的计算举例

［例8-1］ 某地区人均年收入（自变量）与其耐用消费品销售额（因变量）的资料见表8-4。

表 8-4 **相关系数计算表**（积差法）

年份	人均年收入 x（千元）	耐用消费品销售额 y（亿元）	计算栏				
			$x-\bar{x}$	$(x-\bar{x})^2$	$y-\bar{y}$	$(y-\bar{y})^2$	$(x-\bar{x})(y-\bar{y})$
2010	13	20	-27	729	-30	900	810
2011	16	25	-24	576	-25	625	600
2012	22	33	-18	324	-17	289	306
2013	28	42	-12	144	-8	64	96
2014	35	50	-5	25	0	0	0
2015	40	55	0	0	5	25	0
2016	48	58	8	64	8	64	64
2017	56	67	16	256	17	289	272
2018	63	70	23	529	20	400	460
2019	79	80	39	1521	30	900	1170
合计	400	500	0	4168	0	3556	3778

由表 8-3 的资料计算可得：

$$\bar{x}=\frac{\sum x}{n}=\frac{400}{10}=40(\text{百元}),\bar{y}=\frac{\sum y}{n}=\frac{500}{10}=50(\text{亿元})$$

$$\sigma_x=\sqrt{\frac{\sum(x-\bar{x})^2}{n}}=\sqrt{\frac{4168}{10}}=\sqrt{416.8}=20.416(\text{百元})$$

$$\sigma_y=\sqrt{\frac{\sum(y-\bar{y})^2}{n}}=\sqrt{\frac{3556}{10}}=\sqrt{355.6}=18.857(\text{亿元})$$

$$\sigma_{xy}^2=\frac{\sum(x-\bar{x})(y-\bar{y})}{n}=\frac{3778}{10}=377.8$$

$$r=\frac{\sigma_{xy}^2}{\sigma_x\sigma_y}=\frac{377.8}{20.416\times18.857}=0.98$$

$r=0.98$，说明该地区人均年收入与耐用消费品销售额之间存在着高度的正相关关系，即一般来讲，人们的年收入低，购买耐用消费品的支出就少；年收入高，人们在满足了基本生活支出后，购买耐用消费品的可能性就大。

从上述计算过程来看，根据公式 8-1 来计算相关系数十分繁琐，需要五个计算栏，而且计算的 $\bar{x}$ 和 $\bar{y}$ 值常常出现除不尽的小数，从而影响了 $x-\bar{x}$ 和 $y-\bar{y}$ 的准确性。为了使 r 的计算简便、准确和快捷，现将公式 8-1 作如下变形：

$$r=\frac{\sum(x-\bar{x})\cdot(y-\bar{y})\div n}{\sigma_x\sigma_y}=\frac{\sum(xy-x\cdot\bar{y}-\bar{x}\cdot y+\bar{x}\cdot\bar{y})\div n}{\sqrt{\frac{\sum(x-\bar{x})^2}{n}}\cdot\sqrt{\frac{\sum(y-\bar{y})^2}{n}}}$$

$$=\frac{(\sum xy-\bar{y}\sum x-\bar{x}\sum y+n\bar{x}\cdot\bar{y})\div n}{\sqrt{\frac{\sum x^2}{n}-\left(\frac{\sum x}{n}\right)^2}\cdot\sqrt{\frac{\sum y^2}{n}-\left(\frac{\sum y}{n}\right)^2}}$$

$$= \frac{\frac{\sum xy}{n} - \bar{y} \cdot \bar{x} - \bar{x} \cdot \bar{y} + \bar{x} \cdot \bar{y}}{\frac{1}{n} \cdot \sqrt{n\sum x^2 - (\sum x)^2} \cdot \frac{1}{n} \cdot \sqrt{n\sum y^2 - (\sum y)^2}}$$

$$= \frac{\frac{\sum xy}{n} - \bar{x} \cdot \bar{y}}{\frac{1}{n} \cdot \sqrt{n\sum x^2 - (\sum x)^2} \cdot \frac{1}{n} \cdot \sqrt{n\sum y^2 - (\sum y)^2}}$$

$$= \frac{n\sum xy - \sum x \cdot \sum y}{\sqrt{n\sum x^2 - (\sum x)^2} \cdot \sqrt{n\sum y^2 - (\sum y)^2}} \qquad (8-2)$$

公式8－2为相关系数的简捷计算公式。据此计算的相关系数只需列三个计算栏：x^2、y^2和xy，而且避免了平均数、离差及标准差的直接计算，大大地简化了计算过程，提高了计算结果的准确性。

［例8－2］ 现仍然根据表8－4的资料，用公式8－2计算相关系数的过程见表8－5。

表8－5　　相关系数计算表（简捷法）

年　份	人均年收入 x（千元）	耐用消费品销售额 y（亿元）	计　算　栏		
			x^2	y^2	$x \cdot y$
2010	13	20	169	400	260
2011	16	25	256	625	400
2012	22	33	484	1089	726
2013	28	42	784	1764	1176
2014	35	50	1225	2500	1750
2015	40	55	1600	3025	2200
2016	48	58	2304	3364	2784
2017	56	67	3136	4489	3752
2018	63	70	3969	4900	4410
2019	79	80	6241	6400	6320
合　计	400	500	20168	28556	23778

将表8－5中的资料代入公式8－2中，则：

$$r = \frac{n\sum xy - \sum x \cdot \sum y}{\sqrt{n\sum x^2 - (\sum x)^2} \cdot \sqrt{n\sum y^2 - (\sum y)^2}}$$

$$= \frac{10 \times 23778 - 400 \times 500}{\sqrt{10 \times 20168 - 400^2} \cdot \sqrt{10 \times 28556 - 500^2}} = \frac{37780}{38498.58} = 0.98$$

由此可见，根据同一资料采用公式8－1与公式8－2所计算的相关系数的值是一致的。

另外，根据公式8－1与公式8－2还可以推导出相关系数的其他一些变形公式。

（1）由公式8－1变形得：

$$r=\frac{\sum(x-\bar{x})(y-\bar{y})\div n}{\sigma_x\cdot\sigma_y}=\frac{\sum(x-\bar{x})(y-\bar{y})\div n}{\sqrt{\frac{\sum(x-\bar{x})^2}{n}}\cdot\sqrt{\frac{\sum(y-\bar{y})^2}{n}}}$$

$$=\frac{\sum(x-\bar{x})(y-\bar{y})}{\sqrt{\sum(x-\bar{x})^2}\cdot\sqrt{\sum(y-\bar{y})^2}}=\frac{L_{xy}}{\sqrt{L_{xx}}\cdot\sqrt{L_{yy}}} \qquad (8-3)$$

其中：$L_{xy}=\sum(x-\bar{x})\cdot(y-\bar{y})=\sum xy-\frac{1}{n}\sum x=n\sigma_{xy}^2$

$L_{xx}=\sum(x-\bar{x})^2=\sum x^2-\frac{1}{n}(\sum x)^2=n\sigma_x^2$

$L_{yy}=\sum(y-\bar{y})^2=\sum y^2-\frac{1}{n}(\sum y)^2=n\sigma_y^2$

（2）由公式 8－2 变形得：

$$r=\frac{\sum xy-n\bar{x}\cdot\bar{y}}{\sqrt{\sum x^2-n(\bar{x})^2}\cdot\sqrt{\sum y^2-n(\bar{y})^2}}=\frac{\overline{xy}-\bar{x}\cdot\bar{y}}{\sigma_x\cdot\sigma_y} \qquad (8-4)$$

（其中：$\overline{xy}=\frac{\sum xy}{n}$）

因此，在实际应用时，应根据所掌握的具体资料来选择合适的公式计算相关系数。

> **课堂讨论**：进行相关分析，计算相关系数是否需要严格区分自变量与因变量？为什么？

第三节　回归分析

“回归”一词是由英国著名的统计学家高尔顿（Prancis Galton，1822—1911）在研究人类遗传问题时提出来的。为了研究父辈与子辈身高的关系，高尔顿搜集了 1078 对父亲及其子女的身高数据。他发现这些数据的散点图大致呈直线状态：父亲的身高增加时，子女的身高也有增加的倾向性。同时还发现：当父亲的身高高于平均身高时，他们的子女身高比他更高的概率要小于比他更矮的概率；父亲的身高矮于平均身高时，他们的子女身高比他更矮的概率要小于比他更高的概率。即这两种身高父亲的子女的身高，有向他们父辈的平均身高回归的趋势。对于这个一般结论的解释是：大自然具有一种约束力，使人类身高的分布相对稳定而不产生两极分化，这就是所谓的回归效应。

1855 年，高尔顿发表《遗传的身高向平均数方向的回归》一文，他和他的学生卡尔·皮尔逊（Karl · Pearson）通过观察 1078 对夫妇的身高数据，以每对夫妇的平均身高作为自变量，取他们的一个成年子女的身高作为因变量，分析子女身高与父母身高之间的关系，发现父母的身高可以预测子女的身高，两者近乎一条直线。当父母越高或越矮时，子女的身高会比一般儿童高或矮，他将子女与父母身高的这种现象拟合出一种线形关系，分析出子女的身高（y）与父亲的身高（x）的关系大致可归结为：

$y=0.8567+0.516\cdot x$（单位：米）；

这种趋势及回归方程表明父母身高每增加一个单位时，其成年子女的身高平均增加0.516个单位。这就是回归一词最初在遗传学上的含义。

后来，回归这个词被用来泛指变量之间的一般数量关系。

一、回归分析的概念和特点

（一）回归分析的概念

现象之间的相关关系，虽然不是严格的函数关系，但只要现象之间存在着一定程度的相关关系，则其相关关系的一般关系值，就可以通过函数关系的近似表达式来反映，这种表达式是根据相关现象的实际对应资料，运用数学的方法来建立的，以分析自变量与因变量之间的变动关系，这类数学分析方法称为回归分析。其意思是：根据现象之间相关关系的形式，配合一条最适合的直线（或曲线，这里只讲直线），用这条直线反映变量之间数量变化的一般关系，即当自变量发生一定量的变化时，因变量一般会（或平均）发生多少变化。例如，在研究农作物收获率时，每亩的化肥施用量增加1公斤，其相应的单产水平将提高多少？反映现象间相关关系数量变化规律性的这条直线，就称为回归直线，表现这条回归直线的数学表达式，称直线回归模型，它是推算或预测因变量估计值的依据。

（二）回归分析的特点

第一，回归分析中两个变量之间的关系不是对等的，要区分自变量和因变量。因此，回归方程的形式不是惟一确定的，可以是y依x的回归方程，即x是自变量，y是因变量；也可以是x依y的回归方程，即y是自变量，x是因变量。进行回归分析时，要依据研究目的和现象间的联系，确定哪个变量是自变量，哪个变量是因变量。

第二，因变量是随机变量，而自变量是给定的量。

第三，回归方程是用自变量的给定值来推算因变量的估计值，它反映的是变量间具体的变动关系。需要说明的是，我们不能从某个随机的因变量估计值出发反过来去估计某个自变量的值。

建立回归方程的目的主要是用来预测因变量的未来数值，要求自变量的值必须精确或容易求得。

二、一元线性回归模型的建立和求解

（一）一元线性回归模型的建立

一元线性回归模型的确定与建立，一般分如下几个步骤进行：

第一，搜集、整理有关数据资料；

第二，依据整理后的资料绘制相关图，以判断变量间是否直线相关；

第三，运用最小平方法确立有关计算公式，求解参数，建立直线回归方程；

第四，将原始资料中各自变量的值代入直线方程，分别求出其对应的因变量的理论值，并在相关图上描绘出回归直线；

第五，求出特定条件下的自变量的值，对因变量在未来一段时间内的发展趋势做出预测。

一元线性回归模型只涉及两个变量，如果以 x 表示自变量，y 表示因变量，则其基本形式为：

$$y_c = a + bx$$

式中：a 表示截距；b 称为回归系数；y_c 为回归估计值。

建立一元线性回归模型，应该具备以下前提条件：

（1）现象间确实存在数量上的相互依存关系。从数学上讲，现象间没有依存关系也可以配合一条直线，但这条直线没有现实的经济意义。相反，可能会给人一个错觉，认为两个现象间具有相互依存关系。

（2）现象之间存在着直线相关关系。两现象之间是否具有直线相关关系，可借助于散点图和相关系数来说明。如果两现象表现为曲线相关，则应配合相应的曲线。只有当两现象在一定范围内表现为直线相关，且具有较高的相关关系时，才能建立直线回归模型。

（3）具有一定数量的自变量和因变量的对应观测值。在建立直线回归模型时，x 和 y 应有一定数量的观测值，如果数据太少，就会影响回归模型的准确性。

（二）一元线性回归模型参数的求解方法

在 $y_c = a + bx$ 中，参数 a、b 通常用最小平方法来求之。

这里的最小平方法和配合趋势直线时所采用的最小平方法是一样的，其数学出发点是要求：

$$\sum (y - y_c)^2 = 最小值$$

即：$\sum (y - a - bx)^2 = 最小值$

根据高等数学中的最小值原理，对上式求关于 a 和 b 的偏导数，并令其等于零，可得出直线方程中的参数 a、b 的求解方程式，即得出下列方程式组：

$$\begin{cases} \sum y = na + b\sum x \\ \sum xy = a\sum x + b\sum x^2 \end{cases}$$

解之，有：

$$\begin{cases} b = \dfrac{n\sum xy - \sum x \cdot \sum y}{n\sum x^2 - (\sum x)^2} & (8-5) \\ a = \dfrac{\sum y}{n} - b \cdot \dfrac{\sum x}{n} = \bar{y} - b\bar{x} & (8-6) \end{cases}$$

这里，b 为回归系数，其符号与相关系数 r 的符号一致。$b>0$，表示变量 x 与变量 y 呈正相关；$b<0$，表示变量 x 和变量 y 呈负相关。b 表示 x 每增减一个单位，y 平均增减

的数量。可见，b 不是一个抽象的数。

回归系数的作用是表示自变量与因变量之间的联系程度，表明两变量间的变动比例，其绝对值的大小与变量所采用的计量单位存在着直接的关系。

[例 8－3] 以表 8－4 的资料为例，说明回归直线的配合方法见表 8－6。

将有关资料代入公式 8－5 和公式 8－6 中得：

$$b=\frac{n\sum xy-\sum x\cdot\sum y}{n\sum x^2-(\sum x)^2}=\frac{10\times 23778-400\times 500}{10\times 20168-400^2}=\frac{37780}{41680}=0.906$$

$$a=\frac{\sum y}{n}-b\frac{\sum x}{n}=\bar{y}-b\bar{x}=500/10-0.906\times 400/10=13.76$$

将 a、b 的值代入回归方程 $y_c=a+bx$ 中，则回归方程 $y_c=13.76+0.906x$。

表 8－6　　配合回归直线计算表

年　份	人均年收入 x（千元）	耐用消费品销售额 y（亿元）	计　算　栏		
			x^2	y^2	$x\cdot y$
2010	13	20	169	400	260
2011	16	25	256	625	400
2012	22	33	484	1089	726
2013	28	42	784	1764	1176
2014	35	50	1225	2500	1750
2015	40	55	1600	3025	2200
2016	48	58	2304	3364	2784
2017	56	67	3136	4489	3752
2018	63	70	3969	4900	4410
2019	79	80	6241	6400	6320
合　计	400	500	20168	28556	23778

该方程显示：该地区人均年收入每增加 1000 元，其耐用消费品销售额将增加 0.906 亿元；该方程同时还表明，当该地区的人均年收入为 0 时，该地区的耐用消费品销售额也将实现 13.76 亿元（意即动用积蓄等来实现）。从数学角度讲，当 $x=0$ 时，$y_c=13.76$ 是有意义的。但从统计学或现实生活上讲，x（人均年收入）是不可能为零的。

若把 x 的值代入 $y_c=13.76+0.906x$ 中，即可求出其对应的 y_c 的估计值。例如，当 $x_1=1.3$ 万元时，$y_1=25.54$ 亿元；当 $x_9=6.3$ 万元时，$y_9=70.84$ 亿元。据此可以在坐标图上绘出代表该回归方程的直线，实际观察点分布在该直线的周围，如图 8－6 所示。

由此可见，b 值的符号与 r 值的符号是一致的。$b>0$，表示因变量与自变量按相同方向变动，y 随 x 每增加一个单位而平均增加的值，亦表示变量 x 与 y 呈正相关关系；$b<0$，表示自变量与因变量按相反方向变动，即 y 随 x 每增加一个单位而平均减少的值，亦表示变量 x 与 y 呈负相关关系。回归系数 b 与相关系数 r 之间的这种关系还可以用数学公式表示出来：

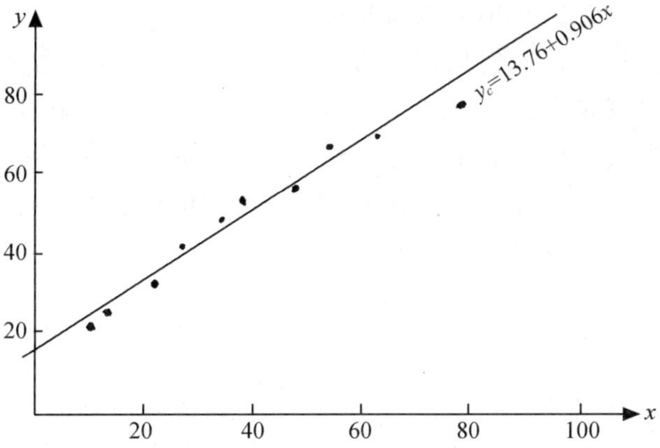

图 8－6　人均年收入与耐用消费品销售额相关图

$$r=b\cdot\frac{\sigma_x}{\sigma_y} \tag{8-7}$$

证明如下：由公式 8－3 得：

$$r=\frac{L_{xy}}{\sqrt{L_{xx}\cdot L_{yy}}}=\frac{L_{xy}\cdot\sqrt{L_{xx}}}{L_{xx}\cdot\sqrt{L_{yy}}}=\frac{L_{xy}}{L_{xx}}\cdot\frac{\sqrt{L_{xx}}}{\sqrt{L_{yy}}}=b\cdot\frac{\sigma_x}{\sigma_y}$$

将前面的计算结果代入公式 8－7 中：

$\because\ b=0.906，\sigma_x=20.416，\sigma_y=18.857$

$\therefore\ r=b\cdot\frac{\sigma_x}{\sigma_y}=0.906\times\frac{20.416}{18.857}=0.98$

此例根据公式 8－7 计算的相关系数与用公式 8－1 计算的相关系数是完全一致的。但其他实例也可能由于受保留小数位数的影响而产生一定误差。

三、估计标准误差

（一）估计标准误差的概念

估计标准误差是指根据回归方程测定的各个观察点的估计值与实际值之间的平均离差，是用来说明回归方程代表性大小的统计分析指标。估计标准误差一方面说明了实际值与理论值之间离差的大小，另一方面也说明了回归直线代表性的大小，这与前面我们介绍的标准差的作用和性质一样。所不同的是，标准差是说明平均数的代表性的，而估计标准误差是说明回归直线的代表性的。

上述回归直线是反映两个变量之间一般数量关系的平均线，其作用在于根据自变量的已知值去推测因变量的可能值或平均值。这个可能值与实际值一般是不一致的，或大或小要产生一个差，因而就产生了估计值的代表性问题。承前例的表 8－4，当 2010 年的人均年收入为 1.3 万元时，该地区的耐用消费品销售额为 20 亿元，而依回归方程推算出来的估计值为 25.54 亿元，两者相差 5.54 亿元；同理，当 2018 年的人均年收入为 6.3 万元时，该地区的耐用消费品销售额为 70 亿元，而估计值为 70.84 亿元，两者相差 0.84 亿元。假定根据各种资料测算，2020年该地区的人均年收入可到9万元，据此推算2020年该地区的耐用消费品销售额将达到95.3亿元，那么，将来的耐用消费品的实际销售额与此数又相差多少呢？这就是说，该直线方程的代表性有多强？准确性有多大？回归方程的代表性如何，一般是通过估计标准误差等指标的大小来加以检验的。估计标准误差越大，回归方程的代表性越弱；估计标准误差越小，回归方程的代表性就越强，因此，估计标准误差又叫回归标准差，其计算原理与标准差基本相同。计算公式为：

$$S_{yx} = \sqrt{\frac{\sum (y - y_c)^2}{n - 2}} \tag{8-8}$$

式中：S_{yx}表示估计标准误差，其下标yx表示y依x而回归的方程；y是因变量的实际观察值；y_c是根据y依x的回归方程推算出来的因变量的估计值；$n-2$称为自由度，在一元线性回归方程中，计算了a、b两个参数，存在两个约束条件，表示估计回归直线时已经失去了两个自由度。

把$y_c = a + bx$代入上式中，就可以推导出估计标准误差的简捷计算公式：

$$S_{yx} = \sqrt{\frac{\sum y^2 - a\sum y - b\sum xy}{n - 2}} \tag{8-9}$$

（二）估计标准误差的计算方法

如前所述，估计标准误差既可以根据公式8-8计算，也可以根据公式8-9计算。

1. 根据因变量实际值与理论值的离差计算，即根据公式8-8计算

[例8-4] 仍以表8-4的资料为例，说明估计标准误差的计算方法。

首先设计一张计算表，将已知的x的实际值分别代入回归方程$y_c = a + bx$中，一一求出y_c的值，然后计算一系列离差$(y - y_c)$，并加以平方、求和，最后求出估计标准误差，其具体计算过程见表8-7。

表8-7　　估计标准误差计算表

年份	人均年收入 x（千元）	耐用消费品销售额 y（亿元）	计算栏		
			y_c	$y - y_c$	$(y - y_c)^2$
2010	13	20	25.54	-5.54	30.67
2011	16	25	28.26	-3.26	10.60
2012	22	33	33.69	-0.69	0.48
2013	28	42	39.13	2.87	8.25
2014	35	50	45.47	4.53	20.52
2015	40	55	50	5.00	25
2016	48	58	57.25	0.75	0.57
2017	56	67	64.50	2.50	6.27
2018	63	70	70.84	-0.84	0.70
2019	79	80	85.33	-5.33	28.45
合计	400	500	—	—	131.51

将计算结果代入公式8-8得：

$$S_{yx}=\sqrt{\frac{\sum(y-y_c)^2}{n-2}}=\sqrt{\frac{131.51}{10-2}}=4.055(亿元)$$

2. 根据 a、b 两参数值计算估计标准误差，即根据公式 8 −9 计算

从公式 8 − 8 计算估计标准误差的过程看，虽然运用该公式计算估计标准误差的含义比较明确，但它需要计算所有实际值所对应的估计值，当实际观察值较多、数值又较大、受所保留的小数位数的影响时，估计标准误差也就不精确了。如果已经知晓回归直线方程的参数，可以采用简捷公式 8 −9 计算，所得计算结果是一致的。

根据表 8 − 6 的资料，已计算出：

$$a=13.76,b=0.906,\sum y=500,\sum y^2=28556,\sum xy=23778$$

所以 $$S_{yx}=\sqrt{\frac{\sum y^2-a\sum y-b\sum xy}{n-2}}=\sqrt{\frac{28556-13.76\times500-0.906\times23778}{10-2}}$$

$=4.079$（亿元）

用公式 8 −9 计算的估计标准误差本应与公式 8 − 8 计算的估计标准误差相同，但由于公式 8 − 8 受所保留的小数位数的影响，致使两公式的计算结果出现了 0.024 亿元的误差。

计算结果表明，估计标准误差为 4.055 亿元。离差有正有负，有大有小，这是平均来说的。估计标准误差 S_{yx} 的值越大，即实际值与估计值的离差越大，则回归直线方程的代表性就越低；反之，估计标准误差 S_{yx} 的值越小，则回归直线方程的代表性就越强；若 $S_{yx}=0$，则说明 y 与 y_c 之间没有差距，从相关图上看，表明相关点全部分布在回归直线上，说明估计值非常精确。一般情况下，估计值与实际值之间是有误差的。

四、简单直线回归方程的预测

我们依据有关自变量与因变量的数据建立回归方程的最终目的，不仅是为了揭示变量之间的线性关系，而且是为了对因变量的未来数值进行区间估计或预测。所谓回归预测，就是根据建立的回归方程式，在确定自变量的某一取值时，求出相应的因变量的估计值。

我们通过例 8 −3 建立的回归直线方程 $y_c=13.76+0.906x$ 是表明人均年收入与耐用消费品销售额之间相关关系的平均线。运用该方程推算出来的理论值与实际值之间会产生一定程度的误差，因此，根据该方程对现象未来的发展结果进行估计或预测时要研究两个问题，即估计结果的准确性和可靠性问题。前者用估计标准误差来加以反映，上面已经做出介绍。下面将对估计的可靠程度问题加以说明。

在相关图中，可用实际观察值在回归直线两侧的不同分布来表明两者的差异程度。当实际观察值处于正态分布或近似正态分布时，估计值的可靠程度可用正态分布理论来加以说明。

回归直线是反映变量 y 与 x 相关关系的平均线。相关点以回归直线为中心上下波动，并有向回归直线集中分布的趋势。在实际资料的项数足够多的条件下，相关点的分布呈正态分布，越靠近直线相关点越多，越远离直线相关点越少。这时就可以根据正态分布的原理来研究估计值的可靠程度问题。估计值的可靠程度与估计误差范围的大小相联系。根据正态分布理论，利用估计标准误差所绘制的因变量的估计区间与可靠程度的关系图如图 8 −7所示。

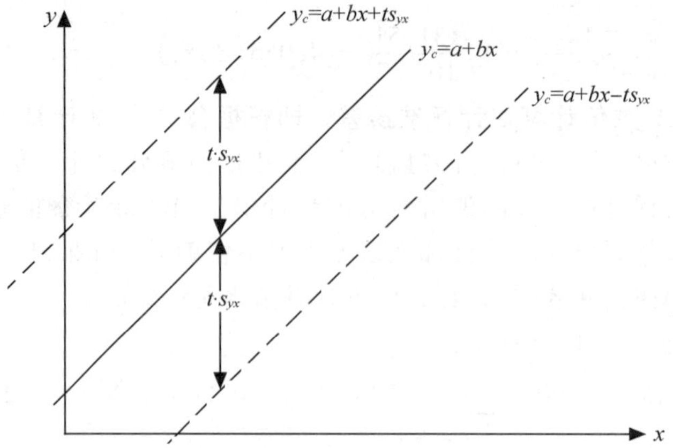

图 8 －7

从图 8 －7 可以看出，以回归直线为中心，以 t（置信概率的概率度）倍的估计标准误差为距离，在其两侧作两条平行线，两条平行线之间所形成的区间，称为置信区间。当 $t=1$ 时，两条平行线之间的距离为 $2S_{yx}$，因变量估计值落在此区间的概率为 68.27%，其意思是每 100 个相关点就有约 68.27 个落在此区间内；当 $t=2$ 时，两条平行线之间的距离为 $4S_{yx}$，因变量的估计值落在此区间的概率为 95.45%，其意思是每 100 个相关点约有 95.45 个点落在这个范围内，此时估计的结果就比较可靠了。

例如，我们已求得：$y_c=13.76+0.906x$，$S_{yx}=4.055$ 亿元。现假定能根据有关资料测算出 2020 年该地区人均年收入为 9 万元，那么，我们就有 95.45% 的把握相信该地区 2020 年的耐用消费品销售额（预测区间）为：

$$y=y_c\pm tS_{yx}$$

$$y=13.76+0.906\times90\pm2\times4.055$$

$$y=95.3\pm8.11$$

即：$87.19\leqslant y\leqslant103.41$

也就是说，当该地区 2020 年的人均年收入能达到 9 万元时，我们就有 95.45% 的把握推测出其耐用消费品销售额落在 87.19 亿～103.41 亿元的范围内。

五、应用相关与回归分析应注意的问题

第一，要在定性分析的基础上进行定量分析，这是正确应用相关分析的必要条件。在确定对某一现象进行相关分析之前，必须对所研究的具体现象进行充分的认识和分析。如果确认研究对象没有相关关系或相关关系不密切或具有假相关关系，就不要强行进行回归分析。只有在确认现象具有相关关系后运用回归分析法才能得出科学结论。现象是否具有相关关系是由其内在性质决定的，这就要求我们以现代经济理论为指导，运用专业理论知识和丰富的实践经验，首先做好定性分析，确认所要研究的对象确实存在着相关关系以后，才能运用回归分析法进行定量分析。可以设想，如果把任意的、毫无关系的经济数字放在一起研究，即使“相关关系密切”，也建立了回归方程，甚至进行统计检验也得到了“十分可靠”的结论，那也只是纯粹的数学游戏而已，是没有任何意义的。

第二，应用回归分析方法进行估计或预测时，要注意现象质的界限和客观条件的变化。回归方程是根据实际资料建立起来的，是过去的经验总结和概括。正因为如此，回归方程是经验方程。用经验方程进行估计或预测有个应用范围和应用条件的问题。在现有资料范围内变量呈直线相关，超出了这个范围就不一定是直线相关了，即使是直线，其截距、斜率也可能发生了变化。因此，配合的回归直线方程只适用于本资料范围内进行估算，不能应用到变量范围之外。同时据以建立回归方程的资料是在具体条件下形成的，在应用回归方程进行估算时，必须要考虑应用条件的变化，包括自然的、政治的、经济的和社会的等。

当然，在客观条件发生变化时只要现象的相关关系仍然密切，回归方程还是可以作为预测的依据的，但要进行一定的修正，以提高其可靠性。

第三，将回归方程、相关系数和估计标准误差结合起来运用。直线回归方程反映了现象的数量变化，当给定了自变量的数值时，就可以根据方程估计出因变量的数值，但回归方程既不能说明现象之间相关关系的密切程度，也不能反映估计值的代表性和准确程度。而相关系数和估计标准误差正好说明了现象之间相关关系的密切程度，表明回归方程的代表性，表示估计值的准确程度。这样，将三者结合起来运用，才能使我们对现象的认识更为全面、更为准确。

试一试： 试根据本校（或学校所在地的某企业）职工的调查资料或汇总整理结果，编制职工受教育程度（年）与工资性收入（元）的相关表，然后进行必要的计算与分析。

小　结

相关关系是指现象之间客观存在的数量上表现为非确定性的依存关系。按现象的相关程度不同分为完全相关、不完全相关和不相关；按相关变量的多少可分为单相关和复相关；按相关关系的表现形式不同可分为直线相关和曲线相关；按相关关系的方向不同分为正相关和负相关。

相关分析的内容包括确定变量之间有无相关关系、相关关系的表现形式及相关关系的密切程度。判断现象间相关关系的密切程度、相关形式、相关方向的方法有：编制相关表、绘制相关图和计算相关系数等。相关系数是反映客观现象之间相关关系密切程度的统计指标。相关系数的取值范围为：$-1 \leqslant r \leqslant 1$。$r$ 的绝对值越接近于 1，表明相关关系越密切；越接近于 0，表明相关关系越不密切。但不能排除这两个变量间存在曲线相关。$r>0$，现象呈正直线相关；$r<0$，现象呈负直线相关。

回归分析是将相关现象的关系转变为函数关系，并通过建立变量间相关关系的数学表达式来研究变量之间数量关系的统计方法。具体包括：确定现象间的相关关系的数学模式；测定该数学模式的拟合精度以反映因变量估计值的可靠程度。

一元线性回归模型只涉及一个自变量和一个因变量，则其基本形式为：$y_c = a + bx$。在 $y_c = a + bx$ 中，参数 a、b 通常用最小平方法来求得。a 表示截距；b 为回归系数，表示 x 每增减一个单位，y 平均增减的数量。其符号与相关系数 r 的符号一致。$b>0$，表示 x 与 y 呈正相关；$b<0$，表示 x 和 y 呈负相关。可见，b 不是一个抽象的数。

估计标准误差是估计值与实际值之间的平均离差，用来说明回归方程代表性大小的统计指标。估计标准误差越大，回归方程的代表性越弱；估计标准误差越小，回归方程的代表性就越强。因此，估计标准误差又叫回归标准差，其计算原理与标准差基本相同。所谓回归预测，就是根据建立的回归方程式，在确定自变量的某一取值时，求出因变量的估计值。

复习思考题

1. 什么是相关关系？它与函数关系有何区别？
2. 应用相关分析与回归分析时应注意哪些问题？
3. 怎样利用相关系数来判别现象间的相关关系？
4. 回归系数的含义是什么？它与相关系数有何关系？
5. 简述估计标准误差在回归分析中的意义。
6. 拟合直线回归方程有何条件？
7. 某地区2011—2019年的居民月生活费支出和商品销售额资料见表8-8：

表8-8

年　份	居民月生活费支出 x（元）	商品销售额 y（亿元）
2011	560	87
2012	600	93
2013	610	100
2014	640	106
2015	700	114
2016	770	125
2017	810	138
2018	860	142
2019	880	151

要求：计算相关系数，并说明相关方向和相关程度。

8. 某企业2019年上半年产品产量与单位成本资料见表8-9：

表8-9

月　份	产量（千件）	单位成本（元/件）
1	2	73
2	3	72
3	4	71
4	3	73
5	4	69
6	5	68

要求：（1）建立回归直线方程（以单位成本为因变量），指出产量每增加1000件时单位成本平均下降多少？

（2）假定产量为7000件，估计单位成本为多少元？

（3）如果单位成本为70元/件，估计产量应为多少？

附录一　累计法（递增速度）查对表

递增速度　　**累 计 法 查 对 表**　　间隔期：1～5 年

平均每年增长%	各年发展水平总和为基期的%				
	1 年	2 年	3 年	4 年	5 年
0. 1	100. 10	200. 30	300. 60	401. 00	501. 50
0. 2	100. 20	200. 60	301. 20	402. 00	503. 00
0. 3	100. 30	200. 90	301. 80	403. 00	504. 50
0. 4	100. 40	201. 20	302. 40	404. 00	506. 01
0. 5	100. 50	201. 50	303. 01	405. 03	507. 56
0. 6	100. 60	201. 80	303. 61	406. 03	509. 06
0. 7	100. 70	202. 10	304. 21	407. 03	510. 57
0. 8	100. 80	202. 41	304. 83	408. 07	512. 14
0. 9	100. 90	202. 71	305. 44	409. 09	513. 67
1. 0	101. 00	203. 01	306. 04	410. 10	515. 20
1. 1	101. 10	203. 31	306. 64	411. 11	516. 73
1. 2	101. 20	203. 61	307. 25	412. 13	518. 27
1. 3	101. 30	203. 92	307. 87	413. 17	519. 84
1. 4	101. 40	204. 22	308. 48	414. 20	521. 40
1. 5	101. 50	204. 52	309. 09	415. 23	522. 96
1. 6	101. 60	204. 83	309. 71	416. 27	524. 53
1. 7	101. 70	205. 13	310. 32	417. 30	526. 10
1. 8	101. 80	205. 43	310. 93	418. 33	527. 66
1. 9	101. 90	205. 74	311. 55	419. 37	529. 24
2. 0	102. 00	206. 04	312. 16	400. 40	530. 80
2. 1	102. 10	206. 34	312. 77	421. 44	532. 39
2. 2	102. 20	206. 65	313. 40	422. 50	534. 00
2. 3	102. 30	206. 95	314. 01	423. 53	535. 57

续表

平均每年增长%	各年发展水平总和为基期的%				
	1年	2年	3年	4年	5年
2.4	102.40	207.26	314.64	424.60	537.20
2.5	102.50	207.56	315.25	425.63	538.77
2.6	102.60	207.87	315.88	426.70	540.40
2.7	102.70	208.17	316.49	427.73	541.97
2.8	102.80	208.48	317.12	428.80	543.61
2.9	102.90	208.78	317.73	429.84	545.20
3.0	103.00	209.09	318.36	430.91	546.84
3.1	103.10	209.40	319.00	432.00	548.50
3.2	103.20	209.70	319.61	433.04	550.10
3.3	103.30	210.01	320.24	434.11	551.74
3.4	103.40	210.32	320.88	435.20	553.41
3.5	103.50	210.62	321.49	436.24	555.01
3.6	103.60	210.93	322.12	437.31	556.65
3.7	103.70	211.24	322.76	438.41	558.34
3.8	103.80	211.54	323.37	439.45	559.94
3.9	103.90	211.85	324.01	440.54	561.61
4.0	104.00	212.16	324.65	441.64	563.31
4.1	104.10	212.47	325.28	442.72	564.98
4.2	104.20	212.78	325.92	443.81	566.65
4.3	104.30	213.08	326.54	444.88	568.31
4.4	104.40	213.39	327.18	445.98	570.01
4.5	104.50	213.70	327.81	447.05	571.66
4.6	104.60	214.01	328.45	448.15	573.36
4.7	104.70	214.32	329.09	449.25	575.06
4.8	104.80	214.63	329.73	450.35	576.76
4.9	104.90	214.94	330.37	451.46	578.48
5.0	105.00	215.25	331.01	452.56	580.19
5.1	105.10	215.56	331.65	453.66	581.89
5.2	105.20	215.87	332.29	454.76	583.60
5.3	105.30	216.18	332.94	455.89	585.36
5.4	105.40	216.49	333.58	456.99	587.06

续表

平均每年增长%	各年发展水平总和为基期的%				
	1 年	2 年	3 年	4 年	5 年
5. 5	105. 50	216. 80	334. 22	458. 10	588. 79
5. 6	105. 60	217. 11	334. 86	459. 29	590. 50
5. 7	105. 70	217. 42	335. 51	460. 33	592. 26
5. 8	105. 80	217. 74	336. 17	461. 47	594. 04
5. 9	105. 90	218. 05	336. 82	462. 60	595. 80
6. 0	106. 00	218. 36	337. 46	463. 71	597. 54
6. 1	106. 10	218. 67	338. 11	464. 84	599. 30
6. 2	106. 20	218. 98	338. 75	465. 95	601. 04
6. 3	106. 30	219. 30	339. 42	467. 11	602. 84
6. 4	106. 40	219. 61	340. 07	468. 24	604. 61
6. 5	106. 50	219. 92	340. 71	469. 35	606. 35
6. 6	106. 60	220. 24	341. 38	470. 52	608. 18
6. 7	106. 70	220. 55	342. 03	471. 65	609. 95
6. 8	106. 80	220. 86	342. 68	472. 78	611. 73
6. 9	106. 90	221. 18	343. 35	473. 95	613. 56
7. 0	107. 00	221. 49	343. 99	475. 07	615. 33
7. 1	107. 10	221. 80	344. 64	476. 20	617. 10
7. 2	107. 20	222. 12	345. 31	477. 37	618. 94
7. 3	107. 30	222. 43	345. 96	478. 51	620. 74
7. 4	107. 40	222. 75	346. 64	479. 70	622. 61
7. 5	107. 50	223. 06	347. 29	480. 84	624. 41
7. 6	107. 60	223. 38	347. 96	482. 01	626. 25
7. 7	107. 70	223. 69	348. 61	483. 15	628. 05
7. 8	107. 80	224. 01	349. 28	484. 32	629. 89
7. 9	107. 90	224. 32	349. 94	485. 48	631. 73
8. 0	108. 00	224. 64	350. 61	486. 66	633. 59
8. 1	108. 10	224. 96	351. 29	487. 85	635. 47
8. 2	108. 20	225. 27	351. 94	489. 00	637. 30
8. 3	108. 30	225. 59	352. 62	490. 19	639. 18
8. 4	108. 40	225. 91	353. 29	491. 37	641. 05
8. 5	108. 50	226. 22	353. 95	492. 54	642. 91

续表

平均每年增长%	各年发展水平总和为基期的%				
	1年	2年	3年	4年	5年
8.6	108.60	226.54	354.62	493.71	644.76
8.7	108.70	226.86	355.30	494.91	646.67
8.8	108.80	227.17	355.96	496.08	648.53
8.9	108.90	227.49	356.63	497.26	650.41
9.0	109.00	227.81	357.31	498.47	652.33
9.1	109.10	228.13	357.99	499.67	654.24
9.2	109.20	228.45	358.67	500.87	656.15
9.3	109.30	228.76	359.33	502.04	658.02
9.4	109.40	229.08	360.01	503.25	659.95
9.5	109.50	229.40	360.69	504.45	611.87
9.6	109.60	229.72	361.37	505.66	663.80
9.7	109.70	230.04	362.05	506.86	665.72
9.8	109.80	230.36	362.73	508.07	667.65
9.9	109.90	230.68	363.42	509.30	669.62
10.0	100.00	231.00	364.10	510.51	671.56
10.1	110.10	231.32	364.78	511.72	673.50
10.2	110.20	231.64	365.47	512.95	675.47
10.3	110.30	231.96	366.15	514.16	677.42
10.4	110.40	232.28	366.84	515.39	679.39
10.5	110.50	232.60	367.52	516.61	681.35
10.6	110.60	232.92	368.21	517.84	683.33
10.7	110.70	233.24	368.89	519.05	685.28
10.8	110.80	233.57	369.60	520.32	687.32
10.9	110.90	233.89	370.29	521.56	689.32
11.0	111.00	234.21	370.97	522.77	691.27
11.1	111.10	234.53	371.66	524.01	693.27
11.2	111.20	234.85	372.35	525.25	695.27
11.3	111.30	235.18	373.06	826.52	697.32
11.4	111.40	235.50	373.75	527.76	699.33
11.5	111.50	235.82	374.44	529.00	701.33

附录二 正态分布概率表

t	F(t)	t	F(t)	t	F(t)	t	F(t)
0. 00	0. 0000	0. 32	0. 2510	0. 64	0. 4778	0. 96	0. 6629
0. 01	0. 0080	0. 33	0. 2586	0. 65	0. 4843	0. 97	0. 6680
0. 02	0. 0160	0. 34	0. 2661	0. 66	0. 4907	0. 98	0. 6729
0. 03	0. 0239	0. 35	0. 2737	0. 67	0. 4971	0. 99	0. 6778
0. 04	0. 0319	0. 36	0. 2812	0. 68	0. 5035	1. 00	0. 6827
0. 05	0. 0339	0. 37	0. 2886	0. 69	0. 5098	1. 01	0. 6875
0. 06	0. 0478	0. 38	0. 2961	0. 70	0. 5161	1. 02	0. 6923
0. 07	0. 0558	0. 39	0. 3035	0. 71	0. 5223	1. 03	0. 6970
0. 08	0. 0638	0. 40	0. 3108	0. 72	0. 5285	1. 04	0. 7017
0. 09	0. 0717	0. 41	0. 3182	0. 73	0. 5346	1. 05	0. 7063
0. 10	0. 0797	0. 42	0. 3255	0. 74	0. 5407	1. 06	0. 7109
0. 11	0. 0876	0. 43	0. 3328	0. 75	0. 5467	1. 07	0. 7154
0. 12	0. 0955	0. 44	0. 3401	0. 76	0. 5527	1. 08	0. 7199
0. 13	0. 1034	0. 45	0. 3473	0. 77	0. 5587	1. 09	0. 7243
0. 14	0. 1113	0. 46	0. 3545	0. 78	0. 5646	1. 10	0. 7287
0. 15	0. 1192	0. 47	0. 3616	0. 79	0. 5705	1. 11	0. 7330
0. 16	0. 1271	0. 48	0. 3688	0. 80	0. 5763	1. 12	0. 7373
0. 17	0. 1350	0. 49	0. 3759	0. 81	0. 5821	1. 13	0. 7415
0. 18	0. 1428	0. 50	0. 3829	0. 82	0. 5878	1. 14	0. 7457
0. 19	0. 1507	0. 51	0. 3899	0. 83	0. 5935	1. 15	0. 7499
0. 20	0. 1585	0. 52	0. 3969	0. 84	0. 5991	1. 16	0. 7540
0. 21	0. 1663	0. 53	0. 4039	0. 85	0. 6047	1. 17	0. 7580
0. 22	0. 1741	0. 54	0. 4108	0. 86	0. 6102	1. 18	0. 7620
0. 23	0. 1819	0. 55	0. 4177	0. 87	0. 6157	1. 19	0. 7660
0. 24	0. 1897	0. 56	0. 4245	0. 88	0. 6211	1. 20	0. 7699
0. 25	0. 1974	0. 57	0. 4313	0. 89	0. 6265	1. 21	0. 7737
0. 26	0. 2051	0. 58	0. 4381	0. 90	0. 6319	1. 22	0. 7775
0. 27	0. 2128	0. 59	0. 4448	0. 91	0. 6372	1. 23	0. 7813
0. 28	0. 2205	0. 60	0. 4515	0. 92	0. 6424	1. 24	0. 7850
0. 29	0. 2282	0. 61	0. 4581	0. 93	0. 6476	1. 25	0. 7887
0. 30	0. 2358	0. 62	0. 4647	0. 94	0. 6528	1. 26	0. 7923
0. 31	0. 2434	0. 63	0. 4713	0. 95	0. 6579	1. 27	0. 7959

续表

t	F(t)	t	F(t)	t	F(t)	t	F(t)
1.28	0.7995	1.61	0.8926	1.94	0.9476	2.54	0.9889
1.29	0.8030	1.62	0.8948	1.95	0.9488	2.56	0.9895
1.30	0.8064	1.63	0.8969	1.96	0.9500	2.58	0.9901
1.31	0.8098	1.64	0.8990	1.97	0.9512	2.60	0.9907
1.32	0.8132	1.65	0.9011	1.98	0.9523	2.62	0.9912
1.33	0.8165	1.66	0.9031	1.99	0.9534	2.64	0.9917
1.34	0.8198	1.67	0.9051	2.00	0.9545	2.66	0.9922
1.35	0.8230	1.68	0.9070	2.02	0.9566	2.68	0.9926
1.36	0.8262	1.69	0.9090	2.04	0.9587	2.70	0.9931
1.37	0.8293	1.70	0.9109	2.06	0.9606	2.72	0.9935
1.38	0.8324	1.71	0.9127	2.08	0.9625	2.74	0.9939
1.39	0.8355	1.72	0.9146	2.10	0.9643	2.76	0.9942
1.40	0.8385	1.73	0.9164	2.12	0.9660	2.78	0.9946
1.41	0.8415	1.74	0.9181	2.14	0.9676	2.80	0.9949
1.42	0.8444	1.75	0.9199	2.16	0.9692	2.82	0.9952
1.43	0.8473	1.76	0.9216	2.18	0.9707	2.84	0.9955
1.44	0.8501	1.77	0.9233	2.20	0.9722	2.86	0.9958
1.45	0.8529	1.78	0.9249	2.22	0.9736	2.88	0.9960
1.46	0.8557	1.79	0.9265	2.24	0.9749	2.90	0.9962
1.47	0.8584	1.80	0.9281	2.26	0.9762	2.92	0.9965
1.48	0.8611	1.81	0.9297	2.28	0.9774	2.94	0.9967
1.49	0.8638	1.82	0.9312	2.30	0.9786	2.96	0.9969
1.50	0.8664	1.83	0.9328	2.32	0.9797	2.98	0.9971
1.51	0.8690	1.84	0.9342	2.34	0.9807	3.00	0.9973
1.52	0.8715	1.85	0.9357	2.36	0.9817	3.20	0.9986
1.53	0.8740	1.86	0.9371	2.38	0.9827	3.40	0.9993
1.54	0.8764	1.87	0.9385	2.40	0.9836	3.60	0.99968
1.55	0.8789	1.88	0.9399	2.42	0.9845	3.80	0.99986
1.56	0.8812	1.89	0.9412	2.44	0.9853	4.00	0.99994
1.57	0.8836	1.90	0.9426	2.46	0.9861	4.50	0.999993
1.58	0.8859	1.91	0.9439	2.48	0.9869	5.00	0.999999
1.59	0.8882	1.92	0.9451	2.50	0.9876		
1.60	0.8904	1.93	0.9464	2.52	0.9883		